AF276303

Disfrute gratuitamente **DURANTE UN AÑO** de los eBook y audiolibros de las obras de Editorial Colex*

- ⊗ Acceda a la página web de la editorial **www.colex.es**

- ⊗ Identifíquese con su usuario y contraseña. En caso de no disponer de una cuenta regístrese.

- ⊗ Acceda en el menú de usuario a la pestaña «Mis códigos» e introduzca el que aparece a continuación:

RASCAR PARA VISUALIZAR EL CÓDIGO

Incapacidad permanente. Paso a paso

- ⊗ Una vez se valide el código, aparecerá una ventana de confirmación y su eBook y/o audiolibro estará disponible **durante 1 año desde su activación** en la pestaña «Mis libros» en el menú de usuario.

---

* Los audiolibros están disponibles en las ediciones más recientes de nuestras obras. Se excluyen expresamente las colecciones «Códigos comentados», «Biblioteca digital» y los productos de www.vademecumlegal.es.

No se admitirá la devolución si el código promocional ha sido manipulado y/o utilizado.

¡Gracias por confiar en nosotros!

La obra que acaba de adquirir incluye de forma gratuita la versión electrónica. Acceda a nuestra página web para aprovechar todas las funcionalidades de las que dispone en nuestro lector.

Funcionalidades eBook

Acceso desde cualquier dispositivo con conexión a internet

Idéntica visualización a la edición de papel

Navegación intuitiva

Tamaño del texto adaptable

Síguenos en:

INCAPACIDAD PERMANENTE

Todo lo que debemos saber sobre la
incapacidad permanente y sus tipos

INCAPACIDAD PERMANENTE

Todo lo que debemos saber sobre la
incapacidad permanente y sus tipos

EDICIÓN 2024

**Obra realizada por el Departamento de
Documentación de Iberley**

COLEX 2024

© Editorial Colex, S.L.
Calle Costa Rica, número 5, 3.º B (local comercial)
A Coruña, 15004, A Coruña (Galicia)
info@colex.es
www.colex.es

I. S. B. N.: 978-84-1194-735-0
Depósito legal: C 1659-2024

SUMARIO

0.
INTRODUCCIÓN

La incapacidad permanente se define como la situación del trabajador que, tras haber seguido el tratamiento médico prescrito, presenta reducciones anatómicas o funcionales graves, objetivamente determinables y previsiblemente definitivas, que disminuyen o anulan su capacidad laboral. Esta situación se considera irreversible y conlleva una pérdida de ingresos para el trabajador, que debe ser cubierta por la Seguridad Social.

A modo introductorio tratamos **algunos conceptos de interés:**

1. Concepto de *incapacidad permanente* y diferencias entre la modalidad contributiva y no contributiva

La incapacidad permanente se divide en contributiva y no contributiva, con diferentes requisitos, definiciones y prestaciones, según la cotización previa o las situaciones de las que derive. Nuestra obra explora las modalidades de incapacidad permanente, sus requisitos y todos los procedimientos para acceder a sus prestaciones dentro del sistema de Seguridad Social.

Una primera división a la hora de analizar esta prestación la encontramos entre su modalidad contributiva y no contributiva. La diferencia principal entre la prestación por incapacidad permanente en su modalidad contributiva y no contributiva radica en los requisitos y condiciones para acceder a cada una de ellas. La modalidad contributiva requiere cotización previa y ofrece una prestación calculada en función de la base reguladora y el grado de incapacidad, mientras que la modalidad no contributiva está destinada a quienes no han cotizado lo suficiente y ofrece una prestación fija basada en requisitos de residencia y carencia de rentas. A modo de resumen:

Incapacidad permanente contributiva:

– **Requisitos:** Para acceder a esta prestación, el trabajador debe haber estado afiliado y en alta en la Seguridad Social, y haber cumplido con un período mínimo de cotización, salvo en casos de accidente (laboral o no) o enfermedad profesional, donde no se exige cotización previa.

- **Definición:** Se considera incapacidad permanente contributiva cuando el trabajador, después de haber recibido el tratamiento prescrito, presenta reducciones anatómicas o funcionales graves, susceptibles de determinación objetiva y previsiblemente definitivas, que disminuyen o anulan su capacidad laboral.

- **Prestación:** La prestación económica se calcula en función de la base reguladora y el grado de incapacidad reconocido (parcial, total, absoluta o gran invalidez).

Incapacidad permanente no contributiva:

- **Requisitos:** Esta modalidad está destinada a personas que no han cotizado lo suficiente para acceder a la prestación contributiva. Los beneficiarios deben cumplir con ciertos requisitos de residencia y carencia de rentas.

- **Definición:** La incapacidad permanente no contributiva se refiere a situaciones en las que las lesiones o enfermedades causan una disminución o alteración de la integridad física del trabajador, sin llegar a constituir una incapacidad permanente en los términos de la modalidad contributiva.

- **Prestación:** La prestación en esta modalidad es una cantidad fija que se otorga a los beneficiarios que cumplen con los requisitos establecidos, y no depende de la base reguladora ni del grado de incapacidad.

2. Derecho y requisitos para la prestación por incapacidad permanente

Como iremos desarrollando a lo largo de la obra, el derecho a la prestación por incapacidad permanente en el Régimen General de la Seguridad Social se otorga a las personas que cumplan con ciertos requisitos de afiliación, alta, cotización y declaración en dicha situación. Según la normativa vigente, la incapacidad permanente se define como la situación del trabajador que, después de haber recibido el tratamiento prescrito, presenta reducciones anatómicas o funcionales graves, susceptibles de determinación objetiva y previsiblemente definitivas, que disminuyen o anulan su capacidad laboral.

Para tener derecho a las prestaciones por incapacidad permanente, es necesario que el trabajador:

1. Sea declarado en situación de incapacidad permanente.

2. Esté afiliado y en alta o en situación asimilada al alta al sobrevenir el hecho causante, salvo disposición legal expresa en contrario.

3. Ha cubierto el período mínimo de cotización determinado, salvo que la incapacidad sea debida a accidente (laboral o no) o a enfermedad profesional, en cuyo caso no se exige ningún período previo de cotización.

3. Tipos de incapacidad permanente

La incapacidad permanente se clasifica con arreglo a los grados de parcial para la profesión habitual, total para la profesión habitual, absoluta para todo trabajo y gran invalidez. Como desarrollaremos a lo largo de la obra, cada grado presenta características específicas y diferentes criterios de acceso y prestaciones económicas. La clasificación de la IP es fundamental, ya que determina no solo la compensación económica, sino también la posibilidad de reinserción laboral del trabajador afectado.

Incapacidad permanente parcial (IPP)

La incapacidad permanente parcial es el grado menos severo. Se reconoce cuando un trabajador presenta una disminución del rendimiento laboral del 33 % o más, debido a una lesión o enfermedad que se considera irreparable. En este caso, el trabajador sigue siendo capaz de realizar su trabajo, aunque con una reducción significativa de su capacidad. La compensación económica se establece a través de una indemnización única, equivalente a 24 mensualidades de la base reguladora, calculada con base en las cotizaciones a la Seguridad Social. Este tipo de incapacidad afecta principalmente a profesiones que requieren un alto esfuerzo físico, como los trabajadores de la construcción o la industria.

Incapacidad permanente total (IPT)

Por otro lado, la incapacidad permanente total incapacita al trabajador para desempeñar su oficio habitual, aunque le permite dedicarse a tareas compatibles con sus limitaciones. Para ser catalogado en esta categoría, el afectado debe estar certificado por los órganos correspondientes, tras una valoración médica. La pensión correspondiente es mensual y se calcula como un porcentaje de la base reguladora, generalmente del 55 %, que puede aumentar al 75 % si el beneficiario tiene más de 55 años y se encuentra en situación de desempleo. Los pensionistas en esta categoría también pueden acceder a servicios de rehabilitación y reinserción laboral.

Incapacidad permanente absoluta (IPA)

La incapacidad permanente absoluta representa un grado donde el trabajador no puede realizar ningún tipo de trabajo. Esta situación se verifica cuando las limitaciones son severas y permanentes, con una certificación oficial de la Seguridad Social. La pensión en este nivel es del 100 % de la base reguladora, proporcionando al beneficiario una renta completa según sus cotizaciones. Además, existen posibilidades de acceder a ayudas adicionales para adaptaciones en el hogar o asistencia técnica.

Gran invalidez (GI)

Finalmente, la gran invalidez es la forma más crítica de incapacidad permanente. Esta categoría se asigna a quienes necesitan asistencia de terceros para llevar a cabo actividades esenciales en su vida diaria. La pensión correspondiente iguala el 100 % de la base reguladora más un complemento calculado para cubrir gastos de asistencia personal, utilizando un sistema que suma un porcentaje de la base mínima de cotización. Las personas con gran invalidez pueden beneficiarse de una amplia gama de servicios de asistencia, gestionados por la Comunidad Autónoma correspondiente.

4. Procedimientos relacionados con la incapacidad permanente y claves interpretativas que se repiten

Nuestra obra también aborda distintos procedimientos relacionados con la IP y a los que, salvo contadas ocasiones, deben recurrir las personas trabajadoras. A modo introductorio daremos una pincelada al proceso de evaluación y revisión y a dos aspectos que debemos tener claro a la hora de accionar contra cualquier decisión sobre nuestra futura prestación.

a) Proceso de evaluación y revisión de la incapacidad permanente

La evaluación de la incapacidad permanente es un proceso meticuloso que comienza con la solicitud por parte de la persona trabajadora y se encuentra coordinado por el Instituto Nacional de la Seguridad Social (INSS), correspondiendo a este organismo la declaración de la situación de incapacidad permanente en sus distintos grados y las contingencias determinantes de las mismas, la revisión del grado de incapacidad o la declaración de la responsabilidad de las mutuas o las empresas (art. 200 de la LGSS).

El proceso incluye una evaluación médica inicial, donde se revisa el historial médico del solicitante y se realizan exámenes para determinar sus limitaciones.

El Equipo de Valoración de Incapacidades (EVI) es el encargado de revisar toda la documentación e historial clínico del solicitante y, posteriormente, tras realizar un reconocimiento médico por parte de los profesionales adscritos al INSS, de emitir el dictamen propuesta sobre el grado de incapacidad permanente.

Las revisiones periódicas son fundamentales para asegurar la continuidad de los beneficios recibidos y para permitir ajustes en caso de que el estado de salud del beneficiario cambie. La frecuencia de estas revisiones puede variar, generalmente cada dos años, pero pueden ser más frecuentes en situaciones de evolución notable.

Como cualquier acto administrativo requiere de la tramitación e instrucción de un expediente (siguiendo el RD 1300/1995 de 21 de julio) del que derivará una resolución susceptible de ser recurrida ante la jurisdicción social.

b) Cada proceso de IP será tratado de forma individual en atención a las causas concretas del mismo

El Tribunal Supremo sostiene que las decisiones sobre invalidez permanente no son generalizables, ya que lesiones similares pueden afectar de manera diferente según la profesión y las circunstancias del trabajador. (STS n.º 200/2023 , de 16 de marzo de 2023, ECLI:ES:TS:2023:1212).

Cada caso debe ser evaluado individualmente, considerando la gravedad de las lesiones y la actividad desempeñada por el afectado. (STS, rec. 3533/1999, de 23 de noviembre de 2000, ECLI:ES:TS:2000:8551 y STSJ de las Is. Canarias, rec. 721/2018 de 12 de febrero de 2019, ES:TSJICAN:2019:371).

c) La calificación de la incapacidad permanente no es propia de la unificación de doctrina

Como recuerda la STS n.º 731/2023, de 10 de octubre del 2023, ECLI:ES:TS:2023:4131, la calificación de la incapacidad permanente no es propia de la unificación de doctrina, tanto por la dificultad de establecer la identidad del alcance del efecto invalidante como por tratarse, en general, de supuestos en los que el enjuiciamiento afecta más a la fijación y valoración de hechos y circunstancias singulares que a la determinación del sentido de la norma; por ello, constante jurisprudencia, que, por su reiteración y uniformidad nos excusa de cita concreta, ha establecido que este tipo de litigios carecen de interés y, en consecuencia, de contenido casacional.

Pero esa doctrina general no ha sido óbice para que **en algún supuesto muy singular** se haya admitido la existencia de contradicción y contenido casacional, cuando las sentencias en comparación presentaban una total y absoluta coincidencia entre las profesiones de los trabajadores y las lesiones que afectan a cada uno de ellos. Por citar algunos:

– STS n.º 375/2023, de 24 de mayo, ECLI:ES:TS:2023:2304. El caso de trabajadoras de profesión habitual limpiadoras y visión monocular, con pérdida prácticamente total de la visión en un ojo que mantienen en su integridad la del otro. Admite la contradicción y concluye que esas dolencias no son constitutivas de incapacidad permanente parcial.

– STS n.º 698/2020, de 22 de julio, ECLI:ES:TS:2020:2616. En el supuesto de trabajadores con visión monocular por amaurosis total de uno de los ojos y agudeza visual normal en el otro, cuya coincidente profesión habitual era la de peón agrícola, en la que se reconoce que tales dolencias deben ser calificadas como incapacidad permanente parcial.

– STS n.º 632/2020, de 9 de julio, ECLI:ES:TS:2020:2950. Igualmente, limpiadoras que han perdido totalmente la visión en un ojo y mantienen la normalidad en el otro. Niega el reconocimiento de incapacidad permanente parcial.

– STS n.º 372/2016, de 4 de mayo, ECLI:ES:TS:2016:2539. Los trabaja-dores tienen como profesión habitual la de abogado, y ambos han su-frido la pérdida total de visión en uno de los ojos conservando la visión completa en el otro. Reconoce la incapacidad permanente parcial.

d) Doctrina humanizadora en relación con el requisito de alta del causante para el acceso a una incapacidad permanente

La LGSS exige estar de alta o en situación asimilada a ella para causar las prestaciones de IP en su modalidad contributiva; pero debe destacarse que, con relación al requisito del alta, la jurisprudencia ha atenuado su exigencia, mediante una interpretación humanizadora que pondera las circunstancias de cada caso concreto con el fin de evitar supuestos no justificados de des-protección. Esta doctrina se explica, entre otras, en la STS, rec. 2120/2015, de 23 de febrero de 2017, ECLI:ES:TS:2017:1024.

5. Hecho causante y efectos económicos de la prestación por incapacidad permanente

La fecha del hecho causante es esencial para establecer el momento en que se entiende que comienza la incapacidad permanente, determinando así el nacimiento de la situación protegida y el inicio de la situación económica del beneficiario. Esta fecha puede variar dependiendo de la circunstancia de cada caso, siendo las principales opciones:

– La fecha de extinción de la incapacidad temporal, en caso de que esta exista.

– La fecha de emisión del dictamen-propuesta del Tribunal Médico o, en la Comunidad Autónoma de Cataluña, de la Subdirecció General d'Avaluacions Mèdiques.

– La fecha de la solicitud de incapacidad, si la misma proviene de una situación de no alta.

Además, es importante diferenciar la fecha del hecho causante de los efec-tos jurídicos y económicos que se derivan del reconocimiento de la invalidez, ya que puede haber discrepancias entre estos momentos.

Para finalizar, la jurisprudencia establece que, en casos bien documenta-dos donde se demuestre que los padecimientos son irreversibles, la fecha del hecho causante puede ajustarse a la fecha de los hechos que originaron los padecimientos, incluso si ésta es anterior al dictamen médico.

6. Profesión habitual

Tradicionalmente el sistema de determinación del grado de IP contributivo depende tanto de sus dolencias psicofísicas como de la actividad que vinieran desarrollando. El concepto de «profesión habitual» se erige, por tanto, como pieza básica para la calificación de la incapacidad permanente.

En toda discusión sobre incapacidad permanente lo que se pone en cuestión es la capacidad laboral para realizar una profesión concreta la habitual del trabajador, ya que lo que suple la prestación de Seguridad Social es la dificultad o pérdida de capacidad para realizar las fundamentales tares y funciones de la profesión o la pérdida de rendimiento en el ejercicio de esa profesión, pero no la pérdida o dificultad de abordar las tareas que se le exijan, dentro de esa profesión, en la ejecución de las que reclama el puesto de trabajo concreto, de modo que así queda implicado el conjunto de funciones que integran la profesión en todos los puestos de trabajo propios de ella y es la versatilidad y contenido del conjunto el que debe valorarse.

En el caso de la incapacidad permanente, además, debe tenerse en cuenta que la profesión habitual no equivale a un determinado puesto de trabajo, sino a aquella que el trabajador está cualificado para realizar y a la que la empresa le haya destinado o pueda destinarse en movilidad funcional.

Jurisprudencialmente continúan siendo de aplicación los siguientes criterios sentados por el TS en cuanto al concepto de profesión habitual a que debe venir referida la incapacidad permanente (**STSJ de La Rioja, rec. 12/2024, de 25 de enero del 2024, ECLI:ES:TSJLR:2024:14**):

- El vigente sistema de calificación de la incapacidad permanente es de **carácter profesional**, lo que comporta que no haya de realizarse una valoración del estado psicofísico del trabajador conforme a criterios tasados, sino mediante la evaluación conforme a criterios estimativos de la incidencia del cuadro patológico que le aqueja en su aptitud para el desempeño de su profesión habitual, concepto este último que no resulta equiparable a las labores que se realicen en un determinado puesto de trabajo, sino que se identifica con aquella actividad profesional que esté cualificado para realizar y a la que la empresa le haya destinado o pueda destinarse en virtud de la movilidad funcional. De modo que **la profesión habitual se define en atención al ámbito de las funciones que engloba el tipo de trabajo que se realiza o pueda realizarse dentro de la movilidad funcional,** no estando encorsetada a la delimitación formal del grupo profesional. Y, a efectos de calificación de la incapacidad permanente, **han de tenerse en cuenta todas las funciones que objetivamente integran esa profesión.** (STS, rec. 2111/11, de 22 de mayo de 2012, ECLI:ECLI:ES:TS:2012:4265).

- La profesión habitual a tomar en consideración a la hora de valorar la incapacidad permanente es **aquella a la que de manera prolongada y continuada se haya dedicado el beneficiario,** y no la residual a cuyo ejercicio ha podido haber conducido la situación invalidante. (STS, rec. 1048/2010, de 15 de marzo de 2011, ECLI:ES:TS:2011:367).

- La profesión habitual realizada en el **Régimen Especial de Autónomos (RETA)** a efectos de considerar la existencia de una incapacidad permanente total no es la desempeñada al tiempo de solicitar la prestación, sino la realizada cuando se sufrieron las lesiones que producen la merma de la capacidad laboral (**STS, rec. 3804/2020, de 22 de noviembre de 2023, ECLI:ES:TS:2023:5235**).

7. Normativa reguladora

- Arts. 193-203 del Real Decreto Legislativo 8/2015, de 30 de octubre, por el que se aprueba el texto refundido de la Ley General de la Seguridad Social.

- Orden de 18 de enero de 1996 para la aplicación y desarrollo del Real Decreto 1300/1995, de 21 de julio, sobre incapacidades laborales del sistema de la Seguridad Social.

- Orden de 15 de abril de 1969 por la que se establecen normas para la aplicación y desarrollo de las prestaciones por invalidez en el Régimen General de la Seguridad Social.

- Real Decreto 1300/1995, de 21 de julio, por el que se desarrolla, en materia de incapacidades laborales del sistema de la Seguridad Social, la Ley 42/1994, de 30 de diciembre, de medidas fiscales, administrativas y de orden social.

- Ley 39/2015, de 1 de octubre, del Procedimiento Administrativo Común de las Administraciones Públicas.

- Art. 48.2 y 49 del Real Decreto Legislativo 2/2015, de 23 de octubre, por el que se aprueba el texto refundido de la Ley del Estatuto de los Trabajadores.

- Real Decreto-ley 3/2021, de 2 de febrero, por el que se adoptan medidas para la reducción de la brecha de género y otras materias en los ámbitos de la Seguridad Social y económico.

- Orden ISM/450/2023, de 4 de mayo, por la que se actualizan las cantidades a tanto alzado de las indemnizaciones por lesiones, mutilaciones y deformidades de carácter definitivo y no incapacitantes.

- Artículo 78 y 80.2 del Real Decreto-ley 8/2023, de 27 de diciembre por el que se adoptan medidas para afrontar las consecuencias económicas y sociales derivadas de los conflictos de Ucrania y Oriente Próximo, así como para paliar los efectos de la sequía (Normas sobre determinación y revalorización de pensiones y otras prestaciones públicas).

1.
CONCEPTO DE INCAPACIDAD PERMANENTE

La **incapacidad permanente contributiva** es la situación del trabajador que, después de haber estado sometido al tratamiento prescrito, presenta reducciones anatómicas o funcionales graves, susceptibles de determinación objetiva y previsiblemente definitivas, que disminuyan o anulen su capacidad laboral. No obstará a tal calificación la posibilidad de recuperación de la capacidad laboral del incapacitado, si dicha posibilidad se estima médicamente como incierta o a largo plazo.

Frente a la incapacidad temporal, donde siempre se encuentra presente la expectativa de curación, **la incapacidad permanente para el trabajo se configura como irreversible y presumiblemente definitiva**, con la consiguiente pérdida de ingresos que supone para el trabajador afectado, al que la acción protectora de la Seguridad Social deberá cubrir, encontrándose tal cobertura específicamente en el art. 49 Constitución Española, de la siguiente forma *«Los poderes públicos realizarán una política de previsión, tratamiento, rehabilitación e integración de los disminuidos físicos, sensoriales y psíquicos, a los que prestarán la atención especializada que requieran y los ampararán especialmente para el disfrute de los derechos que este Título otorga a todos los ciudadano».* (**STSJ de Asturias, n.º 594/2011, de 4 de marzo de 2011, Rec. 3176/2010**).

La incapacidad permanente es definida por el Real Decreto Legislativo 8/2015, de 30 de octubre, por el que se aprueba el texto refundido de la Ley General de la Seguridad Social, como la *«(...) la situación del trabajador que, después de haber estado sometido al tratamiento prescrito, presenta reducciones anatómicas o funcionales graves, susceptibles de determinación objetiva y previsiblemente definitivas, que disminuyan o anulen su capacidad laboral. No obstará a tal calificación la posibilidad de recuperación de la capacidad laboral del incapacitado, si dicha posibilidad se estima médicamente como incierta o a largo plazo».*

Las reducciones anatómicas o funcionales existentes en la fecha de la afiliación del interesado en la Seguridad Social no impedirán la calificación de la situación de incapacidad permanente, cuando se trate de personas con discapacidad y con posterioridad a la afiliación tales reducciones se hayan agravado, provocando por sí mismas o por concurrencia con nuevas lesiones o patologías una disminución o anulación de la capacidad laboral que tenía el interesado en el momento de su afiliación. (**STSJ de Aragón, n.º 799/2011, de 16 de noviembre de 2011, ECLI:ES:TSJAR:2011:1823**).

Los **arts.** 193-203 de la LGSS contienen algunas ampliaciones al considerar asimismo incapacidad permanente:

1. La situación de incapacidad que subsista una vez agotado el plazo máximo de duración de la incapacidad temporal.

2. La situación del trabajador, que agotado el plazo de IT siga necesitando asistencia sanitaria e imposibilitado para reanudar su trabajo, previéndose que en la incapacidad va a tener carácter definitivo, aunque la nota de permanencia es relativa.

3. No obsta a la calificación de incapacidad permanente, la posibilidad de una recuperación, si la misma se considera incierta y a largo plazo.

4. No será necesaria el alta médica para la valoración de la incapacidad permanente en los casos en que concurran secuelas definitivas.

5. Las reducciones anatómicas o funcionales existentes en la fecha de la afiliación del interesado en la Seguridad Social no impedirán la calificación de la situación de incapacidad permanente, cuando se trate de personas minusválidas y con posterioridad a la afiliación tales reducciones se hayan agravado, provocando por sí mismas o por concurrencia con nuevas lesiones o patologías una disminución o anulación de la capacidad laboral que tenía el interesado en el momento de su afiliación.

Del mismo modo, **jurisprudencia y doctrina** coinciden en las notas características que definen el concepto legal de la incapacidad permanente, a saber:

- **Alteración grave de la salud,** lo que hace referencia a que las diversas enfermedades deben ser intelectualmente integradas y valorarse la totalidad de ellas en su conjunto, de tal modo, que aunque los diversos padecimientos que integren su estado patológico, considerados aisladamente, no determinen un grado de incapacidad, sí pueden llevar a tal conclusión, si se ponderan y valoran conjuntamente, con independencia de la contingencia, común o profesional, que las haya originado; exige también la norma un tratamiento médico previo y el alta en dicho tratamiento, cuya no finalización impide, temporalmente, la valoración.

- **El carácter objetivable de las reducciones anatómicas o funcionales** (*«susceptibles de determinación objetiva»*), lo que implica la exigencia de que se pueda fijar un diagnóstico médico, de forma indudable de acuerdo con los criterios comúnmente aceptados de la ciencia médica, y huyendo de las meras especulaciones subjetivas, o de las vaguedades, inconcreciones o descripciones carentes de base científica.

- **La condición permanente y previsiblemente definitiva de las lesiones**, esto es, incurables e irreversibles; siendo suficiente una previsión seria de irreversibilidad para fijar el concepto de incapacidad permanente, ya que, al no ser la medicina una ciencia exacta, sino fundamentalmente empírica, resulta difícil la absoluta certeza del pronóstico, que no puede emitirse sino en términos de probabilidad. Por eso, el precepto que se comenta añade que «(...) no obstará a tal calificación la posibilidad de recuperación de la capacidad laboral del inválido si dicha posibilidad se estima médicamente como incierta o a largo plazo». Y por eso también el art. 200 de las LGSS prevé la posibilidad de revisión de las declaraciones de incapacidad permanente por agravación o mejoría.

– **La gravedad de las reducciones**, desde la perspectiva de su incidencia laboral, hasta el punto de *«que disminuyan o anulen»* su capacidad laboral en función de la profesión habitual o del grado de incapacidad que se postule; constituyéndose éste en el requisito central de la incapacidad permanente, pues resulta intrascendente una lesión —por grave que sea— que no incide en la capacidad laboral.

Resulta evidente, que **no todas las reducciones anatómicas o funcionales presentan el mismo grado ni repercuten de igual modo sobre el individuo que la experimenta**. Por lo que la LGSS, establece, con independencia de la causa determinante, una clasificación en función del grado de reducción de la capacidad de trabajo del interesado, en diferentes grados y con diferentes prestaciones. Es decir, según que el grado de afectación de la capacidad laboral sea mayor o menor, estaremos ante uno u otro grado de la misma.

GRADO	PRESTACIÓN	DISMINUCIÓN
a) Incapacidad permanente parcial	Cantidad a tanto alzado	No inferior al 33 por 100 en su rendimiento normal, sin impedir la realización de las tareas fundamentales de la profesión.
b) Incapacidad permanente total	Pensión vitalicia.	Inhabilita al trabajador para la realización de todas o de las fundamentales tareas de dicha profesión, siempre que pueda realizar otra distinta. La recolocación del incapaz permanente total se condiciona a la existencia de vacante adecuada a sus condiciones. Mientras no tiene derecho a percibir indemnización alguna por la pérdida de salarios. (**STS, rec. 4314/2008, de 3 de noviembre de 2009, ECLI:ES:TS:2009:7097**).
c) Incapacidad permanente absoluta	Pensión vitalicia.	Inhabilita por completo al trabajador para el desarrollo de toda profesión u oficio.

GRADO	PRESTACIÓN	DISMINUCIÓN
d) Gran invalidez	Pensión a que se refiere el apartado anterior, incrementándose su cuantía en un 50 por 100, destinado a que el inválido pueda remunerar a la persona que le atienda.	El trabajador queda completamente inhabilitado y necesita la asistencia de otra persona para los actos más esenciales de la vida.

CUESTIÓN

A partir de la aprobación del Real Decreto Legislativo 1/2013, de 29 de noviembre, por el que se aprueba el Texto Refundido de la Ley General de derechos de las personas con discapacidad y de su inclusión social, ¿los perceptores de pensiones de Seguridad Social por encontrarse en situación de incapacidad permanente total, absoluta o gran invalidez ostentan automáticamente a todos los efectos tal condición de personas con minusvalía o personas con discapacidad, con los derechos y ventajas de distinta naturaleza que ello comporta? ¿La equiparación se limita únicamente a los efectos previstos en el mencionado RD Legislativo 1/2013, de 29 de noviembre y normas de desarrollo?

Según la STS n.º 156/2020, de 19 de febrero de 2020, ECLI:ES:TS:2020:844 y STS de 29 de noviembre de 2018, n.º 994/2018, ECLI:ES:TS:2018:4517; n.º 992/2018, ECLI:ES:TS:2018:444 y n.º 993/2018, ECLI:ES:TS:2018:4475, no cabe la equiparación automática entre la incapacidad permanente total y una discapacidad en grado igual o superior al 33 por ciento.

2.
REQUISITOS PARA EL ACCESO A LA PRESTACIÓN DE INCAPACIDAD PERMANENTE

Tendrán derecho a las prestaciones por incapacidad permanente las personas incluidas en el Régimen General que sean declaradas en tal situación y que, además de reunir la condición general exigida de estar afiliadas y en alta en dicho régimen (o en situación asimilada a la de alta) al sobrevenir la contingencia, hubieran cubierto el período mínimo de cotización, salvo que aquella sea debida a accidente, sea o no laboral, o a enfermedad profesional, en cuyo caso no será exigido ningún período previo de cotización. El art. 195.2 de la LGSS establece los períodos mínimos de cotización exigibles para tener derecho a las pensiones por incapacidad permanente en función de la edad del sujeto causante en el momento del acceso a la prestación.

2.1. Período mínimo de cotización exigible y edad del beneficiario

Existen cuatro modalidades de incapacidad permanente (parcial, total, absoluta y gran invalidez) y para acceder a ellas la Seguridad Social como consecuencia de enfermedad común se establece una serie de requisitos y periodos de cotización. **El período mínimo de cotización exigible varía según la edad del solicitante y la situación específica en la que se encuentre** (art. 195 de la LGSS):

CAUSA DE LA IP:	INCAPACIDAD PERMANENTE PARCIAL	INCAPACIDAD PERMANENTE TOTAL	INCAPACIDAD PERMANENTE ABSOLUTA	GRAN INVALIDEZ
Riesgos profesionales o accidente no laboral:	Ninguno			
Enfermedad común:	Situación de alta o asimilada y >31 años:	1.800 días en los últimos 10 años (si es menor de 21 años: 1/2 del tiempo transcurrido entre los 16 años y la IT más 18 meses).	1/4 del tiempo transcurrido entre los 20 años y la fecha del hecho causante (mínimo 5 años) (1/5 parte en los últimos 10 años o en los 10 años anteriores al fin de la obligación de cotizar).	
	Situación de alta o asimilada:		1/3 tiempo transcurrido entre los 16 años y la fecha del hecho causante.	
	Situación de no alta:	...	...	Mínimo de 15 años (3 en los últimos 10 años).

Para tener derecho a las pensiones por incapacidad permanente, el **período mínimo de cotización exigible** será:

a) **Sujeto causante menor de 31 años:** la tercera parte del tiempo transcurrido entre la fecha en que cumplió los 16 años y la del hecho causante de la pensión.

b) **Sujeto causante de 31 o más años:** la cuarta parte del tiempo transcurrido entre la fecha en que se haya cumplido los 20 años y el día en que se hubiese producido el hecho causante, con un mínimo, en todo caso, de 5 años. En este supuesto, al menos la quinta parte del período de cotización exigible deberá estar comprendida dentro de los 10 años inmediatamente anteriores al hecho causante.

c) **Acceso a la pensión de incapacidad permanente desde una situación de alta o asimilada al alta, sin obligación de cotizar:** el período de los 10 años, dentro de los cuales deba estar comprendido, al menos, la quinta parte del período de cotización exigible se computará, hacia atrás, desde la fecha en que cesó la obligación de cotizar.

En estos casos y respecto de la determinación de la base reguladora de la pensión, se aplicará lo establecido para el cálculo de la base reguladora de las pensiones de incapacidad permanente derivada de contingencias comunes.

d) **Incapacidad permanente parcial para la profesión habitual.** El período mínimo de cotización exigible será de 1.800 días, que han de estar comprendidos en los diez años inmediatamente anteriores a la fecha en la que se haya extinguido la incapacidad temporal de la que se derive la incapacidad permanente.

e) **Pensiones de incapacidad permanente en los grados de incapacidad permanente absoluta para todo trabajo o gran invalidez derivadas de contingencias comunes.** Podrán causarse aunque los interesados no se encuentren en el momento del hecho causante en alta o situación asimilada a la de alta.

En tales supuestos, el período mínimo de cotización exigible será, en todo caso, de 15 años distribuidos de la siguiente forma [apdo. 3 b) del art. 195 LGSS]: si el causante tiene cumplidos 31 años, la cuarta parte del tiempo transcurrido entre la fecha en que se haya cumplido los 20 años y el día en que se hubiese producido el hecho causante, con un mínimo, en todo caso, de 5 años. En este supuesto, al menos la quinta parte del período de cotización exigible deberá estar comprendida dentro de los 10 años inmediatamente anteriores al hecho causante.

A TENER EN CUENTA. A efectos de las pensiones contributivas por incapacidad permanente de cualquier régimen de la Seguridad Social, se computarán, a favor de la trabajadora solicitante de la pensión, un total de 112 días completos de cotización por cada parto de un solo hijo y de 14 días más por cada hijo a partir del segundo, este incluido, si el parto fuera múltiple, salvo si, por ser trabajadora o funcionaria en el momento del parto, se hubiera cotizado durante la totalidad de las dieciséis semanas o, si el parto fuese múltiple, durante el tiempo que corresponda (art. 235 de la LGSS).

2.2. Situaciones asimiladas al alta y doctrina o teoría del paréntesis

El artículo 165.1 de la LGSS dispone que: *«Para causar derecho a las prestaciones del Régimen General, las personas incluidas en su campo de aplicación habrán de cumplir, además de los requisitos particulares exigidos para acceder a cada una de ellas, el requisito general de estar afiliadas y en alta en dicho Régimen o en situación asimilada a la de alta al sobrevenir la contingencia o situación protegida, salvo disposición legal expresa en contrario».*

En el caso de pensiones por incapacidad permanente, el período mínimo de cotización exigible será el expuesto anteriormente siguiendo el art. 195 de la LGSS. No obstante, **las pensiones de incapacidad permanente en los grados de incapacidad permanente absoluta o gran invalidez derivadas de contingencias comunes podrán causarse aunque los interesados no se encuentren en el momento del hecho causante en alta o situación asimilada a la de alta.** *«En tales supuestos, el período mínimo de cotización exigible será, en todo caso, de quince años, distribuidos en la forma prevista en el último inciso del apartado 3.b) del art. 195 de la LGSS».*

Para el cómputo de la carencia específica la jurisprudencia ha venido aplicando la denominada «teoría del paréntesis», en aquellos supuestos en que la ausencia del periodo mínimo de cotización específico para lucrar la IP se produce por una imposibilidad en el beneficiario de trabajar, manifestada a través de una pérdida de la ocupación cotizada, del agotamiento de prestaciones por desempleo y de una posterior inscripción persistente en la oficina de empleo (STS, rec. 1845/2016, de 20 de febrero de 2018, ECLI:ES:TS:2018:582). De acuerdo con los criterios doctrinales y jurisprudenciales, la teoría del paréntesis se aplica —en el contexto de la incapacidad permanente— en situaciones donde el asegurado no pudo cotizar por circunstancias ajenas a su voluntad, y estos períodos se colocan «entre paréntesis», es decir, se excluyen del cómputo necesario para el cumplimiento de dichos períodos de cumplir ciertos criterios:

– No se puede reducir los períodos de carencia o cotización impuestos por las normas legales.

– El listado de situaciones asimiladas al alta no es exhaustivo, permitiendo considerar circunstancias no contempladas reglamentariamente.

– Los períodos excluidos deben ser aquellos en los que el asegurado no pudo cotizar y que se relacionan con circunstancias como la enfermedad, desempleo involuntario o situaciones análogas.

– Los períodos de interrupción breve de la actividad laboral por causas ajenas a la voluntad del trabajador también pueden ser considerados.

A modo de ejemplo, en la STSJ de Castilla y León n.º 439/2023, de 8 de junio del 2023, ECLI:ES:TSJCL:2023:2305, se determinó que el cese de la prestacionista como demandante de empleo estaba relacionado con una enfermedad crónica e irreversible. Por lo tanto, no se consideró que existiera una verdadera voluntad de abandonar el mercado laboral, lo que permite aplicar la doctrina del paréntesis a su favor. Esto significa que se tienen en cuenta sus períodos de alta y cotización a efectos de satisfacer los requisitos necesarios para la obtención de la incapacidad permanente.

> **A TENER EN CUENTA.** Una vez superado el requisito formal del alta, y partiendo del cumplimiento del requisito de carencia genérico para acceder a la pensión solicitada, a tenor de lo previsto en el art. 195.3 de la LGSS, se procederá a analizar la afectación funcional y limitaciones que tienen para la persona trabajadora el cuadro de dolencias que la afectan. (**STSJ de las Is. Canarias n.º 833/2023, de 8 de junio, ECLI:ES:TSJICAN:2023:2133**).

CUESTIÓN

Si se tiene la edad de jubilación y se cumplen los requisitos para esta prestación, ¿puede pedirse una prestación de incapacidad permanente derivada de contingencias comunes?

No. No se reconocerá el derecho a las prestaciones de incapacidad permanente derivada de contingencias comunes cuando el beneficiario, en la fecha del hecho causante, tenga la edad prevista [art. 205.1.a) de la LGSS] y reúna los requisitos para acceder a la pensión de jubilación.

RESOLUCIONES RELEVANTES

STSJ de Andalucía, rec. 3229/2021, de 27 de octubre de 2022, ECLI:ES:TSJAND:2022:11824

La sala de lo social del TSJ de Andalucía analizó la posibilidad de aplicar la teoría del paréntesis, que permite ciertos lapsos sin cotización en situaciones de incapacidad. Sin embargo, se determinó que la actora no acreditó una continuidad en su voluntad de trabajo al haber permanecido fuera del mercado laboral por periodos prolongados sin justificación. Además, se subrayó que los periodos de cotización no cumplían con los requisitos establecidos en el art. 195 de la LGSS, ya que no alcanzaba el mínimo de cotización exigido dentro de los diez años anteriores al hecho causante.

La actora no probó situaciones excepcionales que justificaran la aplicación de dicha teoría, y la falta de alta en el momento del hecho causante se interpretó como ausencia de derecho a la prestación.

STSJ de Castilla y León, rec. 1871/2017, de 24 de enero de 2018, ECLI:ES:TSJCL:2018:218

Resumiendo, la jurisprudencia **humanizadora para facilitar el cumplimiento del requisito de la situación asimilada** del Tribunal Supremo. «*(...) la doctrina relativa a que el alta ha de referirse al momento en que sobrevino la contingencia determinante de la situación protegida (SSTS/Social 14-IV-1980 y 24-VI-1982), o aquella otra que, tras analizar la normativa afectante al Convenio Especial, considera que la baja en la Seguridad Social ha de entenderse con carácter provisional durante los noventa días siguientes al cese, en los que el trabajador puede acogerse al convenio especial, conservando, por tanto, durante ese período los derechos que puedan serle legalmente atribuidos en relación al tiempo que duró la afiliación y la cotización a la Seguridad Social (SSTS/Social 27-X-1979 y 15-XII-1986); doctrinas a las que es dable adicionar la que interpreta con flexibilidad el requisito de estar inscrito como demandante de empleo "tanto más cuanto que reunía los requisitos para obtener la pensión cuando los padecimientos se produjeron" (STS/Social 11-XII-1986), añadiendo que "Pudiendo concluirse en esta línea, y siguiendo la doctrina marcada en la referida STS/IV 19-XII-1996, que el requisito del alta y las situaciones asimiladas a ella han sido interpretados de modo no formalista por esta sala, estimando en general que sí concurría la situación de alta, cuando se inicia el acontecer que conduce al hecho causante y es fundamentalmente explicable que se hayan descuidado los resortes legales prevenidos para continuar en alta, entonces el requisito ha de entenderse por cumplido"*».

JURISPRUDENCIA

STS, rec. 4369/2021, de 9 de mayo de 2024, ECLI:ES:TS:2024:2706

Los **períodos de cotización asimilados por parto** deben ser contabilizados en su totalidad para el cálculo del período de carencia exigible para el acceso a prestaciones de incapacidad permanente total, sin aplicar ningún tipo de reducción o coeficiente de parcialidad.

Para el TS, no existe base legal para tratar de forma diferente o reducir el número de días cotizados asimilados por parto en el caso de trabajadoras a tiempo parcial (art. 247 de la LGSS, en su redacción previa al RD-Ley 2/2023, de 16 de marzo).

STS, rec. 3120/2012, de 18 de septiembre de 2013, ECLI:ES:TS:2013:4789

Se considera vigente para la determinación del periodo de carencia de las prestaciones de incapacidad permanente derivada de enfermedad común la **doctrina jurisprudencial relativa al cómputo de los días-cuota en los supuestos de traba-**

jadores a tiempo parcial; pero ya no en lo que se refiere al cálculo del periodo de carencia necesario para la pensión de jubilación.

La doctrina jurisprudencial sobre los días-cuota ha se ser entendida en el sentido de que «la cotización por las pagas extraordinarias aprovecha exclusivamente para el período de cotización necesario para la concesión del derecho a prestaciones, a cuyos efectos el año no consta solo de los 365 días naturales, sino de estos y de los días-cuotas abonados por gratificaciones extraordinarias». Esta doctrina, asegura el fallo, sigue plenamente vigente para la determinación del periodo de carencia de las prestaciones de incapacidad permanente derivada de enfermedad común, pero ya no por lo que se refiere.

STS, rec. 1084/2014, de 27 de abril de 2016, ECLI:ES:TS:2016:2244

Se reconoce la pensión de IP en un supuesto en el que el beneficiario, en el momento del hecho causante de la misma, mantiene deudas con la Seguridad Social en el RETA pero tiene derecho a la misma teniendo en cuenta sus cotizaciones acreditadas en el RGSS.

3.
HECHO CAUSANTE Y EFECTOS ECONÓMICOS DE LA PRESTACIÓN POR INCAPACIDAD PERMANENTE

Como hemos adelantado, tendrán derecho a las prestaciones por incapacidad permanente las personas incluidas en el Régimen General que cumplan los requisitos que se relacionan de afiliación, alta, cotización y declaración en esa situación.

La incapacidad permanente es definida por el texto refundido de la Ley General de la Seguridad Social, como la situación de la persona trabajadora que, después de haber estado sometido al tratamiento prescrito, presenta reducciones anatómicas o funcionales graves, susceptibles de determinación objetiva y previsiblemente definitivas, que disminuyan o anulen su capacidad laboral. No obstará a tal calificación la posibilidad de recuperación de la capacidad laboral del incapacitado, si dicha posibilidad se estima médicamente como incierta o a largo plazo.

Del mismo modo, los arts. 193-203 de la LGSS contienen algunas ampliaciones al considerar asimismo incapacidad permanente:

- La situación de incapacidad que subsista una vez agotado el plazo máximo de duración de la incapacidad temporal.

- La situación del trabajador, que agotado el plazo de IT siga necesitando asistencia sanitaria e imposibilitado para reanudar su trabajo, previéndose que en la incapacidad va a tener carácter definitivo, aunque la nota de permanencia es relativa.

- No obsta a la calificación de incapacidad permanente, la posibilidad de una recuperación, si la misma se considera incierta y a largo plazo.

- No será necesaria el alta médica para la valoración de la incapacidad permanente en los casos en que concurran secuelas definitivas.

- Las reducciones anatómicas o funcionales existentes en la fecha de la afiliación del interesado en la Seguridad Social no impedirán la calificación de la situación de incapacidad permanente, cuando se trate de personas minusválidas y con posterioridad a la afiliación tales reducciones se hayan agravado, provocando por sí mismas o por concurrencia con nuevas lesiones o patologías una disminución o anulación de la capacidad laboral que tenía el interesado en el momento de su afiliación.

Tendrán derecho a las prestaciones por incapacidad permanente las personas incluidas en el Régimen General que:

- Sean declaradas en tal situación.

- Estén afiliadas y en alta o en situación asimilada al alta al sobrevenir el hecho causante, al sobrevenir la contingencia o situación protegida, salvo disposición legal expresa en contrario (art. 165.1 de la LGSS).

- Hubieran cubierto el período mínimo de cotización determinado salvo que aquella sea debida a accidente, sea o no laboral, o a enfermedad profesional, en cuyo caso no será exigido ningún período previo de cotización.

Peculiaridades:

- No se reconocerá el derecho a las prestaciones de incapacidad permanente derivada de contingencias comunes cuando el beneficiario, en la fecha del hecho causante, reúna los requisitos para acceder a la pensión de jubilación en el sistema de la Seguridad Social [art. 205.1.a) de la LGSS].

- Si la incapacidad deriva de accidente de trabajo o enfermedad profesional, los trabajadores se considerarán de pleno derecho afiliados y en alta, aunque el empresario haya incumplido sus obligaciones.

- Se considera situación de alta especial la huelga legal o cierre patronal.

> **JURISPRUDENCIA**
>
> **STS n.º 156/2020, de 19 de febrero de 2020, ECLI:ES:TS:2020:844, y STS n.º 994/2018, de 29 de noviembre de 2018, ECLI:ES:TS:2018:4517**
>
> No cabe la equiparación automática entre la incapacidad permanente total y la declaración del 33 % de discapacidad.

Para el acceso a la prestación, han de cumplirse unos requisitos de cotización con anterioridad al hecho causante. Igualmente, el paso a la situación de IP desde un proceso de incapacidad temporal o no limita la fecha en la que comenzará a devengarse la prestación.

Incapacidad permanente surgida tras haber extinguido la incapacidad temporal. - **Agotamiento del plazo de IT.** - **Alta médica con propuesta de IP.**	Hecho causante:	Fecha de la extinción de la incapacidad temporal.
	Efectos económicos:	Momento de la fecha de la resolución del director provincial del INSS reconociendo la IP. No obstante, podrán retrotraerse a la fecha de extinción del subsidio de incapacidad temporal, cuando la cuantía de la pensión de incapacidad permanente sea superior a la del subsidio que se venía percibiendo, no existiendo retroacción, en ningún caso, si el trabajador se encontraba en situación de demora de la calificación.

Incapacidad permanente no precedida de incapacidad temporal o cuando la IT no se ha extinguido.	Hecho causante:	Fecha de emisión del dictamen-propuesta del Equipo de Valoración de Incapacidades (EVI).
	Efectos económicos:	En la fecha de emisión del dictamen-propuesta del Equipo de Valoración de Incapacidades (EVI).
Incapacidad permanente total. − **Incremento del 20 %.**	Efectos económicos:	Desde la fecha de la solicitud, con una retroactividad máxima de 3 meses, siempre que concurran los requisitos necesarios para tener derecho al citado incremento.

RESOLUCIÓN RELEVANTE

STSJ de Asturias n.º 547/2024, de 16 de abril del 2024, ECLI:ES:TSJAS:2024:853

«La cuestión relativa a determinar cuál debe ser la fecha de los efectos económicos del reconocimiento de una pensión de incapacidad permanente reconocida por vez primera en sentencia cuando el beneficiario se mantenga en alta en el RETA es la que resuelve, entre otras, la sentencia dictada por el Tribunal Supremo en su sentencia de 16 de julio de 2016, recurso de casación en unificación de doctrina 3885/2014. En ella se manifiesta: "... nos hemos pronunciado en las recientes STS/4ª de 23 julio 2015 (rcud. 2.034/2014) y 4 mayo 2016 (rcud. 1.848/2014), para afirmar que, cuando se trata de trabajadores por cuenta propia, y salvo supuestos acreditados de conductas fraudulentas, el simple mantenimiento de la afiliación y la consecuente cotización al RETA "no puede entenderse sin más como una presunción de que se realiza esa actividad autónoma, y menos aún que la misma proporcione al asegurado recursos económicos suficientes para la subsistencia", máxime si tenemos en cuenta que una hipotética baja voluntaria, con el correlativo cese de la cotización, en ese Régimen antes de obtener con carácter definitivo la declaración de incapacidad permanente (que es lo que, en definitiva, propugna la solución que apunta el INSS) tal vez podría conllevar perjuicios para el interesado de difícil o imposible reparación».

4.
TIPOS DE INCAPACIDAD PERMANENTE

La incapacidad permanente, cualquiera que sea su causa determinante, se clasificará, en función del porcentaje de reducción de la capacidad de trabajo del interesado, valorado de acuerdo con la lista de enfermedades que se apruebe reglamentariamente en los siguientes grados (art. 194 de la LGSS):

Grados de incapacidad permanente	**Incapacidad permanente parcial para la profesión habitual (IPP)**	– Disminución no inferior al 33 % del rendimiento normal del trabajador para la profesión habitual. – Sin impedir la realización de las tareas fundamentales de la misma. – Compatible con el desarrollo de cualquier actividad laboral por cuenta ajena como por cuenta propia y con el mantenimiento del trabajo que se viniera desarrollando. (STSJ de Aragón n.º 201/2012, de 2 de mayo de 2012, ECLI:ES:TSJAR:2012:479).
	Incapacidad permanente total para la profesión habitual (IPT)	– Inhabilita al trabajador para la realización de todas o de las fundamentales tareas de su profesión, siempre que pueda dedicarse a otra distinta. – Incompatible con el desempeño del mismo puesto en la empresa, pero compatible con la realización de cualquier trabajo por cuenta ajena o propia en la misma empresa o en otra distinta (previa comunicación entidad gestora).
	Incapacidad permanente absoluta para todo trabajo (IPA)	– Inhabilita por completo al trabajador para toda profesión u oficio. – No impide el ejercicio de aquellas actividades, sean o no lucrativas, compatibles con el estado del inválido siempre que no representen un cambio en su capacidad de trabajo a efectos de revisión. (STSJ de Cataluña n.º 8793/2006, de 13 de diciembre de 2006, ECLI:ES:TSJCAT:2006:13213).

Grados de incapacidad permanente	**Incapacidad permanente parcial para la profesión habitual (IPP)**	– Disminución no inferior al 33 % del rendimiento normal del trabajador para la profesión habitual. – Sin impedir la realización de las tareas fundamentales de la misma. – Compatible con el desarrollo de cualquier actividad laboral por cuenta ajena como por cuenta propia y con el mantenimiento del trabajo que se viniera desarrollando. (STSJ de Aragón n.º 201/2012, de 2 de mayo de 2012, ECLI:ES:TSJAR:2012:479).
	Incapacidad permanente total para la profesión habitual (IPT)	– Inhabilita al trabajador para la realización de todas o de las fundamentales tareas de su profesión, siempre que pueda dedicarse a otra distinta. – Incompatible con el desempeño del mismo puesto en la empresa, pero compatible con la realización de cualquier trabajo por cuenta ajena o propia en la misma empresa o en otra distinta (previa comunicación entidad gestora).
	Incapacidad permanente absoluta para todo trabajo (IPA)	– Inhabilita por completo al trabajador para toda profesión u oficio. – No impide el ejercicio de aquellas actividades, sean o no lucrativas, compatibles con el estado del inválido siempre que no representen un cambio en su capacidad de trabajo a efectos de revisión. (STSJ de Cataluña n.º 8793/2006, de 13 de diciembre de 2006, ECLI:ES:TSJCAT:2006:13213).
	Gran invalidez (GI)	– El trabajador como consecuencia de pérdidas anatómicas o funcionales necesita la asistencia de otra persona para los actos más esenciales de la vida. – La compatibilidad con el trabajo es similar a la IPA. (STS, rec. 1712/2000, de 22 de diciembre de 2000, ECLI:ES:TS:2000:9575, y STSJ de Comunidad Valenciana n.º 1330/1999, de 07 de mayo de 1999, ECLI:ES:TSJCV:1999:2805).
Requisitos generales		– No haber cumplido la edad ordinaria de jubilación. – Estar afiliado y en alta o situación asimilada a la de alta, aunque en el caso de IPA y GI este requisito no es necesario. – Requisitos de cotización (en función del grado de la IP y su causa).

CUESTIÓN

¿Todos los tipos de IP incapacitan para realizar cualquier trabajo?

No. La incapacidad permanente parcial (IPP) y total (IPT) incapacitan para la realización de la profesión habitual. La incapacidad permanente absoluta (IPA) inhabilita por completo al trabajador para toda profesión u oficio. Sin embargo, no impedirá el ejercicio de aquellas actividades, sean o no lucrativas, que sean compatibles con el estado del inválido y que no representen un cambio en su capacidad de trabajo a efectos de revisión. La gran invalidez (GI), por su parte, implica una IPA, lo que inhabilita al trabajador para toda profesión u oficio, no obstante, se centra en la necesidad de asistencia para los actos esenciales de la vida diaria y no necesariamente en la imposibilidad de realizar cualquier tipo de trabajo.

4.1. Incapacidad permanente parcial (IPP)

La incapacidad permanente parcial para la profesión habitual (IPP) ocasiona al trabajador una disminución en su rendimiento de trabajo no inferior al 33 por 100 en su rendimiento normal, sin impedir la realización de las tareas fundamentales de su profesión u otra. La prestación supone una indemnización a tanto alzado de 24 mensualidades de la base reguladora utilizada para el cálculo del subsidio de incapacidad temporal del que se deriva la incapacidad permanente.

Existe incapacidad permanente parcial (art. 194.3 y D.T. 26.ª de la LGSS) **cuando las limitaciones orgánicas y funcionales, sin llegar a determinar una imposibilidad para la realización de todas o las esenciales tareas de la profesión habitual** (pues de serlo serían tributarias de la incapacidad permanente total), ocasionan al trabajador una disminución no inferior al 33 por ciento en su rendimiento normal para su profesión habitual, sin impedirle la realización de las tareas fundamentales de la misma. De esta forma, procederá el reconocimiento del grado de incapacidad permanente parcial cuando:

- La limitación afecta solo a tareas accesorias o secundarias de la profesión habitual, si esa imposibilidad o restricción a su desempeño ocasiona una merma del rendimiento normalmente esperable.

- El desempeño del trabajo algo más de esfuerzo, penosidad o peligrosidad, que el que el trabajador venía asumiendo antes de padecer las lesiones o limitaciones orgánicas y funcionales. (**STSJ Canarias n.º 119/2019, de 12 de febrero de 2019, ECLI:ES:TSJICAN:2019:371**).

A TENER EN CUENTA. En contraposición con los trabajadores por cuenta ajena —donde la IPP puede derivar de contingencia común (enfermedad común o accidente no laboral)—, el trabajador por cuenta propia o autónomo solo podrá acceder a la incapacidad permanente parcial cuando derive de una accidente o enfermedad profesional (STS, rec. 3756/2014, de 29 de marzo de 2016, ECLI:ES:TS:2016:1753).

CUESTIONES

1. ¿Qué se valorará a la hora de conceder una incapacidad permanente parcial?

En la IPP lo que se valora es la pérdida de rendimiento en el ejercicio de la profesión y solo serán trascendentes los hechos que incidan en la evaluación de esa pérdida, lo que emparenta necesariamente con la identificación del componente funcional de la profesión y con la descripción de las funciones afectadas por las lesiones.

2. Si tras la incorporación del trabajador se realiza un cambio de puesto de trabajo, ¿justificaría la existencia de una IPP?

La decisión de la empresa del cambio de puesto de trabajo no tiene por qué derivar de una incapacidad, sino que puede responder a razones de oportunidad, de garantía, de prevención y otras muchas que no tienen por qué ser de rendimiento. Por eso, la simple decisión no indica nada determinante, y tampoco aportará nada esencial o necesario al proceso de reclamación judicial.

JURISPRUDENCIA

STS n.º 34/2024, de 10 de enero del 2024, ECLI:ES:TS:2024:247 y STS n.º 731/2023, de 10 de octubre, ECLI:ES:TS:2023:4131

Corresponde la incapacidad permanente parcial cuando (en la profesión de mecánico de vehículos y oficial 1° de la construcción respectivamente), se produce la pérdida de un ojo, conservando la agudeza visual del otro, sin que ello impida la realización de las tareas fundamentales de dicha profesión.

STS n.º 227/2020, de 11 de marzo de 2020, ECLI:ES:TS:2020:1119

Se discute si en el momento de la calificación de una incapacidad permanente debe tenerse en cuenta la actividad que realizaba el interesado antes o después del accidente. El Tribunal Supremo, en base a doctrina previa, contesta que la profesión habitual debe referirse a la desarrollada antes del accidente. Siguiendo doctrina previa (SSTS de 25 de marzo de 2009, Rec. 3402/2007, y 26 de abril de 2017, Rec. 3050/2015), el TS reitera que la profesión habitual determinante de una situación de incapacidad permanente no es esencialmente coincidente con la labor específica que se realice en un determinado puesto de trabajo sino aquella que el trabajador está cualificado para realizar y a la que la empresa le haya destinado o pueda destinarle, lo que significa que no solo hay que tener en cuenta a la hora calificar una incapacidad permanente cuáles eran las funciones o trabajos concretos que el trabajador afectado pudiera estar desarrollando antes o las que pueda estar realizando después del accidente sino todas las que integran objetivamente su profesión, las cuales vienen delimitadas en ocasiones por las de su propia categoría profesional o en otras las de su grupo profesional, según los casos y el alcance que en cada caso tenga el «ius variandi» empresarial de conformidad con la normativa laboral aplicable.

STSJ de Madrid, rec. 4076/2010, de 27 de octubre de 2010, ECLI:ES:TSJM:2010:16115

Estima parcialmente el recurso de suplicación interpuesto por el trabajador y declara al demandante afecto de una IPP derivada de accidente de trabajo.

En este caso, se trata de un trabajador cuya profesión habitual era la de operario de servicios múltiples de un ayuntamiento apreciándose por el EVI las siguientes secuelas residuales, con carácter de crónicas e irreversibles: EPICONDILITIS CODO IZDO. INTERVENIDA QUIRÚRGICAMENTE 10/08 Y 3/09, BAREMO 110, 500 EUROS, si bien el informe del Servicio de Traumatología de 16/11/09 las resume de modo más completo: «rigidez codo izq. postcirugía en dos ocasiones por epicondilitis. Movilidad activa y pasiva codo izq. Flexión 95° ext..60°. El actor es diestro. Se solicita por la parte actora la declaración de incapacidad en grado de total o subsidiariamente parcial derivadas de accidente laboral».

La sentencia concluye que la profesión habitual del demandante comprende funciones como la de barrer calles, utilizar motosierra y útiles de jardinería, trabajos auxiliares, albañilería, transporte de enseres —según indica el hecho probado cuarto— lo que pone de manifiesto que es una profesión en donde la bimanualidad es esencial de forma que, aunque es diestro, la rigidez del codo izquierdo con limitación en la flexión del mismo del 10 % y la disminución de fuerza en la flexión dorsal de la muñeca en un 40 a 50 %, a lo que se debe unir la presencia de dolor en esas articulaciones, son limitaciones que dificultan y entorpecen la ejecución eficaz de todas esas tareas, aunque sin llegar a impedir llevarlas a cabo.

STSJ de Castilla-La Mancha n.º 1956/2009, 11 de diciembre de 2009, ECLI:ES:TSJCLM:2009:4888

«Previsión legal [Ley 24/1997, de 15 de julio en relación al concepto Incapacidad Permanente Parcial para la profesión habitual] de la que se infiere la necesaria concurrencia en el afectado de cuatro requisitos para poder hacerse acreedor a la prestación de incapacidad permanente parcial, cuales son:

a) La existencia de lesiones de carácter permanente o definitivo.

b) La incidencia de tales lesiones en la consecución de las tareas que integran o conforman su profesión habitual.

c) Que tal repercusión de las dolencias en el trabajo cotidiano no implique la imposibilidad de realizar las funciones que lo integran, suponiendo tan solo la existencia de una reducción en el rendimiento normal para su consecución.

d) Que la minoración en el rendimiento supere un concreto porcentaje, el cual se cifra en el 33 %».

4.1.1. Beneficiarios y requisitos de la IPP

Serán beneficiarios de esta prestación, las personas incluidas en el Régimen General declaradas en situación de IPP, cualquiera que sea la contingencia que la origine, siempre que reúnan los siguientes requisitos [art. 194.1 a) de la LGSS]:

- **Tener menos de la edad de jubilación legalmente establecida en la fecha del hecho causante** (art. 205 y D.T. 26ª LGSS), en la fecha del hecho causante o en otro caso, no reunir los requisitos exigidos para acceder a la pensión de jubilación contributiva del Sistema, si la incapacidad deriva de contingencias comunes.

- Estar **afiliadas y en alta o en situación asimilada al alta.**

  • Cuando la incapacidad se derive de accidente de trabajo o enfermedad profesional, los trabajadores se considerarán de pleno derecho afiliados y en alta, aunque el empresario haya incumplido sus obligaciones.

  • Se considera situación de alta especial la huelga legal o cierre patronal.

- En el caso de los representantes de comercio, artistas y profesionales taurinos, se exige, además, estar al corriente del pago de cuotas en la fecha en que sobrevenga la contingencia. Si no están al corriente, siempre que las cuotas debidas no afecten al período de carencia, se advertirá de la necesidad de que se ponga al corriente, quedando condicionado el pago de la prestación al cumplimiento de dicha obligación.

- Tener **cubierto un período previo de cotización**, si la incapacidad deriva de enfermedad común. En el caso de incapacidad permanente parcial, el período mínimo de cotización exigible será de 1.800 días, que han de estar comprendidos en los 10 años inmediatamente anteriores a la fecha en la que se haya extinguido la incapacidad temporal de la que se derive la incapacidad permanente (art. 195.2 de la LGSS). (STS, rec. 3120/2012 de 18 de septiembre de 2013, ECLI:ES:TS:2013:4789). El Gobierno, mediante real decreto, a propuesta del titular del Ministerio de Empleo y Seguridad Social, podrá modificar el período de cotización que para la indicada prestación se exige en este apartado.

- En el caso de los **trabajadores con contratos a tiempo parcial**, para acreditar el período de cotización exigido, se aplicarán las reglas establecidas en el art. 247 de la LGSS.

- No se exige período previo de cotización, si la **incapacidad deriva de accidente, sea o no laboral, o de enfermedad profesional.**

- Se encuentren inhabilitadas para realizar las fundamentales tareas de su profesión habitual. (**STSJ Cataluña, rec. 1559/1998, de 11 de noviembre de 1999**).

4.1.2. Hecho causante y efectos económicos de la IPP

a) Hecho causante

- Si la **incapacidad permanente surge tras haberse extinguido la incapacidad temporal de la que deriva**, bien por agotamiento del plazo, bien por alta médica con propuesta de incapacidad permanente, el hecho causante se entiende producido en la fecha de la extinción de la incapacidad temporal.

- Si la **incapacidad permanente no está precedida de incapacidad temporal o ésta no se ha extinguido**, el hecho causante se entiende producido en la fecha de emisión del dictamen-propuesta del Equipo de Valoración de Incapacidades (EVI).

b) Efectos económicos

La prestación se hace efectiva a partir de la resolución.

JURISPRUDENCIA

STS n.º 156/2020, de 19 de febrero de 2020, ECLI:ES:TS:2020:844

Equiparación de la incapacidad permanente total a la declaración de discapacidad del 33 %. Se debate si, a partir de la aprobación del Real Decreto Legislativo 1/2013, de 29 de noviembre, por el que se aprueba el Texto Refundido de la Ley General de derechos de las personas con discapacidad y de su inclusión social, los perceptores de pensiones de Seguridad Social por encontrarse en situación de incapacidad permanente total, absoluta o gran invalidez ostentan automáticamente a todos los efectos tal condición de personas con minusvalía o personas con discapacidad, con los derechos y ventajas de distinta naturaleza que ello comporta.

Se estima el recurso de casación, en aplicación doctrina de la Sala en STS n.º 992/2018, de 29 de noviembre de 2018, ECLI:ES:TS:2018:4446, que declaró ineficaz, por incurrir en ultra vires, el art. 4.2 del RD-Legislativo 1/2013, en cuanto dispone que es aplicable a todos los efectos la equiparación de los pensionistas de incapacidad permanente total y absoluta con el grado de discapacidad del 33 %, al sustituir la frase «a los efectos de esta ley» por la de «a todos los efectos».

STSJ de La Rioja, rec. 12/2024, de 25 de enero del 2024, ECLI:ES:TSJLR:2024:14

«(...) se entenderá por incapacidad permanente parcial para la profesión habitual la que, sin alcanzar el grado de total, ocasiona al trabajador una disminución no inferior al 33 % de su rendimiento normal para dicha profesión, sin impedirle la realización de las tareas fundamentales de la misma»

4.1.3. Cuantía y abono de la IPP

Una indemnización a tanto alzado de 24 mensualidades de la base reguladora utilizada para el cálculo del subsidio de incapacidad temporal del que se deriva la incapacidad permanente. El cálculo de la prestación deriva de los arts. 9 y 13 del Decreto 1646/1972, de 23 junio.

De no existir incapacidad temporal previa, la base reguladora será la que hubiera correspondido por incapacidad temporal, de haber tenido derecho a dicha prestación.

Se abona en un pago único.

A TENER EN CUENTA. La prestación está sujeta a tributación en los términos establecidos en las normas reguladoras del Impuesto sobre la renta de las personas físicas (IRPF) y sometida, en su caso, al sistema general de retenciones a cuenta del impuesto (Resolución Vinculante de DGT, V0759-16, 25-02-2016).

CUESTIÓN

El Reglamento de Accidentes de Trabajo (Decreto de 22 de junio de 1956) es citado en múltiple jurisprudencia asociada a la IPP, ¿sigue vigente?

Si bien este Reglamento está formalmente derogado, dado que no se ha desarrollado reglamentariamente esta materia, conserva valor indicativo o interpretativo y por ello diversas salas de los social siguen aplicándolo a la hora de valorar las lesiones de un trabajador. (STSJ de Castilla-La Mancha, rec. 980/2000, de 22 de enero de 2001, ECLI:ES:TSJCLM:2001:199, STS n.° 698/2020, de 22 de julio, ECLI:ES:TS:2020:2616, STS, rec. 2121/2021, de 10 de enero del 2024, ECLI:ES:TS:2024:247, entre muchas).

JURISPRUDENCIA

STS, rec. 226/2003, de 9 de julio de 2004, ECLI:ES:TS:2004:4953

La cuestión debatida consiste en determinar si la irregularidad en la cuantía y periodicidad del devengo del concepto salarial «incentivos» incide en su naturaleza a los efectos de la base reguladora para el percibo de la IPP. En el salario por que se cotizó el mes anterior se incluye el importe percibido por incentivos (complemento vinculado a la actividad) devengado en el mismo, aunque su importe fuese extraordinariamente alto en ese mes o fuese variable en los doce meses anteriores o incluso inexistente en alguno de ellos.

STS, rec. 821/2003, de 29 de abril de 2004, ECLI:ES:TS:2004:2850

Analiza el sistema de cálculo de la indemnización correspondiente a la incapacidad permanente parcial para obtener el importe de la mensualidad que sirve de multiplicando para obtener la indemnización de 24 mensualidades.

«(...) para obtener la indemnización de 24 mensualidades de la IPP (repetimos, cuando de retribución mensual se trata) bastará, en la práctica, con multiplicar por 24 la mensualidad equivalente a la base de cotización del mes anterior al inicio de la IT, ya que esa operación arroja indefectiblemente el mismo resultado que si acude a las más compleja — pero que es la formalmente querida por el art. 13 para obtener la base diaria de la IT — de dividir por 30 dicha base mensual de cotización, y luego volver a multiplicarla de nuevo siempre por 30 (cualquiera que sea el número de días que tenga el mes de referencia, porque pese a ello el importe del salario mensual a percibir no varía y por ello no cabe utilizar un multiplicador variable en función de los días reales del mes) para obtener la mensualidad y ésta a su vez multiplicarla por 24».

STS n.° 478/2017, de 6 de junio de 2017, ECLI:ES:TS:2017:2463

La cuestión que se plantea en casación para la unificación de doctrina consiste en determinar **qué Mutua aseguradora de accidentes de trabajo resulta responsable del abono de una prestación de incapacidad permanente parcial en caso de pluriempleo** que resulta asegurado con dos entidades distintas, cuando el accidente proyecta las limitaciones funcionales sobre uno de esos trabajos y el empleado continúa desarrollando la otra actividad con normalidad sin que le afecten tales limitaciones de manera significativa.

4.1.4. Compatibilidades e incompatibilidades de la IPP

Es compatible con el desarrollo de cualquier actividad laboral, tanto por cuenta ajena como por cuenta propia, y con el mantenimiento del trabajo que se viniera desarrollando.

JURISPRUDENCIA

STS n.° 233/2019, de 20 de marzo de 2019, ECLI:ES:TS:2019:1285

Compatibilidad entre IPA y trabajo por cuenta ajena a tiempo parcial.

STS, rec. 1600/2013, de 28 de octubre de 2014, ECLI:ES:TS:2014:5785

Se declara la compatibilidad entre las pensiones de incapacidad permanente total y jubilación parcial causada, en un mismo régimen, en virtud de un trabajo distinto.

4.2. Incapacidad permanente absoluta (IPA)

La incapacidad permanente absoluta (IPA) inhabilita por completo al trabajador para toda profesión u oficio. No obstante, la pensión no impedirá el ejercicio de aquellas actividades, sean o no lucrativas, compatibles con el estado de la persona con discapacidad y que no representen un cambio en su capacidad de trabajo a efectos de revisión.

El vigente art. 194 (según la D.T. 16.ª de la LGSS) establece que se **entenderá por incapacidad permanente absoluta para todo trabajo la que inhabilite por completo al trabajador para toda profesión u oficio.**

Siguiendo la interpretación lógica de este precepto, por tanto, deberá declararse en situación de IPA a quien no puede realizar la mayor parte de las profesiones u oficios, habiéndose matizado que ello también implica la posibilidad de no poder trasladarse al lugar de trabajo por sus propios medios, permanecer en él durante toda la jornada o efectuar la prestación de un trabajo que, siquiera sea liviana, requiera un cierto grado de atención, profesionalidad, rendimiento o eficacia (**STS, de 3 de marzo, ECLI:ES:TS:1986:1011, STS, de 12 de junio de 1986, ECLI:ES:TS:1986:12169**, y, **STS de 9 de marzo de 1989, ECLI:ES:TS:1989:1758**).

RESOLUCIONES RELEVANTES

STSJ de Madrid n.° 638/2022, de 22 de junio de 2022, ECLI:ES:TSJM:2022:8238

Se deniega la incapacidad permanente absoluta a una trabajadora social con agorafobia al ser posible realizar teletrabajo.

«(...) las patologías que presenta la actora le impiden salir a la calle y relacionarse con terceras personas, le producen ataques de pánico, con palpitaciones y no le permiten realizar un trabajo , su patología psiquiátrica no le permite afrontar una actividad ni si quiere teletrabajar.

La recurrente presenta trastorno agorofobico, trastorno de adaptación mixto.

La agorafobia es un trastorno de ansiedad que se caracteriza por el miedo a ciertos lugares y situaciones de los que la persona cree que es difícil escapar, como los espacios abiertos y el transporte público.

La Magistrado cuando ha valorado las patología de la actora ha tenido en cuenta que es mediadora social y necesita el contacto con las personas pero no le impide realizar un trabajo que implique menos contacto social o teletrabajo, y se comparte la valoración de la Magistrada porque puede desempeñar trabajo que se desarrollen en su domicilio, trabajos a distancia como el teletrabajo por ello no se produce la incapacidad permanente absoluta».

STSJ de las Is. Canarias n.º 986/2018, de 15 de octubre de 2018, ECLI:ES:TSJICAN:2018:2805

«El reconocimiento de la incapacidad permanente absoluta, en consecuencia, depende de atender al cuadro clínico residual del actor, las limitaciones orgánicas y funcionales que presenta, y determinar si el mismo permite o no realizar una actividad retribuida de forma habitual, a lo largo de una jornada completa según los usos aplicables, de manera eficiente, rentable y segura para el propio actor y sus compañeros de trabajo o terceros».

STSJ de las Is. Canarias n.º 736/2018, de 05 de julio de 2018, ECLI:ES:TSJICAN:2018:1489

No obsta al reconocimiento de la incapacidad permanente absoluta el hecho de que el beneficiario pueda presentar una capacidad laboral absolutamente marginal y limitada a puestos especialmente adaptados a su discapacidad, pues tal circunstancia precisamente evidencia que el beneficiario, por las limitaciones que presenta, no puede concurrir en condiciones de igualdad al mercado de trabajo y necesita unas condiciones muy particulares que no reúnen la mayor parte de las profesiones u oficios, debiéndose calificar estos puestos especialmente adaptados como actividades compatibles con el estado del inválido, a efectos del artículo 198.2 del texto refundido de la Ley General de la Seguridad Social vigente (citando STSJ de las Is. Canarias, rec. 519/2016, de 4 de abril de 2017).

«Es decir, su capacidad laboral no quedaría reducida a trabajos especialmente adaptados, y en consecuencia la sentencia de instancia no infringió la normativa y jurisprudencia señaladas en el recurso cuando confirmó el grado de incapacidad permanente total fijado por el Instituto Nacional de la Seguridad Social y rechazó en cambio la incapacidad permanente absoluta pretendida por el demandante».

STSJ Andalucía n.º 371/2007, de 7 de febrero de 2007, ECLI:ES:TSJAND:2007:5179

«(...) el TS, en ss de 16 de febrero de 1984, 22 enero 90 y 19 julio de 1989 entre otras, ha reiterado que "inválido absoluto es aquel que carece de posibilidades reales de actuación profesional, con asistencia habitual al lugar de trabajo, prestación de una jornada y atención a una tarea". Por lo que respecta a esta Sala se ha mantenido, en el mismo sentido, que la inhabilitación para el trabajo debe entenderse como absoluta si los padecimientos del trabajador solo consienten quehaceres determinados y livianos llevados a cabo por el ideal de sentirse útil, de superar sus limitaciones y de sobreponerse al dolor más allá de lo que es exigible, lo que no es el caso. De los hechos probados se evidencia que el actor puede, a través de otros quehaceres más livianos, sedentarios, que requieran menos esfuerzo que los duros de la que era su profesión, encauzar sus posibilidades laborales dentro de normales parámetros de continuidad, seguridad y eficacia».

STSJ de las Is. Canarias, rec. 519/2016, de 4 de abril de 2017, ECLI:ES:TSJICAN:2017:1036

No obsta al reconocimiento de la incapacidad permanente absoluta el hecho de que el beneficiario pueda presentar una capacidad laboral absolutamente marginal y limitada a puestos especialmente adaptados a su discapacidad, pues tal circunstancia precisamente evidencia que el beneficiario, por las limitaciones que presenta, no puede concurrir en condiciones de igualdad al mercado de trabajo y necesita unas condiciones muy particulares que no reúnen la mayor parte de las profesiones u oficios, debiéndose calificar estos puestos especialmente adaptados como actividades compatibles con el estado del inválido, a efectos del artículo 141.2 de la LGSS/1994 vigente al momento del hecho causante de estos autos (actual art. 198.2 de la LGSS).

JURISPRUDENCIA

STS n.º 541/2020, 29 de junio de 2020, ECLI:ES:TS:2020:2474 (con voto particular)

El acceso a una incapacidad permanente absoluta no procede si ya se está jubilado, aunque sea de forma anticipada.

«En efecto, del acceso a la prestación de incapacidad permanente se excluye a quien a la fecha del hecho causante ha alcanzado la edad ordinaria de jubilación, prevista en el art. 205.1 a) y reúna los requisitos para su reconocimiento.

Esta referencia a la edad de jubilación que se hace en los arts. 195, 196 y 200 de la LGSS, al igual que en otros preceptos de la LGSS para otras cuestiones, debe ser interpretada en atención al variado régimen jurídico que rodea a la protección de dicha contingencia».

4.2.1. Beneficiarios y requisitos de la IPA

Serán beneficiarios de esta prestación, las personas incluidas en el Régimen General declaradas en situación de IPA, cualquiera que sea la contingencia que la origine, siempre que reúnan los siguientes requisitos:

1. **Tener menos de la edad de jubilación establecida legalmente en la fecha del hecho causante,** en la fecha del hecho causante o no reunir los requisitos exigidos para acceder a la pensión de jubilación contributiva (siempre que la incapacidad derive de contingencias comunes).

2. **Estar afiliadas y en situación de alta, asimilada a la de alta o en situación de no alta** (si la incapacidad deriva de accidente de trabajo o enfermedad profesional, los trabajadores se considerarán afiliados y en alta, aunque el empresario haya incumplido sus obligaciones. Se considera situación de alta especial la huelga legal o cierre patronal).

3. **Tener cubierto un período previo de cotización si la incapacidad permanente deriva de:**

   a) Enfermedad común (en situación de alta o asimilada):

   – Menor de 31 años:

     » Período genérico de cotización, la mitad del tiempo transcurrido entre la fecha en que cumplió los 16 años de edad y la del hecho causante.

     » Período específico de cotización, no exigido. (STSJ de Cataluña n.º 3222/2001, de 17 de abril de 2001, ECLI:ES:TSJCAT:2001:4898 y STSJ de Cataluña n.º 8055/1999, de 10 de noviembre de 1999, ECLI:ES:TSJCAT:1999:11058).

   – Con 31 o más años:

     » Período genérico de cotización, un cuarto del tiempo transcurrido entre la fecha en que cumplió los 20 años y la del hecho causante (con un mínimo de 5 años).

» Período específico de cotización (un quinto del período de cotización exigible debe estar comprendido), en los 10 años inmediatamente anteriores al hecho causante o en los 10 años inmediatamente anteriores a la fecha en que cesó la obligación de cotizar (de acceder a la pensión desde una situación de alta o asimilada, sin obligación de cotizar.

» No se tendrán en cuenta, a estos efectos, las fracciones de edad inferiores a 6 meses; si son superiores, se consideran equivalentes a medio año. Los períodos de cotización resultantes serán objeto de redondeo, despreciándose, en su caso, las fracciones de mes.

b) Enfermedad común o accidente no laboral (en situación de «no alta»):

» Período genérico de cotización: 15 años.

» Período específico de cotización: 3 años en los últimos 10.

c) Trabajadores contratados a tiempo parcial:

La reforma de las pensiones 2023 equiparó el trabajo a tiempo parcial con el trabajo a tiempo completo a los efectos del cómputo de los períodos cotizados que permiten el reconocimiento a las personas trabajadoras de las pensiones incapacidad permanente. De esta forma, a efectos de acreditar los períodos de cotización necesarios para causar derecho a las prestaciones de incapacidad permanente se tendrán en cuenta los distintos períodos durante los cuales el trabajador haya permanecido en alta con un contrato a tiempo parcial, cualquiera que sea la duración de la jornada realizada en cada uno de ellos (art. 247 de la LGSS).

4.2.2. Hecho causante y efectos económicos de la IPA

a) Si la IPA surge tras haberse extinguido la incapacidad temporal de la que deriva (por agotamiento o por alta médica con propuesta de incapacidad permanente):

• **Hecho causante:** en la fecha de la extinción de la incapacidad temporal.

• **Efectos económicos:** se fijan en el momento de la resolución del director provincial del INSS (podrán retrotraerse a la fecha de extinción del subsidio de incapacidad temporal, cuando la cuantía de la pensión de incapacidad permanente sea superior a la del subsidio que se venía percibiendo, no existiendo retroacción, en ningún caso, si el trabajador se encontraba en situación de demora de la calificación).

b) Si la IPA no está precedida de incapacidad temporal o ésta no se ha extinguido.

• **Hecho causante:** en la fecha de emisión del dictamen-propuesta del Equipo de Valoración de Incapacidades (EVI).

- **Efectos económicos:** se fijan en la misma fecha de emisión del dictamen-propuesta.

c) Si la IPA se produce desde una situación de no alta ni asimilada a la de alta

- **Hecho causante:** el día de la solicitud.

- **Efectos económicos:** en la misma fecha que el hecho causante.

4.2.3. Cuantía y porcentaje de la base reguladora de la IPA

La IPA supone el devengo del **100 % de la base reguladora**. No obstante:

- **En caso de accidente de trabajo o enfermedad profesional se aplicará un recargo en la prestación.** Según la gravedad de la falta, de un 30 a un 50 por 100, cuando la lesión se produzca por máquinas, artefactos o en instalaciones, centros o lugares de trabajo que carezcan de los dispositivos de precaución reglamentarios, los tengan inutilizados o en malas condiciones, o cuando no se hayan observado las medidas generales o particulares de seguridad e higiene en el trabajo, o las elementales de salubridad o las de adecuación personal a cada trabajo, habida cuenta de sus características y de la edad, sexo y demás condiciones del trabajador (art. 164 de la LGSS).

- **Cuando una persona con la edad ordinaria de jubilación (o más años) acceda a la pensión de IPA derivada de contingencias comunes, por no reunir los requisitos para tener derecho a la pensión de jubilación,** *«(...) la cuantía de la pensión de incapacidad permanente será equivalente al resultado de aplicar a la correspondiente base reguladora el porcentaje que corresponda al período mínimo de cotización que esté establecido, en cada momento, para el acceso a la pensión de jubilación. Cuando la incapacidad permanente derive de enfermedad común, se considerará como base reguladora el resultado de aplicar únicamente lo establecido en la norma a) del apartado 1 del artículo 197»* (art. 196.5 de la LGSS).

4.2.4. Abono de la prestación por IPA

Las pensiones derivadas de enfermedad común y accidente no laboral, 14 pagas. Una por cada uno de los meses del año y dos pagas extraordinarias al año (en igual cantidad que las mensuales, devengadas en junio y noviembre).

Las pensiones derivadas de accidente de trabajo y enfermedad profesional, 12 mensualidades. Las pagas extraordinarias se encuentran prorrateadas dentro de las mensualidades ordinarias.

Se garantizan cuantías mínimas mensuales, variando su importe en función de que el beneficiario tenga o no cónyuge a cargo.

> **JURISPRUDENCIA**
>
> **STS, rec. 3340/2005, de 16 de marzo de 2007, ECLI:ES:TS:2007:2645**
>
> La jurisprudencia considera que la fecha de los efectos económicos de una prestación por incapacidad permanente absoluta tras la extinción de la correspondiente incapacidad temporal es la fecha de extinción de la previa situación de incapacidad temporal. A juicio de la Sala, la legislación aplicable [actual art. 174 de la LGSS (derogado art. 131 bis de la LGSS/1994)] distinguen claramente cuando se inician los efectos económicos de una incapacidad permanente total para la profesión habitual (la incapacidad temporal se prorroga hasta la fecha de la declaración de la incapacidad permanente) y los de una incapacidad permanente absoluta (las prestaciones se retrotraen al momento en que se haya agotado la incapacidad temporal, en este caso, la fecha del alta médica).

4.2.5. Base reguladora de la IPA

a) Si la incapacidad deriva de enfermedad común

Beneficiario en situación de alta o asimilada. El cálculo se realizará igual que para la **incapacidad permanente total**.

b) Beneficiario en situación de «no alta ni asimilada»

Será el cociente que resulte de dividir por 112 las bases de cotización del interesado durante los 96 meses (8 años) inmediatamente anteriores al hecho causante.

El cómputo de dichas bases se realizará conforme a las siguientes reglas:

- Las bases de los 24 meses anteriores al mes previo al del hecho causante se computan en su valor nominal.

- Las restantes bases se actualizarán de acuerdo con la evolución del Índice de Precios al Consumo, desde los meses a que aquéllas correspondan hasta el mes inmediato anterior a aquél en que se inicie el período de bases no actualizables a que se refiere el párrafo anterior.

c) Si la incapacidad deriva de accidente de trabajo o enfermedad profesional

La base reguladora se calcula sobre salarios reales, aplicando las mismas reglas que las señaladas para la **incapacidad permanente total** derivada de estas contingencias.

> **JURISPRUDENCIA**
>
> **STS, rec. 3456/2009, de 4 de octubre de 2010, ECLI:ES:TS:2010:5732**
>
> La Sala Social del Tribunal Supremo, en unificación de doctrina, ha estimado la aplicación de la base reguladora procedente de la situación de activo y no la de la pensión de incapacidad permanente, cuando el sujeto causante fallezca antes de su calificación como incapacitado permanente.

STS n.º 325/2017, de 20 de abril de 2017, ECLI:ES:TS:2017:1774

Las **lagunas de cotización** deben integrarse con las bases mínimas a tiempo completo por ser el período de cotizaciones por trabajo a tiempo parcial breve en relación con el total: «*(...) el texto legal no distingue —como podría haber hecho— del modo que lo hace la recurrida para concluir que las lagunas deben integrarse con las bases mínima de cotización a tiempo completo, por más que sean las más caracterizadas, por su extensión cronológica, en el período a computar para la determinación de la base reguladora, lo cual, en definitiva, constituye una interpretación contraria a la que se deriva de la dicción gramatical del texto, que es la hermenéutica a que hay que atender en primer lugar conforme al art 3.1 del CC (el 'sentido propio de sus palabras' a que alude dicho precepto)*».

4.2.6. Suspensión y extinción de la IPA

La IPA se suspenderá por:

- Fraude del beneficiario para obtener o conservar el derecho a la prestación. (STS, rec. 1674/2008, de 1 de diciembre de 2009, ECLI:ES:TS:2009:8101).
- Cuando la incapacidad permanente se agrave por imprudencia temeraria del beneficiario o a consecuencia de haber rechazado o abandonado, sin causa razonable, el tratamiento prescrito durante la situación de incapacidad temporal.
- Cuando el beneficiario rechace o abandone, sin causa razonable, los tratamientos o procesos de readaptación y rehabilitación.
- Cuando la incapacidad permanente sea debida o se haya agravado a consecuencia de imprudencia temeraria del beneficiario.

La IPA se extinguirá por:

- Curación.
- Fallecimiento.
- Reconocimiento del derecho a la pensión de jubilación.
- Revisión de oficio de la Entidad gestora de la que derive la pérdida del derecho a la pensión por alguno de los casos legalmente establecidos.

4.2.7. Compatibilidades e incompatibilidades de la IPA

La pensión no impedirá el ejercicio de aquellas actividades, sean o no lucrativas, compatibles con el estado de la persona con discapacidad y que no representen un cambio en su capacidad de trabajo a efectos de revisión.

Si se realizan trabajos susceptibles de inclusión en alguno de los regímenes de la Seguridad Social, existe la obligación de cursar la correspondiente alta y cotizar, debiendo comunicar el pensionista a la Entidad gestora el inicio de la actividad ya sea por cuenta ajena o propia.

El cumplimiento de estas obligaciones se entiende sin perjuicio de las facultades de revisión de la incapacidad permanente que asisten a la Entidad gestora que ha reconocido la pensión.

Mediante la **STS n.º 544/2024, de 11 de abril de 2024, ECLI:ES:TS:2024:1996,** el alto tribunal ha **rectificado su doctrina** relativa al régimen de compatibilidad del cobro de las pensiones de IPA y de GI. Para el TS, la compatibilidad prevista legalmente para la incapacidad absoluta o la gran invalidez se refiere a trabajos esporádicos o marginales que no den lugar a su inclusión en la Seguridad Social.

> «(...) debe abandonar este criterio interpretativo para volver a una más adecuada interpretación de los preceptos que disciplinan el régimen de compatibilidades entre prestaciones de incapacidad permanente y el trabajo por cuenta propia o ajena que sea más respetuosa con la dicción de los preceptos legales y con la finalidad de los mismos y del propio sistema de Seguridad Social, atendidos los criterios hermenéuticos del Código Civil, especialmente, la realidad social del tiempo en que las normas deben ser aplicadas. (...) El recto entendimiento del artículo 198.2 LGSS conduce a determinar que los trabajos compatibles con las prestaciones de incapacidad allí determinadas (Incapacidad Permanente Absoluta —IPA— y Gran Invalidez —GI—) autorizados por dicha norma son aquellos de carácter marginal y de poca importancia que no requieran darse de alta, ni cotizar por ellos a la Seguridad Social; es decir los residuales, mínimos y limitados y ,en manera alguna, los que constituyen la propios que se venían realizando habitualmente ni cualesquiera otros que permitan la obtención regular de rentas y que, como se ha precisado, den lugar a su inclusión en un régimen de la Seguridad Social».

El fallo citado supuso la publicación del Criterio de gestión n.º 11/2024, de 13 de junio de 2024, por parte del INSS. De esta forma, siguiendo el nuevo criterio de gestión:

– **Incompatibilidad de la pensión de IPA:** la percepción de la pensión de IPA será incompatible con trabajos que den lugar a la inclusión en un régimen del sistema de la Seguridad Social. Se suspenderá el pago de la pensión durante el desempeño de tales trabajos, reanudándose cuando cese la actividad.

En aquellos casos en los que se tenga reconocido el complemento destinado a que el interesado pueda remunerar a la persona que le atienda previsto en el art. 196.4 de la LGSS, la suspensión de la pensión no impedirá que se siga percibiendo dicho complemento.

Lo establecido en este apartado no impide que el INSS pueda promover la revisión del estado del interesado conforme a lo dispuesto en el art. 200 de la LGSS.

– **Compatibilidad transitoria:** en casos donde el pensionista ya compatibilizaba la pensión con un trabajo, se mantendrá la compatibilidad durante la vigencia de dichos contratos, sin perjuicio de posibles revisiones del estado del interesado.

«En aquellos casos en los que, de acuerdo con la anterior doctrina del TS, el pensionista viniese compatibilizando el percibo de la pensión de IPA con el ejercicio de un trabajo por cuenta ajena o de una actividad por cuenta propia que hubiera dado lugar al alta en un régimen de la Seguridad Social, durante la vigencia de dichos contratos de trabajo o de las citadas actividades, se mantendrá la compatibilidad sin perjuicio de que se pueda iniciar, si así procediese, el procedimiento de revisión con el objeto de determinar si se mantiene el grado, en el supuesto de que el interesado no hubiera cumplido la edad de jubilación y de que dicho procedimiento no se hubiera ya iniciado cuando se tuvo conocimiento de que el interesado estaba trabajando».

JURISPRUDENCIA

STS, rec. 1674/2008, de 1 de diciembre de 2009, ECLI:ES:TS:2009:8101 y STS, rec. 2022/2012, de 19 de marzo de 2013, ECLI:ES:TS:2013:1699

El Tribunal Supremo ha declarado el derecho del administrador social retribuido a compatibilizar la actividad con la percepción de la pensión por incapacidad permanente absoluta que tenga reconocida. Ver sentencias

STS n.º 233/2019, de 20 de marzo de 2019, ECLI:ES:TS:2019:1285

Compatibilidad entre incapacidad permanente absoluta (IPA) y trabajo por cuenta ajena a tiempo parcial. Para el TS, siendo claro que el trabajador no ejercita una actividad profesional que sea perjudicial o inadecuada a su estado y no se ha procedido por la gestora a la revisión de la incapacidad declarada, en virtud de una mejoría o de un error de diagnóstico, procede declarar que la situación de incapacidad permanente absoluta reconocida es compatible con la realización del trabajo a tiempo parcial de programador informático. (Se reitera doctrina, STS, rec. 480/2007, de 30 de enero de 2008, ECLI:ES:TS:2008:1849; STS, rec. 56/2008, 10 de noviembre de 2008, ECLI:ES:TS:2008:7572 y STS, rec. 1674/2008, de 14 de octubre de 2009, ECLI:ES:TS:2009:8101).

4.3. Incapacidad permanente total (IPT)

La incapacidad permanente total (IPT), inhabilita al trabajador para la realización de todas o de las fundamentales tareas de dicha profesión, siempre que pueda realizar otra distinta. La prestación económica correspondiente a la incapacidad permanente total consistirá en una pensión vitalicia, que podrá excepcionalmente ser sustituida por una indemnización a tanto alzado cuando el beneficiario fuese menor de sesenta años (art. 196.2 de la LGSS).

JURISPRUDENCIA

STS n.º 156/2020, de 19 de febrero de 2020, ECLI:ES:TS:2020:844; STS n.º 994/2018, de 29 de noviembre de 2018, ECLI:ES:TS:2018:451

No cabe la equiparación automática entre la incapacidad permanente total y la minusvalía al 33 %.

STS, rec. 435/2023, a 15 de junio de 2023, ECLI:ES:TS:2023:2858

La falta de autorización administrativa para trabajar no implica automáticamente que el trabajador se encuentre en situación de incapacidad permanente total. Reitera doctrina.

4.3.1. Beneficiarios y requisitos de la IPT

Serán beneficiarios de esta prestación, las personas incluidas en el Régimen General declaradas en situación de IPT, cualquiera que sea la contingencia que la origine, siempre que reúnan los siguientes requisitos:

1. Tener menos de la edad de jubilación establecida legalmente en la fecha del hecho causante (art. 205 de la LGSS), o en otro caso, no reunir los requisitos exigidos para acceder a la pensión de jubilación contributiva del Sistema, si la incapacidad deriva de enfermedad común o accidente no laboral (art. 197 de la LGSS).

2. Estar afiliadas y en alta o en situación asimilada al alta. Con las siguientes peculiaridades:

   - Cuando la incapacidad se derive de accidente de trabajo o enfermedad profesional, los trabajadores se considerarán de pleno derecho afiliados y en alta, aunque el empresario haya incumplido sus obligaciones.

   - Se considera situación de alta especial la huelga legal o cierre patronal.

   - En el caso de los representantes de comercio, artistas y profesionales taurinos, se exige, además, estar al corriente del pago de cuotas en la fecha en que sobrevenga la contingencia. Si no están al corriente, siempre que las cuotas debidas no afecten al período de carencia, se advertirá de la necesidad de que se ponga al corriente, quedando condicionado el pago de la prestación al cumplimiento de dicha obligación.

3. Tener cubierto un período previo de cotización, si la incapacidad deriva de enfermedad común. El período de cotización exigido varía en función de la edad del interesado:

   - Si es **menor de 31 años**:
     - Período genérico de cotización: la tercera parte del tiempo transcurrido entre la fecha en que cumplió los 16 años y la del hecho causante.
     - Período específico de cotización: no se exige.

   - Si tiene **31 o más años**:
     - Período genérico de cotización: un cuarto del tiempo transcurrido entre la fecha en que cumplió los 20 años y la del hecho causante, con un mínimo, en todo caso, de 5 años.
     - Período específico de cotización: un quinto del período de cotización exigible debe estar comprendido:

1. En los 10 años inmediatamente anteriores al hecho causante o

2. En los 10 años inmediatamente anteriores a la fecha en que cesó la obligación de cotizar, si se accede a la pensión desde una situación de alta o asimilada, sin obligación de cotizar. Lo dispuesto en este párrafo se aplicará, igualmente, a quienes, sin haber completado el período específico exigible, causen la pensión desde una situación de alta, con obligación de cotizar cuando dicha situación proceda de otra inmediatamente anterior de alta o asimilada al alta, sin obligación de cotizar.

No se tendrán en cuenta, a estos efectos, las fracciones de edad inferiores a 6 meses; si son superiores, se consideran equivalentes a medio año. Los períodos de cotización resultantes serán objeto de redondeo, despreciándose, en su caso, las fracciones de mes.

4. En el caso de los trabajadores con **contratos a tiempo parcial,** para acreditar el período de cotización exigido, se aplicarán las reglas establecidas en el art. 247 de la LGSS.

> **JURISPRUDENCIA**
>
> **STS n.º 158/2023, de 22 de febrero del 2023, ECLI:ES:TS:2023:635**
>
> Ha analizado si está en situación de alta o asimilada al alta quien es pensionista de jubilación anticipada, a los efectos de acceder a una incapacidad permanente total (o parcial). El TS deniega el derecho prestacional reclamado porque siendo pensionista de jubilación anticipada no se está en situación de alta o asimilada al alta. (Citada en STS n.º 495/2023, de 11 de julio de 2023, ECLI:ES:TS:2023:3402).
>
> **STS, rec. 90/2012, de 9 de octubre de 2012, ECLI:ES:TS:2012:6863**
>
> Los pensionistas de jubilación anticipada no están exentos requisito de estar en alta o situación asimilada para lucrar incapacidad permanente total.
>
> **RESOLUCIÓN RELEVANTE**
>
> **STSJ de Murcia, rec. 162/2022, de 23 de mayo de 2023, ECLI:ES:TSJMU:2023:1173**
>
> El TSJ ha declarado que la edad no puede ser un elemento determinante para denegar el acceso a la situación de incapacidad permanente total para la profesión habitual, en un caso de un futbolista profesional que sufre una lesión grave de rodilla a los 32 años. La sentencia señala que no existe norma alguna que exija para el acceso a la IPT, que se sea futbolista de élite con exclusión de los que ejercitan su profesión a una edad superior a los 30 años. Se afirma que resulta de todo punto razonable que se pueda ejercer la profesión de futbolista pasada la treintena, lo que comporta que se deba reconocer el grado de invalidez pretendido de incapacidad permanente total

4.3.2. Hecho causante y efectos económicos de la IPT

Si la incapacidad permanente surge tras haberse extinguido la incapacidad temporal de la que deriva, bien por agotamiento del plazo, bien por alta médica con propuesta de incapacidad permanente:

El hecho causante se entiende producido en la fecha de la extinción de la incapacidad temporal.

Los efectos económicos se fijan en el momento de la calificación, es decir, en la fecha de la resolución del director provincial del INSS. No obstante, podrán retrotraerse a la fecha de extinción del subsidio de incapacidad temporal, cuando la cuantía de la pensión de incapacidad permanente sea superior a la del subsidio que se venía percibiendo, no existiendo retroacción, en ningún caso, si el trabajador se encontraba en situación de demora de la calificación.

Si la incapacidad permanente no está precedida de incapacidad temporal o ésta no se ha extinguido:

- El hecho causante se entiende producido en la fecha de emisión del dictamen-propuesta del Equipo de Valoración de Incapacidades (EVI).

- Los efectos económicos se fijan en la misma fecha de emisión del dictamen-propuesta.

JURISPRUDENCIA

STS, rec. 2805/2008, de 25 de junio de 2009, ECLI:ES:TS:2009:4917

Se estudia la retroactividad de tres meses de los efectos económicos del incremento del 20 por 100 consecuencia de una incapacidad permanente «cualificada» reconocida con posterioridad al reconocimiento de una inicial incapacidad permanente total para la profesión habitual.. El TS, siguiendo doctrina previa (SSTS de 12 de marzo de 2007 y 9 de octubre de 2008), reitera que los efectos económicos del incremento del 20 por 100 consecuencia de una incapacidad permanente total «cualificada» reconocida con posterioridad a una inicial incapacidad permanente total deben retrotraerse a los tres meses anteriores a la fecha de la solicitud, puesto que se trata de un complemento de carácter prestacional. **STSJ Comunidad Valenciana, rec. 3072/14, de 10 de junio de 2015**

STS n.º 356/2017, de 26 de abril de 2017, ECLI:ES:TS:2017:2141

Se discute la fecha de efectos que ha de atribuirse a la IPT declarada cuando la beneficiaria —Policía municipal— **continúa prestando servicios en la «segunda actividad**. «El inicio de la pensión por IPT reconocida a un policía no puede tener otra fecha de efectos económicos que no sea la propia del cese en funciones como Policía, a pesar de encontrarse en la situación de «segunda actividad».

4.3.3. Cuantía y porcentaje de la IPT

La prestación económica correspondiente a la incapacidad permanente total consistirá en una pensión vitalicia, que podrá excepcionalmente ser sustituida por una indemnización a tanto alzado cuando el beneficiario fuese menor de sesenta años (art. 196 de la LGSS).

Los declarados afectos de incapacidad permanente total para la profesión que ejercía el interesado o del grupo profesional, en que aquélla estaba encuadrada percibirán la pensión prevista en el párrafo anterior incrementada en el porcentaje que reglamentariamente se determine, cuando por su edad, falta de preparación general o especializada y circunstancias sociales y laborales del lugar de residencia, se presuma la dificultad de obtener empleo en actividad distinta de la habitual anterior.

La cuantía de la pensión de incapacidad permanente total derivada de enfermedad común no podrá resultar inferior al importe mínimo fijado anualmente en la Ley de Presupuestos Generales del Estado para la pensión de incapacidad permanente total derivada de enfermedad común de titulares menores de sesenta años con cónyuge no a cargo.

Porcentaje

Norma general: **55 % de la base reguladora** (art 196.2 de la LGSS).

Como analizaremos en otros apartados de la obra, dicho porcentaje puede incrementarse en un 20 % más para los mayores de 55 años cuando, por su falta de preparación general o especializada y circunstancias sociales y laborales del lugar de residencia, se presuma la dificultad de obtener empleo en actividad distinta de la habitual.

En los casos en que el trabajador, con 65 años o más años, acceda a la pensión de incapacidad permanente total, derivada de contingencias comunes, por no reunir los requisitos para acceder a la pensión de jubilación: El porcentaje aplicable será el que corresponda al período mínimo de cotización que esté establecido, en cada momento, para el acceso a la pensión de jubilación. Actualmente, dicho porcentaje es del 50 %, que se aplicará a la base reguladora correspondiente.

En los casos de accidente de trabajo o enfermedad profesional, la prestación se aumentará, según la gravedad de la falta, de un 30 % a un 50 % cuando la lesión se produzca por máquinas, artefactos o en instalaciones, centros o lugares de trabajo que carezcan de los dispositivos de precaución reglamentarios, los tengan inutilizados o en malas condiciones, o cuando no se hayan observado las medidas de seguridad e higiene en el trabajo, o las elementales de salubridad o las de adecuación personal a cada trabajo, habida cuenta de sus características y de la edad, sexo y demás condiciones del trabajador. Dicho recargo recae directamente sobre el empresario infractor.

A TENER EN CUENTA. No será de aplicación a los empleados de hogar el recargo de las prestaciones económicas en caso de AT y EP por falta de medidas de prevención de riesgos laborales.

JURISPRUDENCIA

STS n.º 853/2022, de 26 de octubre de 2022, ECLI:ES:TS:2022:3866

La incompatibilidad entre el trabajo realizado por el beneficiario de la pensión de IPT y el incremento del 20 % de la pensión (art. 6.cuatro del Decreto 1646/1972, de 23 de junio) supone que también es incompatible la prestación por desempleo que trae causa de la extinción de aquel contrato de trabajo con el citado incremento (art. 282.2 de la LGSS).

RESOLUCIÓN RELEVANTE

STSJ de Asturias, rec. 1544/2023, de 23 de enero del 2024, ES:TSJAS:2024:29

«Así, es reiterada la jurisprudencia (sentencias del T.S. de 24 de julio de 1.986 y 9 de abril de 1.990, y STSJ Madrid de 6 de febrero de 2019) que expone que a los

efectos de la declaración de invalidez permanente en el grado de total debe partirse de los siguientes presupuestos: a) La valoración de la invalidez permanente ha de hacerse atendiendo fundamentalmente a las limitaciones funcionales derivadas de los padecimientos del trabajador/a, en cuanto tales limitaciones son las que determinan la efectiva restricción de la capacidad de ganancia; b) Han de ponerse en relación las limitaciones funcionales resultantes con los requerimientos de las tareas que constituyen el núcleo de la concreta profesión; c) La aptitud para el desempeño de la actividad laboral "habitual" de un/a trabajador/a implica la posibilidad de llevar a cabo todas o las fundamentales tareas de la misma, con profesionalidad y con unas exigencias mínimas de continuidad, dedicación, rendimiento y eficacia, sin que el desempeño de las mismas genere "riesgos adicionales o superpuestos" a los normales de un oficio o comporte el sometimiento a "una continua situación de sufrimiento" en el trabajo cotidiano; d) No es obstáculo a la declaración de tal grado de incapacidad el que el/la trabajador/a pueda realizar otras actividades distintas, más livianas o sedentarias, o incluso pueda desempeñar tareas "menos importantes o secundarias" de su propia profesión habitual o cometidos secundarios o complementarios de ésta, siempre que exista una imposibilidad de continuar trabajando en dicha actividad y que conserve una aptitud residual que "tenga relevancia suficiente y trascendencia tal que no le impida al trabajador concertar relación de trabajo futura"; y e) Debe entenderse por profesión habitual no un determinado puesto de trabajo, sino aquélla que el/la trabajador/a esté cualificado para realizar y a la que la empresa le haya destinado o pueda destinarle en movilidad funcional».

4.3.4. Base reguladora de la IPT

1. Incapacidad deriva de enfermedad común

La base reguladora de la prestación se determinará de conformidad con las siguientes reglas (TGSS):

– Trabajador mayor de 52 años y menor de 65 en la fecha del hecho causante :

a) Se hallará el cociente que resulte de dividir por 112 las bases de cotización del interesado durante los 96 meses inmediatamente anteriores al mes previo al del hecho causante. El cómputo de dichas bases se realizará conforme a las siguientes reglas:

1. Las bases de los 24 meses anteriores al mes previo al del hecho causante se computan en su valor nominal.

2. Las restantes bases se actualizarán de acuerdo con la evolución del IPC, desde los meses a que aquéllas correspondan hasta el mes inmediato anterior a aquél en que se inicie el período de bases no actualizables a que se refiere el párrafo anterior.

b) Al resultado obtenido, se le aplicará el porcentaje que corresponda en función de los años de cotización, según la escala prevista para las pensiones de jubilación, considerándose a tal efecto como cotizados los años que le falten al trabajador, en la fecha del hecho causante, para cumplir 65 años. En caso de no alcanzarse 15 años de cotización, el porcentaje aplicable será del 50 %.

c) El importe resultante de las reglas anteriores constituirá la BR a la que, para obtener la cuantía de la pensión que corresponda, habrá de aplicarse el porcentaje previsto para el grado de incapacidad reconocido.

– Trabajador menor de 52 años en la fecha del hecho causante (al que se exige un período de cotización inferior a 8 años):

La BR se obtendrá, de forma análoga al supuesto anterior, pero el cociente se hallará dividiendo la suma de las bases mensuales de cotización en número igual al de meses de que conste el período mínimo de cotización exigible, sin tener en cuenta las fracciones de mes, por el número de meses a que dichas bases se refieran, multiplicando este divisor por el coeficiente 1,1666, y excluyendo, en todo caso, de la actualización las bases correspondientes a los 24 meses inmediatamente anteriores al mes previo a aquél en que se produzca el hecho causante.

– Trabajador con 65 o más años en la fecha del hecho causante, que no reúne los requisitos para la jubilación:

La BR será el cociente que resulte de dividir por 112 las bases de cotización del interesado durante los 96 meses inmediatamente anteriores al mes previo al del hecho causante.

– Trabajador a tiempo parcial

Cuando la incapacidad permanente derive de enfermedad común, para el cálculo de la BR, se tendrán en cuenta las mismas reglas que en la pensión de jubilación.

– Integración de lagunas

A partir de 1 de enero de 2013, si en el período que debe tomarse para el cálculo de la BR aparecieran meses durante los cuales no hubiese existido la obligación de cotizar, las primeras 48 mensualidades se integrarán con la base mínima de entre todas las existentes en cada momento y el resto de las mensualidades con el 50 por 100 de dicha base mínima.

En los supuestos en que en alguno de los meses a tener en cuenta para la determinación de la base reguladora, la obligación de cotizar exista sólo durante una parte del mes, procederá la integración señalada en el párrafo anterior por la parte del mes en que no exista obligación de cotizar, siempre que la base de cotización correspondiente al primer período no alcance la cuantía de la base mínima mensual señalada. En tal supuesto, la integración alcanzará hasta esta última cuantía. (**STS, rec. 2256/2008, de 11 de septiembre de 2009 y STS, rec. 1319/2007, de 20 de noviembre de 2007**).

2. Incapacidad deriva de accidente no laboral

La base reguladora será el cociente que resulte de dividir por 28 la suma de las bases de cotización del interesado durante un período ininterrumpido de 24 meses. Dicho período será elegido por el beneficiario dentro de los 7 años inmediatamente anteriores a la fecha del hecho causante de la pensión.

Si en la fecha del hecho causante el interesado no hubiera completado el período de 24 mensualidades ininterrumpidas de cotización, la base reguladora se determinará utilizando la fórmula más beneficiosa de las dos siguientes:

1. Cociente de dividir por 28 la suma de las bases de cotización del interesado durante un período (elegido por el beneficiario dentro de los 7 años inmediatamente anteriores a la fecha del hecho causante) ininterrumpido de 24 meses.

2. La que resulte de dividir entre 28 la suma de las bases mínimas de cotización vigentes en los 24 meses inmediatamente anteriores al hecho causante de la incapacidad, tomadas éstas en la cuantía correspondiente a la jornada laboral contratada en último término por el causante.

3. Si la incapacidad deriva de accidente de trabajo o enfermedad profesional

Cuando la incapacidad se derive de accidente de trabajo o enfermedad profesional, los trabajadores se considerarán de pleno derecho afiliados y en alta, aunque el empresario haya incumplido sus obligaciones.

Se considera situación de alta especial la huelga legal o cierre patronal.

La base reguladora se calcula sobre salarios reales, teniendo en cuenta que no pueden exceder del tope máximo de cotización ni ser inferiores al tope mínimo, vigentes al sobrevenir la incapacidad. Será el cociente de dividir por 12 los siguientes sumandos:

– Sueldo y antigüedad diarios del trabajador en la fecha del accidente o de la baja por enfermedad por 365 días.

– En los supuestos de contratos a tiempo parcial y de relevo, en que el trabajador no preste servicios todos los días o, prestándolos, su jornada de trabajo sea irregular o variable, el salario diario será el que resulte de dividir entre 7 o 30 el semanal o mensual pactado en función de la distribución de las horas de trabajo concretadas en el contrato para cada uno de esos períodos.

– En los supuestos de contratos fijos-discontinuos, el salario diario será el que resulte de dividir entre el número de días naturales de campaña transcurridos hasta la fecha del hecho causante, los salarios percibidos por el trabajador en el mismo período.

– Pagas extraordinarias, beneficios o participación, por su importe total en el año anterior al accidente.

– El cociente de dividir los pluses, retribuciones complementarias y horas extraordinarias percibidas en el año anterior al accidente, por el número de días efectivamente trabajados en dicho período. El resultado se multiplicará por 273, salvo que el número de días laborales efectivos en la actividad de que se trate sea menor, en cuyo caso, se aplicará el multiplicador que corresponda.

- La cuantía computable en concepto de horas extraordinarias no podrá exceder del importe que resulte de multiplicar el promedio por el que se haya remunerado cada hora extraordinaria, por el tope máximo laboral anual de horas extraordinarias, fijado en el art. 35.2 del Estatuto de los Trabajadores.

- En los supuestos de contratos a tiempo parcial, de relevo y fijos-discontinuos, la suma de los complementos salariales percibidos por el interesado en el año anterior al del hecho causante se dividirá entre el número de horas efectivamente trabajadas en ese período. El resultado así obtenido se multiplicará por la cifra que resulte de aplicar a 1826 el coeficiente de proporcionalidad existente entre la jornada habitual de la actividad de que se trate y la que se recoja en el contrato.

En el caso de trabajadores incluidos en el Sistema especial para empleados de hogar, la base reguladora será equivalente a la base de cotización del empleado de hogar en la fecha del hecho causante de la prestación.

En el caso de los representantes de comercio, artistas y profesionales taurinos, se exige, además, estar al corriente del pago de cuotas en la fecha en que sobrevenga la contingencia. Si no están al corriente, siempre que las cuotas debidas no afecten al período de carencia, se advertirá de la necesidad de que se ponga al corriente, quedando condicionado el pago de la prestación al cumplimiento de dicha obligación.

A TENER EN CUENTA. En los supuestos de contratos fijos-discontinuos, el salario diario será el que resulte de dividir entre el número de días naturales de campaña transcurridos hasta la fecha del hecho causante, los salarios percibidos por el trabajador en el mismo período.

---

4. Pluriactividad

Cuando se acrediten cotizaciones a varios regímenes y no se cause derecho a pensión en uno de ellos, las bases de cotización acreditadas en este último, en régimen de pluriactividad, podrán ser acumuladas a las del régimen en que se cause la pensión, exclusivamente para determinar la BR, sin que la suma de las bases pueda exceder del límite máximo de cotización vigente en cada momento.

JURISPRUDENCIA

STS n.° 773/2019, de 13 de noviembre de 2019, ECLI:ES:TS:2019:3736

Interpretación del art. 49 de la LGSS el TS entiende que la acumulación de bases sólo procede cuando no se cause o pueda causarse pensión en un régimen, pero no cuando tal circunstancia constituya una posibilidad futura al seguir el sujeto en alta y cotizando en el régimen cuyas cotizaciones pretende acumular.

4.3.5. Abono de la prestación de IPT

1. Las **pensiones derivadas de enfermedad común y accidente no laboral**, 14 pagas. Una por cada uno de los meses del año y dos pagas extraordinarias al año (en igual cantidad que las mensuales, devengadas en junio y noviembre).

2. Las **pensiones derivadas de accidente de trabajo y enfermedad profesional**, 12 mensualidades. Las pagas extraordinarias se encuentran prorrateadas dentro de las mensualidades ordinarias.

3. **Indemnizaciones**, el pago se realiza de una sola vez en la cuantía que corresponda.

4. La prestación de **incapacidad permanente total y la de jubilación derivada de ella**, por cambio de denominación al cumplir el interesado 65 años, está sujeta a tributación en los términos establecidos en las normas reguladoras del Impuesto sobre la renta de las personas físicas (IRPF) y sometida, en su caso, al sistema general de retenciones a cuenta del impuesto, con ciertas excepciones.

4.3.6. Compatibilidades e incompatibilidades de la IPT

1. De la pensión con el trabajo

Compatible:

1. Con la realización de cualquier trabajo por cuenta ajena o propia en la misma o distinta empresa, siempre y cuando las funciones no coincidan con aquellas que dieron lugar a la incapacidad permanente total por el INSS.

2. El pensionista tiene la obligación de comunicar a la Entidad gestora dicha circunstancia.

3. Si se realizan trabajos susceptibles de inclusión en algún régimen de Seguridad Social, existe obligación de darse de alta y cotizar.

4. Medidas laborales para la reconversión industrial.

Es incompatible con el desempeño del mismo puesto en la empresa. (STS, rec. 1651/2001, de 28 de enero de 2002, ECLI:ES:TS:2002:9395).

2. Incremento del 20 % con el trabajo y otras prestaciones

Incompatible

Con la realización de trabajos por cuenta ajena o propia. (STS, rec. 4854/2005, de 6 de febrero de 2007, ECLI:ES:TS:2007:588).

Con las prestaciones de Seguridad Social que puedan derivarse de dichos trabajos, como: Subsidio de incapacidad temporal, Subsidio de maternidad o Prestaciones de desempleo.

Compatible

Con la pensión de jubilación reconocida en otro Estado miembro de la UE (STJUE n.º C-431/16, de 15 de marzo de 2018).

JURISPRUDENCIA

STJUE, n.º C-431/16, de 15 de marzo de 2018

A pesar de que deba considerarse que las prestaciones son de la misma naturaleza el complemento de pensión concedido en España a los trabajadores en situación de incapacidad permanente total (art. 196.2 de la LGSS) es compatible con la percepción de una pensión de jubilación de otro Estado miembro o de Suiza.

STS, rec. 4611/10, de 10 de octubre de 2011, ECLI:ES:TS:2011:6799

Se hace referencia incidental a la **compatibilidad entre la pensión por IPT y el desempeño laboral**, al indicarse que «(...) la compatibilidad entre la pensión de IPT y el salario que pueda percibir el trabajador en la misma empresa o en otra distinta parece condicionada a que las nuevas funciones no coincidan con aquellas que dieron lugar a la propia pensión»], pero en la posible trascendencia de tal texto al presente debate —como el recurso pretende— han de tenerse en cuenta las consideraciones que al final de esta sentencia haremos sobre la redacción dada al art. 141 LGSS por la Ley 27/2001».

4.3.7. Suspensión y extinción de la IPT

La IPT se suspenderá:

Si se diera fraude para conseguir o mantener el derecho a las prestaciones. Cuando la incapacidad permanente sea debida o se haya agravado a consecuencia de imprudencia temeraria del beneficiario.

Cuando la incapacidad permanente sea debida o se haya agravado a consecuencia de haber rechazado o abandonado, sin causa razonable, el tratamiento sanitario prescrito durante la situación de incapacidad temporal.

Cuando el beneficiario, sin causa razonable, rechace o abandone los tratamientos o procesos de readaptación y rehabilitación procedentes.

La IPR se extinguirá:

1. Por curación.
2. Por fallecimiento.
3. Por reconocimiento del derecho a la pensión de jubilación.
4. Por decisión, legalmente establecida, por la Entidad gestora.

4.3.8. Incremento de la IPT según la edad e indemnización a tanto alzado

La pensión de incapacidad permanente total aumenta un 20 % a partir de los 55 años, con requisitos como edad, empleo y condiciones de salud.

1. Incremento del 20 por ciento de la pensión de incapacidad permanente total con 55 años

El art. 196.2 de la LGSS dispone que la prestación económica correspondiente a la IPT se incrementará en el porcentaje que reglamentariamente se determine, cuando por su edad, falta de preparación general o especializada y circunstancias sociales y laborales del lugar de residencia, se presuma la dificultad de obtener empleo en actividad distinta de la habitual anterior.

El artículo sexto del Decreto 1646/1972, de 23 de junio, se refiere al «incremento de la pensión de incapacidad permanente total» y prescribe que el **requisito de edad exigido** en el precepto legal citado es, como mínimo, de **cincuenta y cinco años** y el **incremento del porcentaje sobre la BR** consistirá en un **veinte por ciento** de la base reguladora que se tome para determinar la cuantía de la pensión.

El incremento del 20 %, en los casos de incapacidad permanente total cualificada, produce efectos económicos desde la fecha de la solicitud, con una retroactividad máxima de 3 meses, siempre que concurran los requisitos necesarios para tener derecho al citado incremento.

El derecho al percibo de este complemento económico adicional del 20 % se suspenderá durante todo el tiempo en que la persona trabajadora obtenga un empleo, puesto que es incompatible con el trabajo.

JURISPRUDENCIA

STS n.º 138/2017, de 16 de febrero de 2017, ECLI:ES:TS:2017:1010

No procede el incremento del 20 % para mayores de 55 años en caso de una IPT en el RETA si el autónomo no acredita la concurrencia de los tres requisitos establecidos por el art. 38 del Decreto 2530/1970: por un lado, que el pensionista tenga una edad igual o superior a 55 años; por otro, que *«(...) el pensionista no ejerza una actividad retribuida por cuenta ajena o por cuenta propia que dé lugar a su inclusión en cualquiera de los regímenes de la Seguridad Social; y, por último que el pensionista no ostente la titularidad de un establecimiento mercantil o industrial ni de una explotación agraria o marítimo-pesquera como propietario, arrendatario, usufructuario u otro concepto análogo».*

STS. rec. 3355/2009, 29 de noviembre de 2010, ECLI:ES:TS:2010:7506

«(...) sentencia de 9 de febrero de 2010, recurso 1607/09, ha resuelto en relación a la naturaleza del incremento del 20 % de la pensión de incapacidad permanente total, lo siguiente: "aunque la Sala ha sostenido que el 20 % que se abona en caso de la denominada incapacidad permanente total cualificada no es propiamente una prestación independiente de la que corresponde por la incapacidad permanente total, sino un complemento de la misma (sentencias de 4 de marzo de 1993 y 21 de marzo de 1994), lo cierto es que, como señala la sentencia de 22 de noviembre de 1999 , ese complemento "tiene una cierta autonomía" con requisitos específicos de acceso al mismo que "aproximan su régimen jurídico al que es propio de una prestación" (sentencia de 22-5-1995) y esta autonomía justifica un tratamiento similar al que el artículo 43.1 Ley General de la Seguridad Social establece para las prestaciones, de forma que debe ser aplicable la limitación que en relación con su abono establece el precepto que se denuncia como infringido". Este criterio ha sido reiterado por las sentencias de 9 de octubre de 2008 y 25 de junio de 2009».

2. Indemnización a tanto alzado de la IPT

La prestación económica correspondiente a la incapacidad permanente total consistirá en una pensión vitalicia, que podrá excepcionalmente ser sustituida por una indemnización a tanto alzado cuando el beneficiario fuese menor de sesenta años (art. 139 de la LGSS).

1. Requisitos

1. Trabajador menor de 60 años.
2. Que se presuma que las lesiones sufridas no son susceptibles de una revisión de la incapacidad declarada.
3. Que el beneficiario realice trabajos por cuenta propia o ajena.
4. Que se acredite que el importe de la indemnización se invertirá en la preparación o desarrollo de nuevas fuentes de ingreso como trabajador autónomo, siempre que se acredite tener aptitud suficiente para el ejercicio de la actividad de que se trate.
5. Que se solicite dentro de los 3 años siguientes a la fecha de la resolución o sentencia firme que le reconozca el derecho a la pensión o, si fuese menor de 21 años en dicha fecha, dentro de los 3 años siguientes al día en que cumpla dicha edad.

2. Cuantía

La cuantía alcanza un máximo de 84 mensualidades de la pensión con menos de 54 años y un mínimo de 12 mensualidades a los 59 años, según la siguiente escala (**STSJ de Cataluña n.º 4737/2016, de 18 de julio de 2016, ECLI:ES:TSJCAT:2016:7042**):

Edad	N.º de mensualidades
Menor de 54 años	84
54	72
55	60
56	48
57	36
58	24
59	12

La resolución debe ser dictada por la Dirección General del INSS.

La indemnización se hará efectiva a partir de la citada resolución.

Una vez autorizada la sustitución, el beneficiario no podrá solicitar que se deje sin efecto la misma para recuperar la condición de pensionista hasta que cumpla los 60 años.

Al cumplir los 60 años, el beneficiario pasará a percibir la pensión reconocida inicialmente, incrementada con las correspondientes revalorizaciones que hubieran tenido lugar desde la fecha en que se autorizó la sustitución por la indemnización.

Si el beneficiario fallece antes de cumplir los 60 años, causará derecho a las prestaciones de muerte y supervivencia como si hubiera sido pensionista en tal momento.

4.4. Gran invalidez

Se entenderá por gran invalidez la situación del trabajador afecto de incapacidad permanente y que, por consecuencia de pérdidas anatómicas o funcionales, necesita la asistencia de otra persona para los actos más esenciales de la vida.

El concepto de gran invalidez y la protección que a su través se brinda no aparece construido sólo a partir de la idea de gravedad patológica, sino también a partir de la constatación de una **situación en la que se hace preciso compensar retributivamente a un tercero para que asista al inválido ante su carencia de autonomía para ejecutar actos indispensables** para la conservación de la existencia en la forma exigida por la humana dignidad. Y esa necesidad existe aun cuando el paciente conserve una autonomía parcial y la ayuda asistencial se precise sólo para la ejecución de algunos de los actos más elementales para la subsistencia humana. (STSJ de **Castilla y León** n.º 157/2006, de 6 de marzo de 2006, ECLI:ES:TSJCL:2006:861).

La Ley General de la Seguridad Social, configura la gran invalidez como la situación del trabajador afecto de incapacidad permanente y que, por consecuencia de pérdidas anatómicas o funcionales, **necesite la asistencia de otra persona para los actos más esenciales de la vida, tales como vestirse, desplazarse, comer o análogos.** (STSJ de la **Comunidad Valenciana** n.º 1330/199, de 7 de mayo de 1999, ECLI:ES:TSJCV:1999:2805).

A la hora de determinar si la posible persona prestacionista tiene o no necesidad de la ayuda de tercera persona para la realización de los actos más esenciales de la vida, nos encontramos ante un **concepto jurídico de notable indeterminación**. A esto cabe añadir la reciente doctrina jurisprudencial contenida en la STS, rec. 1597/2020, 23 de mayo de 2023, ECLI:ES:TS:2023:2227, sobre el concepto de GI y, en concreto, al contemplar el acto esencial para la vida, se ha venido definiendo, como *«(...) aquel que resulta imprescindible para la satisfacción de una necesidad primaria ineludible, para poder fisiológicamente subsistir o para ejecutar aquellas actividades indispensables en la guarda de la seguridad, dignidad, higiene y decoro fundamentales para la humana convivencia y, estimando que, aunque no basta la mera dificultad en la realización del acto, no se requiere que la necesidad de ayuda sea continuada».*

«Que basta la imposibilidad del inválido para realizar por sí mismo uno sólo de los "actos más esenciales de la vida" y la correlativa necesidad de ayuda externa, como para que proceda la calificación de GI, siquiera se señale que no

basta la mera dificultad en la realización del acto, aunque tampoco es preciso que la necesidad de ayuda sea constante.

«Que "no debe excluir tal calificación de GI la circunstancia de quienes, a pesar de acreditar tal situación, especialmente por percibir algún tipo de estímulo luminoso, puedan en el caso personal y concreto, en base a factores perceptivos, cognitivos, ambientales, temporales u otros, haber llegado a adquirir alguna de las habilidades adaptativas necesarias para realizar alguno de los actos esenciales de la vida sin ayuda de terceros o sin necesidad de ayuda permanente, o incluso los que puedan llegar a efectuar trabajos no perjudiciales con su situación, con lo que, además, se evita cierto efecto desmotivador sobre la reinserción social y laboral de quien se halla en tal situación». (STS, de 30 de enero de 1989, ECLI:ES:TS:1989:9526, STS, rec. 1246/2013, de 3 de marzo de 2014, ECLI:ES:TS:2014:1094, STS, rec. 1764/2014, de 10 de febrero de 2015, ECLI:ES:TS:2015:458, y, STSJ de Navarra n.º 179/2024, de 23 de mayo del 2024, ECLI:ES:TSJNA:2024:311).

JURISPRUDENCIA

STS n.º 433/2023, de 14 de junio del 2023, ECLI:ES:TS:2023:2723

La determinación de si existe una situación calificable como de gran invalidez no puede llevarse a cabo solo a partir de los datos objetivos de unas lesiones (deficiencias visuales) sino que requiere la valoración subjetiva sobre la necesidad de auxilio a cargo de una tercera persona.

RESOLUCIONES RELEVANTES

STSJ de Cantabria n.º 447/2023, de 15 de junio de 2023, ECLI:ES:TSJCANT:2023:637

Se reconoce la gran invalidez a una trabajadora con trastorno mental, antecedentes de suicidio y en la que persisten ideas autolíticas. El TSJ también ha considerado que la protección de la vida, «frente a la tendencia de autodestrucción», ha de estar comprendida entre los actos a los que se refiere la LGSS y el art. 12.4 de la Orden de 15 de abril de 1969.

STSJ de Asturias n.º 1245/2006, de 21 de abril de 2006, ECLI:ES:TSJAS:2006:3633

«Tal situación [gran invalidez derivada de enfermedad común] concurre no sólo en aquellos beneficiarios que sufran una anulación o limitación de sus funciones físicas que les impida realizar por si mismos determinados actos esenciales concretos, sino también en aquellos otros que por sufrir un grave deterioro psíquico precisan del control y vigilancia constante de una tercera persona para poder fisiológicamente subsistir o para ejecutar actividades indispensables en la guarda de la seguridad, dignidad, higiene y decoro fundamental para la humana convivencia».

STSJ de Canarias n.º 1086/2017, 29 de noviembre de 2017, ECLI: ES:TSJICAN:2017:3036

«Se ha interpretado por la Sala IV del Tribunal Supremo como acto esencial para la vida aquél que resulta imprescindible para la satisfacción de una necesidad primaria ineludible, para poder fisiológicamente subsistir o para ejecutar aquellas actividades indispensables en la guarda de la seguridad, dignidad, higiene y decoro fundamentales para la humana convivencia y, estimando que aunque no basta la mera dificultad en la realización del acto, no se requiere que la necesidad de ayuda sea continuada

(Sentencias de 7 de octubre de 1987 y 23 de marzo de 1988). El Tribunal Supremo admite no obstante que determinadas situaciones determinan objetivamente una gran invalidez, como la ceguera total y las situaciones de pérdida de la visión que, sin implicar una absoluta anulación de la misma, son funcionalmente equiparables a aquélla (Sentencias de la Sala IV del Tribunal Supremo de 28 de junio y 7 de noviembre de 1986; 23 de junio de 1987; 13 de marzo de 1989; 3 de marzo de 2014, recurso 1246/2013; 10 de febrero de 2015, recurso 1764/2014), o no poder desplazarse sino en silla de ruedas, precisando ayuda de otro para subir y bajar de la misma (sentencia de 1 de octubre de 1987)».

STSJ de la Comunidad Valenciana n.º 1900/2008, de 10 de junio de 2008

«El actor necesita ayuda para la realización de actividades tales como vestirse, asearse, lavarse, comer-necesita ayuda para cortar la carne; por lo que se ha de concluir que es merecedor del grado de invalidez permanente que propugna de modo que el motivo ahora examinado tiene que prosperar, debiendo destacarse que ni la base reguladora, ni la fecha de efectos económicos de la pensión, son objeto de discusión, una vez determinada la contingencia de enfermedad común de la que deriva».

CUESTIONES

1. ¿Cuál es la finalidad de la cobertura prestacional establecida para la GI?

Como bien establece la STS n.º 210/2024, de 8 de febrero de 2024, ECLI:ES:TSJCLM:2024:298, la finalidad de la prestación de la GI:

- Tiene por objeto no compensar la pérdida de capacidad laboral, sino subvenir a la necesidad de ayuda de tercero, porque justamente la dependencia del beneficiario de otras personas es lo que define la esencia de la institución.

- Exige la efectiva dependencia o una supervisión continua, no una mera ayuda o supervisión.

- Si bien no es necesaria la necesidad de ayuda para todos y cada uno de los actos más esenciales de la vida, siendo suficiente que se produzca la situación de dependencia con respecto a alguno de ellos, sí es preciso al menos que tal dependencia se produzca en relación a actos relevantes de la vida diaria, de manera que se comprometa de manera cierta la autonomía vital del beneficiario, y la tan citada dependencia de terceros aparezca como insoslayable.

2. ¿Qué es preciso para que proceda una declaración de gran invalidez?

Para que proceda una declaración de gran invalidez es preciso, que, además de no poder desempeñar profesión u oficio alguno, la persona con discapacidad necesite la asistencia de otra persona para realizar los actos más esenciales de la vida, debido a las pérdidas anatómicas o funcionales sufridas para actos como vestirse, desplazarse y comer, sin perjuicio de otros análogos que la doctrina jurisprudencial ha cuidado de ir precisando, en el sentido de todos aquellos que sean vitales, es decir, que afecten a la subsistencia o supervivencia de las personas. (STSJ de Castilla y León, rec. 627/2023, de 18 de enero del 2024, ECLI:ES:TSJCL:2024:230).

4.4.1. Beneficiarios y requisitos de la GI

Las personas incluidas en el Régimen General declaradas en situación de gran invalidez, cualquiera que sea la contingencia que la origine, siempre que reúnan los siguientes requisitos (art. 195 de la LGSS):

Incapacidad deriva de contingencias comunes

1. Tener menos de la edad de jubilación establecida legalmente en la fecha del hecho causante (arts. 205 y DT 26.ª de la LGSS), en la fecha del hecho causante.

2. No reunir los requisitos exigidos para acceder a la pensión de jubilación contributiva del Sistema.

Estar afiliadas y en situación de alta, asimilada a la de alta o en situación de no alta.

Cuando la incapacidad se derive de accidente de trabajo o enfermedad profesional, los trabajadores se considerarán de pleno derecho, afiliados y en alta, aunque el empresario haya incumplido sus obligaciones.

Tener cubierto un período previo de cotización si la incapacidad permanente deriva de enfermedad común o si la incapacidad permanente deriva de accidente no laboral y el interesado no se encuentra en situación de alta ni asimilada

a) Si deriva de enfermedad común, en situación de alta o asimilada (art. 195 de la LGSS):

Menor de 31 años:

1. Período genérico de cotización: la mitad del tiempo transcurrido entre la fecha en que cumplió los 16 años y la del hecho causante.

2. Período específico de cotización: no se exige.

Con 31 o más años:

1. Período genérico de cotización: un cuarto del tiempo transcurrido entre la fecha en que cumplió los 20 años y la del hecho causante, con un mínimo, en todo caso, de 5 años.

2. Período específico de cotización: un quinto del período de cotización exigible debe estar comprendido en los 10 años inmediatamente anteriores al hecho causante

3. Si se accede a la pensión desde una situación de alta o asimilada, sin obligación de cotizar: un quinto del período de cotización exigible debe estar comprendido en los 10 años inmediatamente anteriores a la fecha en que cesó la obligación de cotizar.

b) Si derivada de enfermedad común o accidente no laboral, en situación de «no alta».

1. Período genérico de cotización: 15 años.

2. Período específico de cotización: 3 años en los últimos 10.

A TENER EN CUENTA. En el caso de los trabajadores con contratos a tiempo parcial, para acreditar el período de cotización exigido, se aplicará la regla establecida en el art. 247 de la LGSS.

4.4.2. Hecho causante y efectos económicos de la GI

a) Si la incapacidad permanente surge tras haberse extinguido la incapacidad temporal de la que deriva (por agotamiento del plazo, o por alta médica con propuesta de incapacidad permanente):

- **Hecho causante**, se entiende producido en la fecha de la extinción de la incapacidad temporal.

- **Efectos económicos**, se fijan en el momento de la calificación, es decir, en la fecha de la resolución del director provincial del INSS. No obstante, podrán retrotraerse a la fecha de extinción del subsidio de incapacidad temporal, cuando la cuantía de la pensión de incapacidad permanente sea superior a la del subsidio que se venía percibiendo, no existiendo retroacción, en ningún caso, si el trabajador se encontraba en situación de demora de la calificación.

b) Si la incapacidad permanente no está precedida de incapacidad temporal o ésta no se ha extinguido:

- **Hecho causante**, se entiende producido en la fecha de emisión del dictamen-propuesta del Equipo de Valoración de Incapacidades (EVI).

- **Efectos económicos**, se fijan en la misma fecha de emisión del dictamen-propuesta.

c) Si la incapacidad permanente se produce desde una situación de no alta ni asimilada a la de alta:

- **Hecho causante**, se entiende producido el día de la solicitud.

- **Efectos económicos**, se fijan en la misma fecha.

4.4.3. Cuantía y porcentaje de la GI

La cuantía de la pensión por gran invalidez estará formada por el importe de la pensión que corresponda por incapacidad permanente (total o absoluta), incrementada con un complemento destinado a remunerar a la persona que atienda al beneficiario (art. 196.4 de la LGSS):

a) Importe del complemento

Será el resultado de sumar el 45 % de la base mínima de cotización vigente en el Régimen General en el momento del hecho causante, cualquiera que sea el régimen en el que se reconozca la pensión, y el 30 % de la última base de cotización del trabajador correspondiente a la contingencia de la que derive la situación de incapacidad permanente.

En ningún caso, este complemento podrá tener un importe inferior al 45 % de la pensión percibida —sin el complemento— por el trabajador.

b) En los casos de accidente de trabajo o enfermedad profesional

Las pensiones se aumentarán, según la gravedad de la falta, de un 30 % a un 50 % cuando la lesión se produzca por máquinas, artefactos o en instalaciones, centros o lugares de trabajo que carezcan de los dispositivos de precaución reglamentarios, los tengan inutilizados o en malas condiciones, o cuando no se hayan observado las medidas de seguridad e higiene en el trabajo, o las elementales de salubridad o las de adecuación personal a cada trabajo, habida cuenta de sus características y de la edad, sexo y demás condiciones del trabajador.

A efectos del cálculo del recargo, se excluye el complemento de gran invalidez destinado a remunerar a la persona que atienda al gran inválido. Dicho recargo recae directamente sobre el empresario infractor.

En los casos en que el trabajador, **con 65 años o más años**, acceda a la pensión de gran invalidez, derivada de contingencias comunes, por no reunir los requisitos para acceder a la pensión de jubilación:

El porcentaje aplicable será el que corresponda al período mínimo de cotización que esté establecido, en cada momento, para el acceso a la pensión de jubilación.

Actualmente, dicho porcentaje es del 50 %, que se aplicará a la base reguladora correspondiente de la pensión, pero no al complemento.

> **JURISPRUDENCIA**
>
> **STS n.º 692/2018, de 28 de junio de 2018, ECLI:ES:TS:2018:2924**
>
> Analizando el cálculo del importe del complemento por Gran invalidez: El importe de dicho complemento será el resultante de sumar el 45 % de la base mínima de cotización vigente en el momento del hecho causante y 30 % de la última base de cotización del trabajador correspondiente a la contingencia de la que se deriva la situación de incapacidad permanente, sin recalcular la base de cotización, multiplicando la suma de las bases por 12 y dividirla por 14.

4.4.4. Suspensión y extinción de la GI

La GI se suspenderá cuando:

- El beneficiario haya actuado fraudulentamente para obtener o conservar el derecho a las prestaciones.

- La incapacidad permanente sea debida o se haya agravado a consecuencia de imprudencia temeraria del beneficiario.

- En caso de imprudencia temeraria. Cuando la incapacidad permanente sea debida o se haya agravado a consecuencia de haber rechazado o abandonado, sin causa razonable, el tratamiento sanitario prescrito durante la situación de incapacidad temporal.

- Rechazo o abandono injustificado de tratamiento médico. Cuando el beneficiario, sin causa razonable, rechace o abandone los tratamientos o procesos de readaptación y rehabilitación procedentes.

La GI se extinguirá por:

- Curación.
- Fallecimiento.
- Reconocimiento del derecho a la pensión de jubilación.
- Revisión con resultado de curación.
- Revisión de oficio por entidad gestora. Si la revisión de oficio dictada por la entidad gestora en alguno de los casos en que tal actuación esté legalmente permitida y de ella se derive la pérdida del derecho a la pensión.

4.4.5. Compatibilidades e incompatibilidades de la GI

Con carácter general:

- La pensión no impedirá el ejercicio de aquellas actividades, sean o no lucrativas, compatibles con el estado de la persona con discapacidad y que no representen un cambio en su capacidad de trabajo a efectos de revisión.
- Si se realizan trabajos susceptibles de inclusión en alguno de los regímenes de la Seguridad Social, existe la obligación de cursar la correspondiente alta y cotizar, debiendo comunicar el pensionista a la Entidad gestora el inicio de la actividad ya sea por cuenta ajena o propia.
- El cumplimiento de estas obligaciones se entiende sin perjuicio de las facultades de revisión de la incapacidad permanente que asisten a la Entidad gestora que ha reconocido la pensión.
- El disfrute de la pensión de incapacidad permanente absoluta y de gran invalidez a partir de la edad de acceso a la pensión de jubilación será incompatible con el desempeño por el pensionista de un trabajo, por cuenta propia o por cuenta ajena, que determine su inclusión en alguno de los regímenes del Sistema de la Seguridad Social, en los mismos términos y condiciones que los regulados para la pensión de jubilación en su modalidad contributiva (art. 214 de la LGSS).

Mediante la **STS n.° 544/2024, de 11 de abril de 2024, ECLI:ES:TS:2024:1996**, el alto tribunal ha **rectificado su doctrina** relativa al régimen de compatibilidad del cobro de las pensiones de IPA y de gran invalidez (GI). Para el TS, la compatibilidad prevista legalmente para la incapacidad absoluta o la gran invalidez se refiere a trabajos esporádicos o marginales que no den lugar a su inclusión en la Seguridad Social.

> «(...) debe abandonar este criterio interpretativo para volver a una más adecuada interpretación de los preceptos que disciplinan el régimen de

compatibilidades entre prestaciones de incapacidad permanente y el trabajo por cuenta propia o ajena que sea más respetuosa con la dicción de los preceptos legales y con la finalidad de los mismos y del propio sistema de Seguridad Social, atendidos los criterios hermenéuticos del Código Civil, especialmente, la realidad social del tiempo en que las normas deben ser aplicadas. (…) El recto entendimiento del artículo 198.2 LGSS conduce a determinar que los trabajos compatibles con las prestaciones de incapacidad allí determinadas (Incapacidad Permanente Absoluta —IPA— y Gran Invalidez —GI—) autorizados por dicha norma son aquellos de carácter marginal y de poca importancia que no requieran darse de alta, ni cotizar por ellos a la Seguridad Social; es decir los residuales, mínimos y limitados y ,en manera alguna, los que constituyen la propios que se venían realizando habitualmente ni cualesquiera otros que permitan la obtención regular de rentas y que, como se ha precisado, den lugar a su inclusión en un régimen de la Seguridad Social».

El fallo citado supuso la publicación del Criterio de gestión n.º 11/2024, de 13 de junio de 2024, por parte del INSS. De esta forma, siguiendo el nuevo criterio de gestión:

- **Incompatibilidad de la pensión de IPA:** la percepción de la pensión de IPA será incompatible con trabajos que den lugar a la inclusión en un régimen del sistema de la Seguridad Social. Se suspenderá el pago de la pensión durante el desempeño de tales trabajos, reanudándose cuando cese la actividad.

  En aquellos casos en los que se tenga reconocido el complemento destinado a que el interesado pueda remunerar a la persona que le atienda previsto en el art. 196.4 de la LGSS, la suspensión de la pensión no impedirá que se siga percibiendo dicho complemento.

  Lo establecido en este apartado no impide que el INSS pueda promover la revisión del estado del interesado conforme a lo dispuesto en el art. 200 de la LGSS.

- **Compatibilidad transitoria:** en casos donde el pensionista ya compatibilizaba la pensión con un trabajo, se mantendrá la compatibilidad durante la vigencia de dichos contratos, sin perjuicio de posibles revisiones del estado del interesado.

  «En aquellos casos en los que, de acuerdo con la anterior doctrina del TS, el pensionista viniese compatibilizando el percibo de la pensión de IPA con el ejercicio de un trabajo por cuenta ajena o de una actividad por cuenta propia que hubiera dado lugar al alta en un régimen de la Seguridad Social, durante la vigencia de dichos contratos de trabajo o de las citadas actividades, se mantendrá la compatibilidad sin perjuicio de que se pueda iniciar, si así procediese, el procedimiento de revisión con el objeto de determinar si se mantiene el grado, en el supuesto de que el interesado no hubiera cumplido la edad de jubilación y de que dicho procedimiento no se hubiera ya iniciado cuando se tuvo conocimiento de que el interesado estaba trabajando».

RESOLUCIÓN RELEVANTE

STSJ de Madrid n.º 886/2006, de 6 de noviembre de 2006

La ley permite la compatibilidad de ciertas actividades retribuidas con la pensión de gran invalidez siempre que esa actividad no implique una necesaria modificación de su grado de incapacidad.

JURISPRUDENCIA

STS, rec. 805/2018, de 9 de julio de 2020, ECLI:ES:TS:2020:2562

El reconocimiento del grado III de dependencia no permite por sí mismo equipararlo a la situación de gran invalidez. Sienta la doctrina general de que:

«(...) de la normativa que anteriormente hemos recogido no se desprende en modo alguno que el legislador haya querido vincular o equiparar el grado de la situación de dependencia o discapacidad con los grados de la situación de incapacidad permanente de forma que quienes se encuentren en un determinado nivel de discapacidad o dependencia deban ser considerados en situación de incapacidad permanente (total, absoluta o gran invalidez).

Tanto la valoración de grados como los conceptos que los integran son diferentes y autónomos y no son ni tan siquiera alternativos».

STS, rec. 3429/2008 de 14 de octubre de 2009, ECLI:ES:TS:2009:6967

El TS, siguiendo doctrina ya existente, STS, rec. 480/2007, de 30 enero de 2008, ECLI:ES:TS:2008:1849, establece la compatibilidad, entre la pensión por gran invalidez y el trabajo por cuenta ajena, basándose en las siguientes consideraciones:

«a) La interpretación restrictiva mantenida por el INSS no siempre ha sido la acogida por la jurisprudencia social. Recordando la Sala la STS 02/03/1979 donde se mantiene que «el trabajador en situación de incapacidad permanente absoluta para todo trabajo, por lo dispuesto en el art. 24.4 de la Orden de 15 abril 1969 , puede realizar todas las actividades laborales que sean compatibles con su situación, sin limitación alguna, sin que en ningún extremo de la disposición legal se afirme que sólo puede desempeñar actividades superfluas, accidentales o esporádicas»; y la STS 06/03/1989 donde se consideran inaplicables el período mínimo de cotización exigible. En el caso de pensiones por incapacidad permanente (RDLeg. 1/1994 de 20 de Jun) a quienes habían sido declarados en situación de IPA sin derecho a prestaciones.

b) La literalidad del RDLeg. 1/1994 de 20 de Jun, aboga por la plena compatibilidad de trabajo y pensión [«las pensiones (...) no impedirán (...) aquellas actividades (...) compatibles»], al no establecer límite alguno a la simultaneidad referida, que resulta exigible ex art. 35 del ET, siendo de destacar que la remisión que al Reglamento se hace exclusivamente en el apartado primero del precepto , para la IPT.

c) La opción interpretativa contraria llevaría a hacer de mejor condición al trabajador declarado en IPT [legalmente apto para cualquier actividad que no sea la profesión u oficio para la que haya sido declarado inválido] que al incapaz declarado en IPA [al que se le negaría toda actividad —e ingresos— extramuros de la marginalidad].

d) La incompatibilidad de que tratamos tendría un cierto efecto desmotivador sobre la reinserción social y laboral de quien se halla en IPA o GI, pues aunque las cotizaciones satisfechas por el nuevo trabajo habrían de tener eficacia respecto de prestaciones futuras [pensión de Jubilación/nueva prestación por IPA; con independencia del régimen de incompatibilidad de pensiones y del derecho de opción que establece el RDLeg. 1/1994 de 20 de Jun], lo cierto es que la suspensión de la pensión por la percepción de ingresos debidos al trabajo ordinario [consecuencia impuesta —se dice— por la lógica del Sistema] privaría prácticamente de estímulo económico a una actividad que con toda seguridad ha de realizarse con considerable esfuerzo —psicofísico— por parte del inválido; y

> *e) Este planteamiento cobra pleno vigor si se atiende a las nuevas tecnologías [particularmente informáticas y de teletrabajo], que consienten pluralidad de actividades laborales —a jornada completa— a quienes se encuentran en situaciones de IPA o GI, de manera que la compatibilidad ahora defendida representa —en el indicado marco de actividades sedentarias— un considerable».*

4.4.6. Complemento de gran invalidez

Como hemos analizado, el art. 194 de la LGSS (en la redacción dada por la D.T. 26.ª de la LGSS hasta que no se desarrolle reglamentariamente), define la **gran invalidez** diciendo que *«(...) se entenderá por gran invalidez la situación del trabajador afecto de incapacidad permanente y que, por consecuencia de pérdidas anatómicas o funcionales, necesite la asistencia de otra persona para los actos más esenciales de la vida, tales como vestirse, desplazarse, comer o análogos».*

La enumeración del precepto es meramente enunciativa recurriendo incluso a la analogía y la doctrina jurisprudencial (sentencias T. Supremo de 26-6-78, 27-6-84, 14-7-89) describe el acto esencial para la vida como el necesario *«(...) para la satisfacción de una necesidad primaria e ineludible, para poder fisiológicamente subsistir o para ejecutar aquellas actividades indispensables en la guarda de la seguridad, dignidad, higiene y decoro que corresponda al ser humano»* o *«(...) fundamental para la humana convivencia', no siendo exigible que la ayuda se requiera de forma permanente a lo largo de todo el día (sentencias Supremo de 1-10-87 y 18 y 23-3-88), pero sí que se precisa la imposibilidad de realizar alguno de esos actos por sí sólo, no bastando la mera dificultad (sentencia de 19-2-90) y si bastando la imposibilidad de realizar uno cualquiera de tales actos esenciales para que, dándose la necesidad de ayuda externa, se pueda efectuar la calificación de 'Gran Invalidez' (sentencias de 29-3-80 y 16-3-88)».*

Se entiende que el prestacioncita es dependiente (con lo que necesita la asistencia de otra persona), para lavarse, arreglarse y usar el inodoro, además de para seguridad (como ocurre con olvidos de tener fuego encendido) y se estima que los mismos son actos esenciales de la vida, conforme a la definición de la doctrina jurisprudencial que antes hemos citado, encuadrables entre los indispensables en la guarda de la seguridad, dignidad, higiene y decoro que corresponda al ser humano. (**STSJ de Comunidad Valenciana n.º 3226/2019, de 26 de diciembre de 2019, ECLI:ES:TSJCV:2019:6536**).

Si el trabajador fuese calificado como **gran inválido**, tendrá derecho a una pensión vitalicia, incrementándose su cuantía con un complemento, destinado a que el inválido pueda remunerar a la persona que le atienda.

JURISPRUDENCIA

STS n.º 671/2024 TS, de 8 de mayo del 2024, ECLI:ES:TS:2024:2707

«Como se sabe, se entiende por gran invalidez "la situación del trabajador afecto de incapacidad permanente y que, por consecuencia de pérdidas anatómicas o funcionales, necesite la asistencia de otra persona para los actos más esenciales de la vida, tales como vestirse, desplazarse, comer o análogos" (disposición transitoria vigésima sexta LGSS, en relación con el artículo 194 LGSS).

> *Y el caso es que, cuando el trabajador es calificado de gran inválido, tiene derecho a "una pensión vitalicia, según lo establecido en los apartados anteriores" del artículo 196 LGSS, cuantía que se incrementa con "un complemento, destinado a que el inválido pueda remunerar a la persona que le atienda" (artículo 196.4 LGSS).*
>
> *Según puede comprobarse, en la situación de gran invalidez, el artículo 196.4 LGSS diferencia, así, de un lado, entre la "pensión vitalicia" según lo previsto en los apartados anteriores del propio artículo 196 LGSS (básicamente, incapacidad permanente total e incapacidad permanente absoluta) y, de otro, el "complemento" que incrementa la "cuantía" de aquella pensión vitalicia y que tiene una finalidad o destino bien específico y determinado: la remuneración de la persona que atiende al gran inválido. Es esta finalidad del complemento de gran invalidez la que lo singulariza y diferencia de la pensión de incapacidad permanente absoluta que, sin realizar ahora mayores precisiones, atiende a la ausencia de rentas que de otra forma tendría el trabajador que pasa a esa situación de incapacidad permanente. Así como la pensión de incapacidad permanente absoluta afronta la pérdida del salario que se deja de percibir, el complemento de gran invalidez sirve para que el gran inválido pueda remunerar a la persona que le atiende, lo que de otra forma tendría que hacer con cargo a su pensión de incapacidad permanente».

STS n.º 471/2023, de 4 de julio de 2023, ECLI:ES:TS:2023:3582

Gran invalidez por ceguera: lo determinante no es la concreta cifra de pérdida de agudeza visual o de campo visual, sino la aptitud de cada persona, a fin de determinar si efectivamente necesita la asistencia de otro para los actos más esenciales de la vida. «(...) el reconocimiento de la pensión depende de las circunstancias del caso concreto. Una misma enfermedad puede producir efectos muy diferentes de unos a otros individuos, en función de cuáles sean sus factores personales, tanto los psíquicos como los físicos».

Cuantía del complemento por gran invalidez

El artículo 196.4 de la LGSS tiene el siguiente tenor literal:

> «Si el trabajador fuese calificado como gran inválido, tendrá derecho a una pensión vitalicia según lo establecido en los apartados anteriores, **incrementándose su cuantía con un complemento, destinado a que el inválido pueda remunerar a la persona que le atienda.** El importe de dicho complemento será equivalente al resultado de sumar el 45 por ciento de la base mínima de cotización vigente en el momento del hecho causante y el 30 por ciento de la última base de cotización del trabajador correspondiente a la contingencia de la que derive la situación de incapacidad permanente. En ningún caso el complemento señalado podrá tener un importe inferior al 45 por ciento de la pensión percibida, sin el complemento, por el trabajador».

El importe de dicho complemento será equivalente al resultado de sumar el 45 por ciento de la base mínima de cotización vigente en el momento del hecho causante y el 30 por ciento de la última base de cotización del trabajador correspondiente a la contingencia de la que derive la situación de incapacidad permanente. Como puede comprobarse, la norma refiere el 45 por ciento a la «la base mínima de cotización vigente en el momento del hecho causante», mientras que el 30 por ciento se relaciona con la «la última base de cotización del trabajador correspondiente a la contingencia de la que derive la situación de incapacidad permanente».

El artículo citado diferencia, así, entre *«la base mínima de cotización vigente en el momento del hecho causante»* y *«la (...) base de cotización del trabajador»*. La primera para el precitado 45 por ciento. Y la segunda para el 30 por ciento. (STS n.º 745/2023, de 17 de octubre del 2023, ECLI:ES:TS:2023:4315, STS, rec. 4351/2010, de 17 de enero de 2012 y STSJ de Murcia n.º 1232/2019, de 30 de octubre de 2019, ECLI:ES:TSJMU:2019:2339).

A TENER EN CUENTA. La base mínima de cotización vigente en el momento del hecho causante a que se refiere el artículo 196.4 LGSS) es la base mínima de cotización de todos los grupos profesionales y no la base mínima de cotización del grupo del beneficiario.

CUESTIÓN

Si a tenor de lo que se declara la resolución administrativa de gran invalidez, la base mínima de cotización asciende a 1.260,00 euros mensuales en 2023 y la computable hasta el hecho causante actual suma 2.808,90 euros, ¿a qué complemento tendría derecho el prestacionista?

El complemento debe fijarse en 1.409,67 euros, resultado de aplicar el 45 % sobre 1.260,00 euros, más el 30 % sobre 2.808,9 euros (567+842,67).

5.
CÁLCULO Y BASE REGULADORA DE LAS PENSIONES POR INCAPACIDAD PERMANENTE

En función de los diferentes tipos de incapacidad permanente y la contingencia de la que derivan (común o profesional) la pensión se calcula siguiendo distintos parámetros. Primero deberemos determinar la base reguladora, que varía dependiendo del origen de dicha incapacidad y, posteriormente se le aplicará un porcentaje, que depende del grado de incapacidad reconocido.

Como toda pensión contributiva, el cálculo de la base reguladora parte de las bases de cotización del prestacionista en función de su salario.

La fórmula aplicable para el cálculo de la BR de una prestación por incapacidad permanente dependerá del grado de incapacidad y del tipo de contingencia que haya tenido como origen, siguiéndose unas reglas generales en base a la edad de la persona trabajadora en el momento del hecho causante.

TIPO	CAUSA DE LA I.P	BASE REGULADORA
INCAPACIDAD PERMANENTE PARCIAL (IPP)	Enfermedad Común, Profesional o Accidente de Trabajo	24 mensualidades de la base reguladora utilizada para el cálculo de la incapacidad temporal que precedió a la incapacidad permanente.

TIPO	CAUSA DE LA I.P	BASE REGULADORA
INCAPACIDAD PERMANENTE TOTAL (IPT)	Enfermedad Común	TRABAJADOR MAYOR DE 52 AÑOS Y MENOR DE 65 EN LA FECHA DEL HECHO CAUSANTE: suma de bases de cotización del interesado durante los 96 meses inmediatamente anteriores al mes previo al del hecho causante dividido entre 112. TRABAJADOR MENOR DE 52 AÑOS EN LA FECHA DEL HECHO CAUSANTE (AL QUE SE EXIGE UN PERÍODO DE COTIZACIÓN INFERIOR A 8 AÑOS): suma de las bases mensuales de cotización en número igual al de meses de que conste el período mínimo de cotización exigible, sin tener en cuenta las fracciones de mes, por el número de meses a que dichas bases se refieran, multiplicando este divisor por el coeficiente 1,1666, y excluyendo, en todo caso, de la actualización las bases correspondientes a los 24 meses inmediatamente anteriores al mes previo a aquél en que se produzca el hecho causante. TRABAJADOR CON 65 O MÁS AÑOS EN LA FECHA DEL HECHO CAUSANTE, QUE NO REÚNE LOS REQUISITOS PARA LA JUBILACIÓN: bases de cotización del interesado durante los 96 meses inmediatamente anteriores al mes previo al del hecho causante dividido entre 112. TRABAJADORES A TIEMPO PARCIAL: las mismas reglas que en la pensión de jubilación.
	Accidente no laboral	Suma de las bases de cotización del interesado durante un período ininterrumpido de 24 meses dividido entre 28.
	Accidente de trabajo o Enfermedad Profesional	Salario real (no puede exceder el tope máximo de cotización ni ser inferior al tope mínimo) dividido entre 12.

TIPO	CAUSA DE LA I.P	BASE REGULADORA
INCAPACIDAD PERMANENTE ABSOLUTA (IPA)	Enfermedad Común	Se calcula aplicando íntegramente las mismas reglas que las señaladas para la incapacidad permanente total derivada de enfermedad común.
	Accidente no laboral	Se calcula aplicando las mismas reglas que las señaladas para la incapacidad permanente total derivada de accidente no laboral.
	Accidente de trabajo o Enfermedad Profesional	La base reguladora se calcula sobre salarios reales, aplicando las mismas reglas que las señaladas para la incapacidad permanente total derivada de estas contingencias.
GRAN INVALIDEZ (GI)	Enfermedad Común, Profesional o Accidente de Trabajo	El importe de la pensión que corresponda por incapacidad permanente (total o absoluta), incrementada con un complemento destinado a remunerar a la persona que atienda al beneficiario.

JURISPRUDENCIA

STS n.º 325/2017, de 20 de abril de 2017, ECLI:ES:TS:2017:1774

Manera de integrar las bases mínimas de cotización para el cálculo de la base reguladora de una prestación de incapacidad permanente derivada de contingencias comunes. En aquellos casos en que cesa la obligación de cotizar y se trata de trabajadores fijos discontinuos que prestan servicios en cada una de las campañas. El Alto Tribunal ha afirmado, que el cómputo de la base reguladora se debe efectuar integrando con las bases mínimas de cotización los períodos en los que no hay obligación de cotizar, calculados esos mínimos en relación con la actividad desarrollada por el trabajador en la campaña («horas contratadas»), no con los 365 días del año. Se añade que no resulta aplicable al caso la STC 243/2004, de 22 de diciembre, ni las sentencia de la TS, rec. 3677/2006, de 30 de enero de 2008, ECLI:ES:TS:2008:755, pues en ellas se parte de la existencia de contratos a tiempo parcial puros, no como en el caso enjuiciado trabajadores fijos discontinuos intermitentes con jornada completa.

STS, rec. 3039/2012, de 23 de septiembre de 2013, ECLI:ES:TS:2013:4804; STS, rec. 2357/2012, de 17 de abril de 2013, ECLI:ES:TS:2013:2152; y, STS, Rec.1630/2012, de 05 de junio de 2013.

Los días cuota no son computables para incrementar la pensión (reitera doctrina): a) Sigue plenamente vigente doctrina jurisprudencial sobre los días-cuota para determinación periodo carencia prestaciones incapacidad permanente derivada de enfermedad común: b) Tras la entrada en vigor Ley 40/2007, dicha doctrina ya no resulta aplicable al cálculo periodo de carencia para pensión jubilación (apdo. 1 b 205 LGSS); c) No se modifica, con pretendido fundamento en dicha Ley 40/2007, doctrina jurisprudencial que ha venido excluyendo el cómputo de los días-cuota a efectos del cálculo base reguladora o porcentaje aplicable a ella por años de cotización.

STS, rec. 1279/2007, de 29 de mayo de 2008, ECLI:ES:TS:2008:3538

Incapacidad permanente durante extinción de contrato de trabajo hallándose en situación de incapacidad temporal. En el cálculo de la base reguladora de la prestación por incapacidad permanente deben computarse las bases mínimas y no las bases sobre las que el Servicio Público de Empleo Estatal debió cotizar por desempleo durante el período en que el trabajador estuviera percibiendo prestaciones por incapacidad temporal/desempleo después de producirse la extinción de su contrato de trabajo hallándose en situación de incapacidad temporal.

STS n.º 35/2020, de 16 de enero de 2020, ECLI:ES:TS:2020:325

Se analiza la determinación de la base reguladora para la prestación por incapacidad permanente absoluta cuando tal situación es consecuencia de la agravación del previo grado de total y su fecha de efectos.

STS, rec. 1349/1993, de 7 de julio de 1995, ECLI:ES:TS:1995:4023, y STS, rec. 4575/1996, de 2 de octubre 1997, ECLI:ES:TS:1997:5817

No puede olvidarse que el solicitante «*(...) no siempre estará en condiciones de saber en el momento de la incoación del expediente si el resultado de la evaluación practicada va a ser la revisión de la invalidez por secuelas ya apreciadas que se han agravado, o la declaración de una invalidez derivada de secuelas de dolencias distintas. Así las cosas, va en contra del principio de eficacia administrativa el obligar al asegurado a recorrer de nuevo el circuito del procedimiento de declaración de invalidez, cuando el procedimiento de revisión ha producido o ha podido producir el mismo efecto de verificación de su estado físico y de comprobación del cumplimiento de requisitos para el reconocimiento de prestaciones*».

CUESTIÓN

En lo que se refiere a la determinación de la base reguladora de una IP, ¿qué es la doctrina del paréntesis?

La doctrina del paréntesis permite utilizar las bases de cotización anteriores al cese de la obligación de cotizar para el cálculo de la base reguladora de la pensión de incapacidad permanente, en lugar de aplicar las bases mínimas durante los periodos sin cotización. Esta doctrina se aplica en casos específicos y ha sido desarrollada a través de la jurisprudencia.

Analizando distintos supuestos en los que se ha solicitado que se aplique esta doctrina: STS n.º 1021/2024, de 16 de julio del 2024, ECLI:ES:TS:2024:4172.

La **base reguladora de las pensiones de incapacidad permanente derivada de enfermedad común** será el cociente que resulte de dividir por 112 las bases de cotización del interesado durante los 96 meses inmediatamente anteriores a aquel en que se produzca el hecho causante (Art. 197 LGSS).

El cómputo de dichas bases se realizará conforme a las siguientes reglas:

a) El cómputo de dichas bases se realizará conforme a las siguientes **reglas**, de las que es expresión matemática la fórmula que figura al final de las mismas.

   1. Las bases correspondientes a los veinticuatro meses anteriores a aquél en que se produzca el hecho causante se computarán en su valor nominal.

2. Las restantes bases de cotización se actualizarán de acuerdo con la evolución que haya experimentado el índice de precios al consumo desde los meses a que aquéllas correspondan hasta el mes inmediato anterior a aquel en que se inicie el período de bases no actualizables a que se refiere la regla anterior.

$$B_r = \left(\sum_{i=1}^{24} B_i + \sum_{I=25}^{96} B_i \, (I\,25\,/\,I_i) \right) / 112$$

Siendo:

Br = Base reguladora.

Bi = Base de cotización del mes i-ésimo anterior al del hecho causante.

Ii = Índice General de Precios al Consumo del mes-iésimo anterior al del hecho causante.

Siendo i = 1, 2,..., 96.

b) Al resultado obtenido en razón a lo establecido anteriormente se le aplicará el **porcentaje** que corresponda en función de los años de cotización según la escala para la jubilación (art. 210.1 de la LGSS):

- Por los primeros 15 años cotizados: el 50 %.

- A partir del año decimosexto, por cada mes adicional de cotización, comprendidos entre los meses 1 y 248, se añadirá el 0,19 %, y por los que rebasen el mes 248, se añadirá el 0,18 %, sin que el porcentaje aplicable a la base reguladora supere el 100 %, salvo en el supuesto a que se refiere el apartado siguiente.

- En el caso de no alcanzarse 15 años de cotización, el porcentaje aplicable será del 50 %.

El importe resultante constituirá la base reguladora a la que, para obtener la cuantía de la pensión que corresponda, habrá de aplicarse el porcentaje previsto para el grado de incapacidad reconocido.

c) Si en el período que haya de tomarse para el cálculo de la base reguladora aparecieran **periodos durante los cuales no hubiese existido la obligación de cotizar**, dichas lagunas se integrarán de acuerdo con las siguientes reglas:

- Si durante los treinta y seis meses previos al período que ha de tomarse para el cálculo de la base reguladora existieran mensualidades con cotizaciones, cada una de las correspondientes bases de cotización dará derecho, en su cuantía actualizada, a la integración de una mensualidad con laguna de cotización y hasta un máximo de veinticuatro, a partir de la mensualidad más cercana al hecho causante de la pensión, en los términos y condiciones que se establezcan reglamentariamente. En ningún caso, la integración podrá ser inferior al 100 % de la base mínima vigente en la fecha correspondiente a la mensualidad que es objeto de integración.

- Las veinticuatro mensualidades con lagunas más próximas al período al que se refiere la regla anterior, se integrarán con el 100 % de la base mínima vigente en la fecha correspondiente a la mensualidad que es objeto de integración.

- El resto de las mensualidades con lagunas de cotización, se integrarán con el 50 % de la base mínima vigente en la fecha correspondiente a la mensualidad que es objeto de integración.

- En los supuestos en que en alguno de los meses a tener en cuenta para la determinación de la base reguladora, la obligación de cotizar exista sólo durante una parte del mismo, procederá la integración señalada en los párrafos anteriores, por la parte del mes en que no exista obligación de cotizar, siempre que la base de cotización relativa al primer período no alcance la cuantía mensual que corresponda según la regla de integración que resulte aplicable en cada caso. En tal supuesto, la integración alcanzará hasta esta última cuantía.

La **base reguladora de las pensiones de incapacidad permanente derivada de contingencias profesionales**, debe determinarse aplicando las reglas contenidas en los artículos 60, 61 y 62 del Reglamento para la aplicación del texto refundido de la legislación de Accidentes de Trabajo, aprobado por Decreto de 22 junio 1956 (cuya vigencia se mantiene conforme a lo dispuesto en el Decreto 3158/1966, de 23 de diciembre, con la precisión introducida por la D.A 11ª del Real Decreto 4/1998, de 9 de enero), de tal manera que dicha base reguladora (que es de cómputo anual, no mensual) se calcula dividiendo por 12 los siguientes sumandos sobre los salarios reales percibidos por el trabajador en el año anterior al accidente:

1. Salario diario por jornada normal de trabajo percibido en el momento del accidente por los 365 días del año.

2. Las pagas extraordinarias por su importe total anual en el año anterior al accidente.

3. Los beneficios percibidos durante el año anterior al accidente, pluses y retribuciones complementarias, incluidas horas extraordinarias cuando no hayan superado el límite de 80 al año, percibidos en el año anterior al accidente, dividido por el número de días efectivamente trabajados y multiplicado por 273, salvo que el número de días laborales efectivos fuese menor, en cuyo caso se aplica éste. Una vez calculado el salario real anual en los términos mencionados, éste se dividirá por 12, de modo que el beneficiario de la pensión percibirá 12 mensualidades de la pensión al año, sin pagas extras, al encontrarse ya incluida la parte proporcional de las pagas extraordinarias en el importe mensual de la pensión. (**STSJ de Castilla La-Mancha, rec. 170/2018, de 25 de marzo de 2019, ECLI:ES:TSJCLM:2019:697** y **STSJ de Castilla y León, rec. 1580/2022, de 21 de julio del 2023, ECLI:ES:TSJCL:2023:3148**).

RESOLUCIÓN RELEVANTE

STSJ de la Comunidad Valenciana n.º 3964/2007, de 11 de diciembre de 2007, ECLI:ES:TSJCV:2007:6413

Analizando el cálculo de la base reguladora por contingencias profesionales para los **trabajadores fijos discontinuos** *«(...) que a los efectos de determinación de la base reguladora de las pensiones derivadas de contingencias profesionales en el caso de trabajo fijo discontinuo , el salario diario será el resultante de dividir, entre el número de días naturales de campaña transcurridos hasta la fecha del hecho causante, los salarios percibidos por el trabajador en el mismo periodo". No resulta por tanto de aplicación la Sentencia de esta Sala de 4 de octubre de 2002, que es de la que expresamente se citan sus fundamentos jurídicos en la Resolución recurrida, ni la doctrina que emana de las Sentencias citadas en la demanda y referidas a una regulación anterior (art. 30 de la Orden Ministerial de 18 de enero de 1989) , ya que, en ellas se analizan hechos que tuvieron lugar con anterioridad a la entrada en vigor del Real Decreto 1131/02, que se produjo el 1 de noviembre de dicho año, sin que la parte impugnante del recurso combata eficazmente la existencia de la concreta norma citada por la parte recurrente para las contingencias profesionales como aplicable para el cálculo de la base reguladora de las pensiones para dichas especiales contingencias de los trabajadores fijos-discontinuos. Por otra parte, el que la parte recurrente demandada percibiera la indemnización calculada por el INSS, al computar éste una mayor base reguladora , es algo que, máxime tratándose de una cuestión que puede presentar cierta complejidad, como es el cálculo de la base reguladora en los accidentes de trabajos de los trabajadores fijos discontinuos no veda a la parte recurrente poder discutirla».* (Citando STSJ Murcia n.º 806/2005, de 4 de julio de 2005, ECLI:ES:TSJMU:2005:670).

6.
DENEGACIÓN, ANULACIÓN, SUSPENSIÓN Y EXTINCIÓN DEL DERECHO A PRESTACIONES ECONÓMICAS POR INCAPACIDAD PERMANENTE

La denegación, anulación y suspensión del derecho a prestación por incapacidad permanente se regulan en el vigente art. 23 de la Orden de 15 de abril de 1969 por la que se establecen normas para la aplicación y desarrollo de las prestaciones por invalidez en el Régimen General de la Seguridad Social.

El vigente art. 23 de la Orden de 15 de abril de 1969 por la que se establecen normas para la aplicación y desarrollo de las prestaciones por invalidez en el Régimen General de la Seguridad Social, regula la denegación, anulación y suspensión del derecho a prestación por incapacidad permanente. (**STSJ de Cataluña n.º 3556/2018, de 15 de junio de 2018, ECLI:ES:TSJCAT:2018:4464**).

El derecho a las prestaciones económicas por incapacidad permanente podrá ser **denegado, anulado o suspendido:**

- Cuando el beneficiario haya actuado fraudulentamente para obtener o conservar el derecho a las mismas.
- Cuando la incapacidad permanente sea debida o se haya agravado a consecuencia de imprudencia temeraria del beneficiario.
- Cuando la incapacidad permanente sea debida o se haya agravado a consecuencia de haber rechazado o abandonado el beneficiario, sin causa razonable, el tratamiento sanitario que le hubiere sido indicado durante las situaciones de incapacidad laboral transitoria o incapacidad provisional.
- Cuando el beneficiario, sin causa razonable, rechace o abandone los tratamientos o procesos de readaptación y rehabilitación procedentes.

A TENER EN CUENTA. La denegación, anulación y suspensión del derecho corresponderá, en vía administrativa, a las Comisiones Técnicas Calificadoras.

La pensión de IP puede extinguirse por:

- Revisión de la incapacidad permanente. La revisión que modifique o transforme la IP declarada, lógicamente, también pude tener efecto extintivo de la pensión vitalicia (art. 200.3 de la LGSS) ante supuestos de error en el diagnóstico, agravación o mejoría y, también, por venir ejerciendo el beneficiario un trabajo, por cuenta ajena o propia.

- Reconocimiento de la pensión de jubilación cuando se opte por esta pensión.

- Fallecimiento del pensionista.

RESOLUCIONES RELEVANTES

STSJ de Madrid n.º 1029/2018, de 23 de noviembre de 2018, ECLI:ES:TSJM:2018:11115

Una cosa es que no siga ningún tratamiento médico, y otra, distinta, que se haya negado sin razón a ello. Se aprecia que el ordenamiento excluye de la prestación al beneficiario que se niegue sin causa razonable a recibir tratamiento. Esta negativa no se la puede imputar a la demandante por razón precisamente de su enfermedad, el alcoholismo, que como el perito de parte indicó acertadamente, constituye el elemento determinante de su rechazo a ser tratada, rechazo que por ello no puede estimarse voluntaria y libremente expresado por ella, sino que es consecuencia de tal secuela que como es sabido genera una gravísima dependencia y afecta notoriamente al discernimiento y la voluntad. Por ello la situación de la actora no encaja en las previsiones del legislador contenidas en la normativa de aplicación, previstas para quien sin motivo alguno se niega a ser tratado. Y siendo así que el comportamiento de la demandante es el mismo que en 2016 cuando la prestación se le reconoce, la demanda debe ser estimada', criterios que la Sala no puede por menos que compartir.

STSJ de Cataluña n.º 3556/2018, de 15 de junio de 2018, ECLI:ES:TSJCAT:2018:4464

Mejoría de incapacidad permanente. En relación a la concurrencia de mejoría determinante de la revisión de oficio por la entidad gestora del grado de incapacidad permanente anteriormente reconocido al trabajador, procede recordar que el artículo 143.2 de la Ley General de la Seguridad Social determina que «toda resolución, inicial o de revisión, por la que se reconozca el derecho a las prestaciones de incapacidad permanente, en cualquiera de sus grados, o se confirme el grado reconocido previamente, hará constar necesariamente el plazo a partir del cual se podrá instar la revisión por agravación o mejoría del estado invalidante profesional, en tanto que el incapacitado no haya cumplido la edad mínima establecida en el artículo 161 de esta ley para acceder al derecho a la pensión de jubilación».

JURISPRUDENCIA

STS n.º 450/2018, de 25 de abril de 2018, ECLI:ES:TS:2018:1805

Suspensión de la prestación por realización de trabajos por cuenta ajena incompatibles con el estado invalidante. La cuestión suscitada en el recurso de casación para la unificación de doctrina se centra en determinar si procede o no recalcular el importe de la base reguladora de la pensión de incapacidad permanente absoluta, derivada de enfermedad común y de la que es beneficiaria la actora, atendiendo a las nuevas cotizaciones efectuadas por el trabajo por cuenta ajena desempeñado después del reconocimiento de la prestación, período durante el cual el INSS suspendió el pago de la pensión por incompatibilidad.

STS n.º 698/2018, de 29 de junio de 2018, ECLI:ES:TS:2018:3034

Derecho de un trabajador con incapacidad a percibir dos pensiones de países diferentes. El TS corrige el criterio aplicado hasta el momento permitiendo la compatibilidad del complemento por Incapacidad Permanente Total «Cualificada» y pensión de jubilación abonada por tercer Estado incluido en el ámbito aplicativo de los Reglamentos de la Unión Europea (1408/71, 884/2003).

7.
PROCEDIMIENTOS RELACIONADOS CON LA INCAPACIDAD PERMANENTE

Existen una serie de procedimientos regulados por diversas normativas que deben seguirse de manera estricta para garantizar el reconocimiento y revisión adecuados de las prestaciones por incapacidad permanente.

Como hemos reiterado, la IP se reconoce al trabajador cuando, después de haber estado sometido al tratamiento prescrito y haber sido dado de alta médicamente, presenta reducciones anatómicas o funcionales graves, previsiblemente definitivas, que disminuyan o anulen su capacidad laboral.

Existen varios procedimientos relacionados con la incapacidad permanente, los cuales se pueden clasificar en tres grandes categorías: el **procedimiento para el reconocimiento de la incapacidad permanente**, el **procedimiento para la impugnación de la denegación de la incapacidad permanente** y el **procedimiento para la revisión de la incapacidad permanente**.

7.1. Procedimiento para el reconocimiento de una incapacidad permanente

Corresponde al Instituto Nacional de la Seguridad Social, a través de los órganos que reglamentariamente se establezcan y en todas las fases del procedimiento, declarar la situación de incapacidad permanente, a los efectos de reconocimiento de las prestaciones económicas.

7.1.1. Equipo de valoración de incapacidades (EVI) y el dictamen-propuesta de la incapacidad permanente

El Equipo de Valoración de Incapacidades (EVI) o «Tribunal Médico», es el órgano competente para evaluar, calificar y revisar la incapacidad y reconocer el derecho a las prestaciones económicas contributivas de la Seguridad

Social por incapacidad permanente, en sus distintos grados, así como determinar las contingencias causantes de la misma, junto con las otras competencias y funciones establecidas en el Real Decreto 1300/1995, de 21 de julio. Es decir, se encarga de evaluar las solicitudes de IP presentadas.

Cada dirección provincial del INSS cuenta con un Equipo de Valoración de Incapacidades (EVI), a excepción de Cataluña, donde existe un órgano específico para la valoración de incapacidades denominado Subdirección General de Evaluaciones Médicas (SGAM).

1. Constitución, composición y régimen de funcionamiento de los EVI

Cada Dirección Provincial del Instituto Nacional de la Seguridad Social deberá tener constituido un Equipo de Valoración de Incapacidades (o varios cuando así lo aconsejen el número de casos a resolver o las características de algún sector laboral).

Los Equipos estarán compuestos, necesariamente, por un presidente y cuatro Vocales (Médico Inspector, Facultativo Médico, Inspector de Trabajo y Seguridad Social, funcionario titular de un puesto de trabajo de la unidad encargada del trámite de las prestaciones de invalidez). Cada uno de los miembros tendrá un suplente que sustituirá al titular en los casos de ausencia, vacante o enfermedad (art. 2 del Real Decreto 1300/1995, de 21 de julio).

El Régimen de funcionamiento de los Equipos de Valoración de las Incapacidades será el establecido en el art. 15 de la Ley 39/2015, de 1 de octubre y siguientes). STS, de 03/06/2008, Rec. 1500/2007

2. Funciones de los EVI

Serán funciones de los Equipos de Valoración de Incapacidades:

- Examinar la situación de incapacidad del trabajador.

- Formular al director provincial del Instituto Nacional de la Seguridad Social (INSS) los dictámenes-propuesta, preceptivos y no vinculantes, en las siguientes materias:

- Anulación o disminución de la capacidad para el trabajo por existencia de situaciones de invalidez permanente, calificación de estas situaciones en sus distintos grados, revisión de las mismas por agravación, mejoría o error de diagnóstico, y contingencia determinante.

- Determinación del plazo a partir del cual se podrá instar la revisión del grado de invalidez por agravación o mejoría.

- Procedencia o no de la revisión por previsible mejoría de la situación de incapacidad del trabajador (art. 48.2 del ET).

- Disminución o alteración de la integridad física del trabajador por existencia de lesiones permanentes no invalidantes, causadas por accidente de trabajo o enfermedad profesional.

- Determinación de la incapacidad para el trabajo exigida para ser beneficiario de las prestaciones económicas por muerte y supervivencia, así como de las prestaciones por invalidez del SOVI.
- Determinación del carácter común o profesional de la enfermedad que origine la situación de incapacidad temporal o muerte del trabajador cuando le sea solicitado tal dictamen. El Tribunal Supremo ha considerado que a efectos de la calificación de una incapacidad permanente total para la profesión habitual consecuencia de accidente de trabajo debe tenerse en cuenta la profesión desempeñada al sufrir las lesiones origen de la incapacidad permanente, con independencia de que entre la fecha del accidente de trabajo y del dictamen del Equipo de Valoración de Incapacidades el trabajador desarrolle otra profesión. STS, Sala de lo Social, de 08/06/2005
- Procedencia o no de prorrogar el período de observación médica en enfermedades profesionales.
- Efectuar el seguimiento de los programas de control de las prestaciones económicas de incapacidad temporal.
- Proponer al director provincial del INSS la adopción de medidas adecuadas, en coordinación con los restantes órganos competentes en esta materia.
- Prestar asistencia técnica y asesoramiento en los procedimientos contenciosos en los que sea parte el INSS, en materia de incapacidades laborales, a requerimiento del director provincial correspondiente de dicho Instituto.

3. Evaluación y dictamen

El proceso de evaluación incluye la elaboración de un informe médico de síntesis que recoge el historial médico del trabajador, informes de otros facultativos, y resultados de pruebas y exploraciones complementarias. Simultáneamente, se elabora un informe de antecedentes profesionales que permite conocer la profesión desempeñada y la formación del interesado. Con esta información, el EVI emite un dictamen-propuesta que se eleva al director provincial del INSS. Este dictamen no es vinculante, pero es preceptivo para la resolución administrativa.

El dictamen-propuesta de incapacidad permanente emitido por el Equipo de Valoración de Incapacidades (EVI) es de suma importancia en el proceso de reconocimiento de la incapacidad permanente en España. Este documento es fundamental porque:

1. **Base para la resolución administrativa:** el dictamen-propuesta del EVI es el documento en el que se basa la Dirección Provincial del Instituto Nacional de la Seguridad Social (INSS) para emitir la resolución administrativa que reconoce o deniega la incapacidad permanente. Este dictamen incluye una evaluación detallada de las patologías y limitaciones funcionales del trabajador, así como una propuesta sobre el grado de incapacidad que corresponde. (**STSJ de Murcia, rec. 224/2023, de 2 de julio del 2024, ECLI:ES:TSJMU:2024:1171**).

2. **Carácter vinculante:** los informes emitidos por el EVI son vinculantes para la Administración. Esto significa que la resolución administrativa debe alinearse con el dictamen del EVI, salvo en casos excepcionales debidamente justificados. La Administración no puede ignorar o contradecir el dictamen del EVI sin una base sólida.

3. **Presunción de legalidad y acierto:** los dictámenes del EVI gozan de una presunción de legalidad y acierto, ya que son elaborados por profesionales que responden a criterios de imparcialidad, objetividad y competencia técnica. Esta presunción refuerza la validez y la fiabilidad del dictamen en los procedimientos administrativos y judiciales.

4. **Valoración Integral de la Incapacidad:** el dictamen del EVI no solo evalúa las dolencias y limitaciones del trabajador, sino que también considera su impacto en la capacidad laboral. Esta valoración integral es crucial para determinar el grado de incapacidad y, por ende, el tipo de prestación económica a la que el trabajador tiene derecho. (**STSJ de Galicia, rec. 2805/2020, de 11 de febrero de 2021, ECLI:ES:TSJGAL:2021:791**).

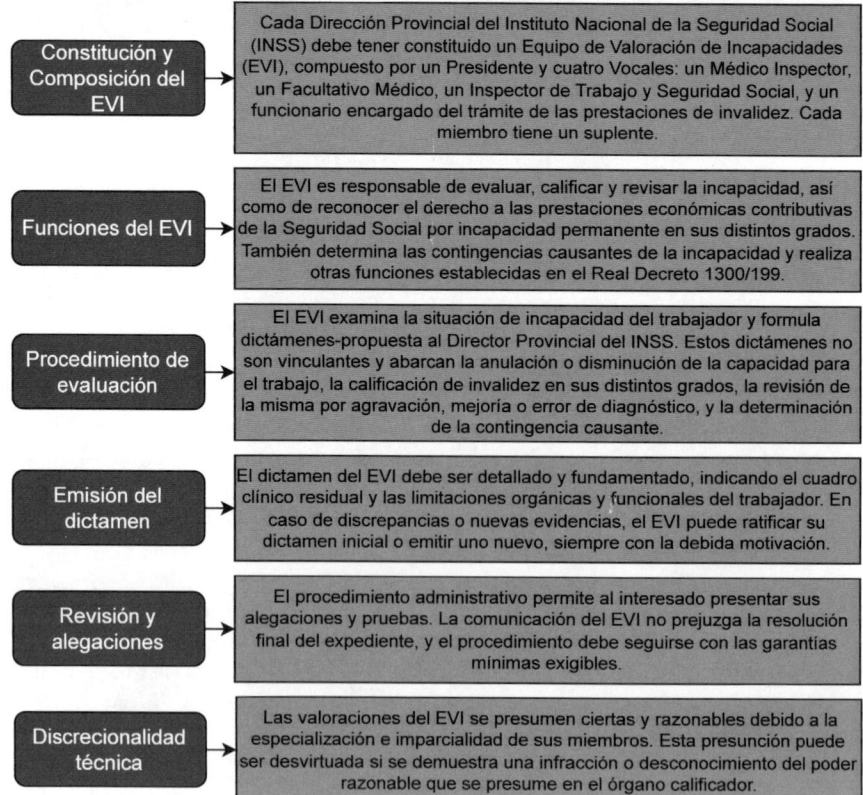

EVALUACIÓN Y DICTAMEN POR PARTE DEL EQUIPO DE VALORACIÓN DE INCAPACIDADES (EVI)

Constitución y Composición del EVI
Cada Dirección Provincial del Instituto Nacional de la Seguridad Social (INSS) debe tener constituido un Equipo de Valoración de Incapacidades (EVI), compuesto por un Presidente y cuatro Vocales: un Médico Inspector, un Facultativo Médico, un Inspector de Trabajo y Seguridad Social, y un funcionario encargado del trámite de las prestaciones de invalidez. Cada miembro tiene un suplente.

Funciones del EVI
El EVI es responsable de evaluar, calificar y revisar la incapacidad, así como de reconocer el derecho a las prestaciones económicas contributivas de la Seguridad Social por incapacidad permanente en sus distintos grados. También determina las contingencias causantes de la incapacidad y realiza otras funciones establecidas en el Real Decreto 1300/199.

Procedimiento de evaluación
El EVI examina la situación de incapacidad del trabajador y formula dictámenes-propuesta al Director Provincial del INSS. Estos dictámenes no son vinculantes y abarcan la anulación o disminución de la capacidad para el trabajo, la calificación de invalidez en sus distintos grados, la revisión de la misma por agravación, mejoría o error de diagnóstico, y la determinación de la contingencia causante.

Emisión del dictamen
El dictamen del EVI debe ser detallado y fundamentado, indicando el cuadro clínico residual y las limitaciones orgánicas y funcionales del trabajador. En caso de discrepancias o nuevas evidencias, el EVI puede ratificar su dictamen inicial o emitir uno nuevo, siempre con la debida motivación.

Revisión y alegaciones
El procedimiento administrativo permite al interesado presentar sus alegaciones y pruebas. La comunicación del EVI no prejuzga la resolución final del expediente, y el procedimiento debe seguirse con las garantías mínimas exigibles.

Discrecionalidad técnica
Las valoraciones del EVI se presumen ciertas y razonables debido a la especialización e imparcialidad de sus miembros. Esta presunción puede ser desvirtuada si se demuestra una infracción o desconocimiento del poder razonable que se presume en el órgano calificador.

7.1.2. Inicio del procedimiento (expediente) para reconocer las prestaciones por incapacidad permanente

El procedimiento para solicitar el reconocimiento de una incapacidad permanente y la correspondiente pensión puede iniciarse a instancias de la propia persona trabajadora interesada, de oficio por el INSS o a instancias de la Mutua correspondiente.

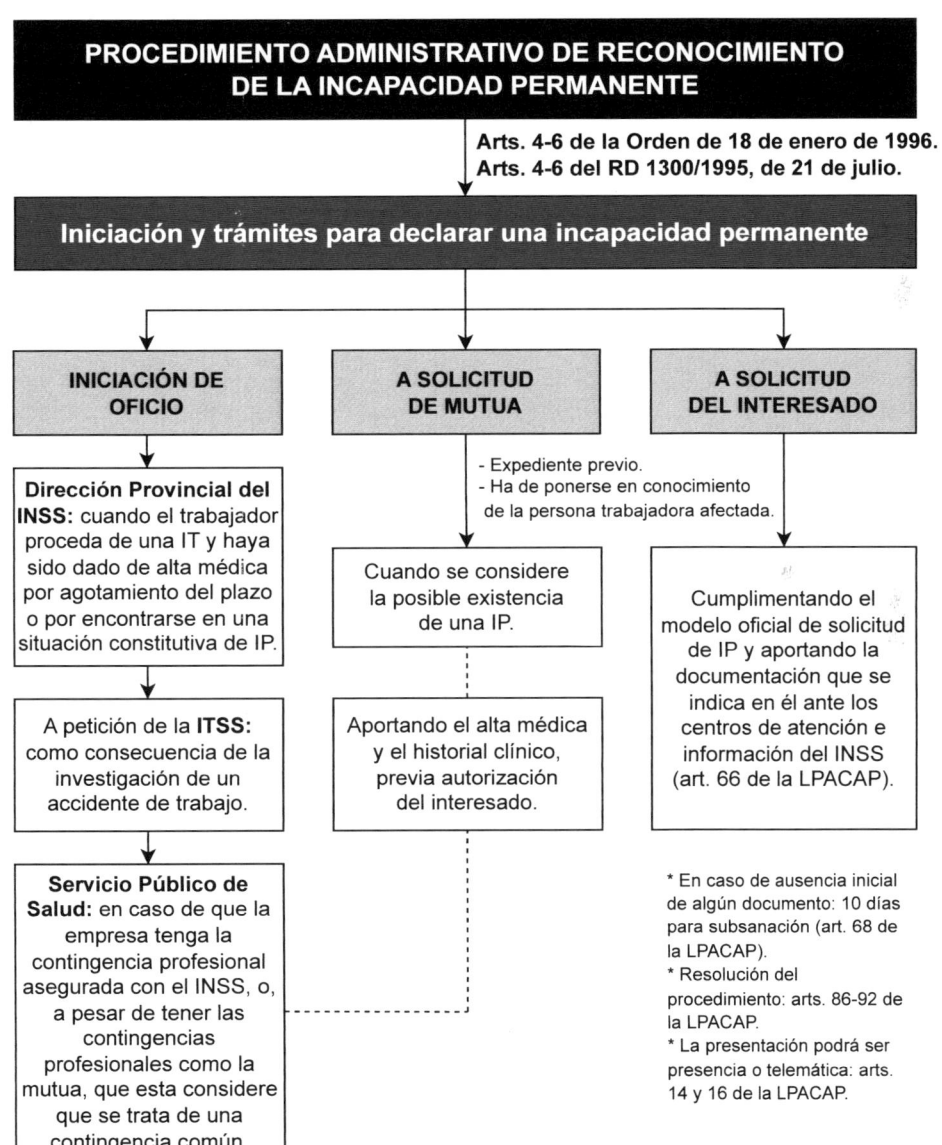

PROCEDIMIENTO ADMINISTRATIVO DE RECONOCIMIENTO DE LA INCAPACIDAD PERMANENTE

Arts. 4-6 de la Orden de 18 de enero de 1996.
Arts. 4-6 del RD 1300/1995, de 21 de julio.

Iniciación y trámites para declarar una incapacidad permanente

INICIACIÓN DE OFICIO

Dirección Provincial del INSS: cuando el trabajador proceda de una IT y haya sido dado de alta médica por agotamiento del plazo o por encontrarse en una situación constitutiva de IP.

A petición de la **ITSS:** como consecuencia de la investigación de un accidente de trabajo.

Servicio Público de Salud: en caso de que la empresa tenga la contingencia profesional asegurada con el INSS, o, a pesar de tener las contingencias profesionales como la mutua, que esta considere que se trata de una contingencia común.

A SOLICITUD DE MUTUA

- Expediente previo.
- Ha de ponerse en conocimiento de la persona trabajadora afectada.

Cuando se considere la posible existencia de una IP.

Aportando el alta médica y el historial clínico, previa autorización del interesado.

A SOLICITUD DEL INTERESADO

Cumplimentando el modelo oficial de solicitud de IP y aportando la documentación que se indica en él ante los centros de atención e información del INSS (art. 66 de la LPACAP).

* En caso de ausencia inicial de algún documento: 10 días para subsanación (art. 68 de la LPACAP).
* Resolución del procedimiento: arts. 86-92 de la LPACAP.
* La presentación podrá ser presencia o telemática: arts. 14 y 16 de la LPACAP.

a) Iniciación de oficio

Las Direcciones Provinciales del Instituto Nacional de la Seguridad Social iniciarán de oficio el procedimiento para reconocer las prestaciones económicas por incapacidad permanente:

a) Por propia iniciativa, cuando consideren, por cualquier circunstancia, que el trabajador se encuentra en un estado que pueda ser constitutivo de una situación de invalidez permanente y, expresamente, cuando se extinga la situación de incapacidad temporal por el transcurso del plazo máximo legalmente establecido, y se emita, en su caso, alta médica por agotamiento de la incapacidad temporal.

b) Como consecuencia de petición razonada de la Inspección de Trabajo y Seguridad Social.

c) Cuando reciban del Servicio Público de Salud competente para gestionar la asistencia sanitaria de la Seguridad Social petición razonada, junto con el alta médica de asistencia sanitaria, el historial clínico, previo consentimiento del interesado o de su representante legal, o, en defecto de dicho historial, el informe o dictamen médico de los cuales se deduzca la posible existencia de una situación constitutiva de invalidez permanente.

También podrán iniciarse de oficio los procedimientos para reconocer las siguientes prestaciones económicas (art. 1.1 del Real Decreto 1300/1995, de 21 de julio):

a) Evaluar, calificar y revisar la incapacidad y reconocer el derecho a las prestaciones económicas contributivas de la Seguridad Social por invalidez permanente, en sus distintos grados, así como determinar las contingencias causantes de la misma.

b) Verificar la existencia de lesiones, mutilaciones y deformidades de carácter definitivo, no invalidantes, causadas por accidente de trabajo o enfermedad profesional, a que se refiere el art. 201 de la LGSS y reconocer el derecho a las indemnizaciones correspondientes.

c) Resolver sobre la prórroga del período de observación médica en enfermedades profesionales y reconocer el derecho al subsidio correspondiente.

d) Determinar, en su caso, la Mutua de Accidentes de Trabajo y enfermedades profesionales de la Seguridad Social o empresa colaboradora responsable de las prestaciones que resulten procedentes en materia de incapacidades laborales y lesiones permanentes no invalidantes.

e) Declarar la responsabilidad empresarial que proceda por falta de alta, cotización o medidas de seguridad e higiene en el trabajo, y determinar el porcentaje en que, en su caso, hayan de incrementarse las prestaciones económicas.

f) Evaluar la incapacidad para el trabajo a efectos del reconocimiento de la condición de beneficiario del derecho a las prestaciones económicas por muerte y supervivencia, así como de las prestaciones del extinguido Seguro Obligatorio de Vejez e Invalidez (SOVI).

g) Declarar la extinción de la prórroga de los efectos económicos de la situación de incapacidad temporal (arts. 175-176 de la LGSS).

h) Cuantas otras funciones y competencias le estén atribuidas por la legislación vigente en materias análogas a las enumeradas en los apartados anteriores, en cuanto Entidad gestora de la Seguridad Social, y para las prestaciones cuya gestión tiene encomendada.

b) Iniciación a solicitud de las entidades colaboradoras de la Seguridad Social

La iniciación del procedimiento a solicitud de una Mutua de Accidentes de Trabajo y Enfermedades Profesionales de la Seguridad Social o de una empresa colaboradora se llevará a cabo conforme a las siguientes normas:

a) Cuando alguna de las entidades colaboradoras citadas considere, por cualquier circunstancia, que el trabajador se encuentra en un estado que pueda ser constitutivo de una situación de invalidez permanente, procederá a elaborar un expediente previo, y pondrá todo ello en conocimiento del trabajador afectado el día siguiente a aquel en que tenga lugar la iniciación de la indicada actuación.

b) En el expediente previo deberán constar, debidamente adverados, todos los datos que sean necesarios para la identificación del trabajador y, en su caso, empresa o empresas en las que prestase sus servicios, y para el reconocimiento del derecho a la prestación, así como sus antecedentes profesionales, la profesión habitual, su categoría profesional, datos salariales y función y descripción del trabajo completo que realizase al producirse la contingencia. Asimismo, en los casos de accidente de trabajo deberá acompañarse el parte correspondiente, la declaración de existencia o no de posibilidad de recuperación y, en caso afirmativo, el programa comprensivo de las medidas recuperadoras que se fijan al trabajador, así como copia de la comunicación a la Dirección Provincial del Instituto Nacional de Servicios Sociales o al órgano de la Comunidad Autónoma correspondiente, sobre el resultado obtenido en la ejecución del programa, y copia, en su caso, del acuerdo de la entidad colaboradora, en el que se estime probable la existencia de una situación constitutiva de incapacidad permanente, así como cuantos otros documentos que puedan facilitar, a juicio de la entidad colaboradora, la actuación de la Dirección Provincial del Instituto Nacional de la Seguridad Social.

c) Finalizada la elaboración del expediente previo, la entidad colaboradora remitirá a la Dirección Provincial competente el escrito de iniciación con el informe sobre los hechos y razones que fundamentan la solicitud de iniciación. Dicho escrito irá acompañado del expediente previo y del historial clínico del interesado, previo consentimiento de éste o de su representante legal.

Las entidades colaboradoras serán tenidas como interesadas y parte en todos los trámites.

c) Iniciación a solicitud del interesado

Las solicitudes se formularán en los modelos normalizados establecidos por la Administración de la Seguridad Social. Los interesados podrán precisar o completar los datos del modelo, acompañando los elementos que estimen oportunos, los cuales serán admitidos y tenidos en cuenta por el órgano administrativo.

Las solicitudes que se formulen deberán contener (art. 66 de la Ley 39/2015, de 1 de octubre):

- Nombre y apellidos del interesado y, en su caso, de la persona que lo represente.
- Identificación del medio electrónico, o en su defecto, lugar físico en que desea que se practique la notificación. Adicionalmente, los interesados podrán aportar su dirección de correo electrónico y/o dispositivo electrónico con el fin de que las Administraciones Públicas les avisen del envío o puesta a disposición de la notificación.
- Hechos, razones y petición en que se concrete, con toda claridad, la solicitud.
- Lugar y fecha.
- Firma del solicitante o acreditación de la autenticidad de su voluntad expresada por cualquier medio.
- Órgano, centro o unidad administrativa a la que se dirige y su correspondiente código de identificación.

Adicionalmente, y según dispone la Orden de 18 de enero de 1996:

- Número del documento nacional de identidad, si el interesado es español.
- Documento acreditativo en caso de extranjero.
- Fecha de nacimiento del interesado si fuera precisa para la determinación de la cuantía de la prestación.

Expresamente, las solicitudes deberán contener la fecha del cese en el trabajo y su causa, los datos relativos a la profesión habitual del trabajador, su categoría profesional y función y descripción del trabajo concreto que realizase.

A la solicitud deberán acompañarse preceptivamente los siguientes documentos, salvo que ya obren en poder de la entidad gestora:

- Documento nacional de identidad.
- Certificación de cotizaciones a la Seguridad Social de la última o últimas empresas, o acreditación de la cotización con los recibos del abono de cuotas, si el causante es el obligado a su ingreso, cuando sean necesarias para acreditar el período mínimo de cotización, para determinar la cuantía de la prestación o la situación de estar al corriente en el pago de las cuotas.

Cuando el solicitante esté en desempleo o lo hubiera estado en los últimos veinticuatro meses, deberá adjuntar también, si fuera necesario, certificado según modelo oficial, que será cumplimentado por el Instituto Nacional de Empleo. Este certificado, no obstante, no será considerado como documento preceptivo a efectos de la iniciación e instrucción del expediente.

Cuando falten cualesquiera de los datos o documentos preceptivos citados, se requerirá al interesado para que subsane la omisión en el plazo de diez días, teniéndosele por desistido si así no lo hiciera (art. 68 de la Ley 39/2015, de 1 de octubre).

Los interesados podrán aportar, si obra en su poder, copia original del historial clínico elaborado por el Servicio Público de Salud competente o, en su caso, informe de la Inspección Médica de dicho Servicio, así como los historiales, pruebas y exploraciones complementarias de centros e instituciones sanitarias que consideren conveniente.

Cuando se trate de afiliados que tengan cubierta la incapacidad temporal por una Mutua de Accidentes de Trabajo y Enfermedades Profesionales de la Seguridad Social o por una empresa colaboradora, el historial clínico se aportará, previo consentimiento del interesado o su representante legal, por dichas entidades. En defecto de dicho historial, se acompañará informe de la Inspección Médica del Servicio Público de Salud competente.

Se dejará constancia en el expediente tanto de los documentos aportados como de aquellos que por su naturaleza no necesiten quedar incorporados a él y puedan ser exhibidos y, previa compulsa, retirados, así como de las alegaciones efectuadas en la solicitud que no hayan resultado probadas.

> **JURISPRUDENCIA**
>
> **STS, rec. 895/2011, de 24 de enero de 2012, ECLI:ES:TS:2012:746**
>
> Procede reconocer el derecho a una prestación de incapacidad permanente a quien desde una situación de alta en el Régimen General de la Seguridad Social en el que acredita el cumplimiento de todos los requisitos exigidos para causar derecho a dicha prestación, sin embargo tiene periodos de descubierto en el Régimen Especial de Trabajadores Autónomos. Para la Sala IV no es de aplicación en este supuesto la exigencia prevista en el art. 47 de la LGSS, de hallarse al corriente en el pago de cuotas, por cuanto no es necesario para el reconocimiento de la prestación el cómputo recíproco de cotizaciones (en el RGSS y en el RETA), ni han de tenerse en cuenta periodos en que no se cotizó al RETA.

7.1.3. Instrucción del procedimiento (expediente) para reconocer las prestaciones por incapacidad permanente

Las Direcciones Provinciales del Instituto Nacional de la Seguridad Social serán competentes para la instrucción del procedimiento **realizando de oficio cuantas actuaciones resulten necesarias** para la determinación, conocimiento y comprobación de los datos en virtud de los cuales deben dictar la resolución, así como para la evaluación y calificación de la incapacidad, ordenadas al reconocimiento del derecho a las prestaciones económicas por invalidez permanente.

Podrá solicitarse tanto nueva documentación, cuando la aportada fuera insuficiente, como la complementaria que sea necesaria para la resolución del expediente, para cuya aportación se dará un plazo de diez días.

En esta fase se requerirán para la acreditación de los requisitos necesarios para la resolución de la petición los siguientes documentos e informes:

a) Aportación del **historial clínico** remitido por el Servicio Público de Salud competente, previo consentimiento del interesado o de su representante legal, o, en su defecto, informe de la inspección médica de dicho Servicio, acompañado, en su caso, de la correspondiente alta médica de asistencia sanitaria cuando el procedimiento se inicie a petición razonada del indicado Servicio.

b) Formulación del **dictamen-propuesta** por el equipo de valoración de incapacidades, que estará acompañado de un informe médico consolidado en forma de síntesis, comprensivo de todo lo referido o acreditado en el expediente, y de un informe de antecedentes profesionales, elaborados y emitidos en los términos previstos en los arts. 8, 9 y 10 de la Orden de 18 de enero de 1996.

c) **Cumplimentación del informe de cotización**, elaborado por la entidad gestora, que tendrá por objeto acreditar los períodos de cotización del causante a la Seguridad Social, las bases de cálculo de las prestaciones y, en su caso, los períodos en descubierto en que pudiera estar incurso el trabajador.

d) En las solicitudes de declaración de responsabilidad empresarial por falta de medidas de seguridad e higiene, se requerirá de la Inspección de Trabajo y Seguridad Social el **informe correspondiente sobre los hechos y circunstancias concurrentes**.

Cuando no hubiere actuaciones previas de la Inspección de Trabajo y Seguridad Social en relación con el accidente de trabajo o enfermedad profesional, el director provincial del Instituto Nacional de la Seguridad Social convocará, para formar parte del equipo de valoración de Incapacidades correspondiente, al experto previsto en el artículo 2, punto 4, 2.º del Real Decreto 1300/1995, de 21 de julio, sin perjuicio del informe al que se refiere el párrafo anterior.

En base al art. 76 de la LPACAP, los interesados podrán, en cualquier momento del procedimiento anterior al trámite de audiencia, aducir alegaciones y aportar documentos u otros elementos de juicio.

7.1.4. Informe médico de síntesis emitido por el Equipo de Valoración de Incapacidades (EVI)

El facultativo del equipo de valoración de incapacidades que haya de actuar como ponente del dictamen-propuesta, aportará el informe médico consolidado en forma de síntesis, en el que quedarán recogidos:

a) El historial médico del Servicio Público de Salud.

b) Los informes de otros facultativos que haya aportado el interesado.

c) El resultado de otros informes y la práctica de las pruebas y exploraciones complementarias por parte de centros e instituciones sanitarias de la Seguridad Social o de otros centros sanitarios (art. 8.2 de la Orden de 18 de enero de 1996).

JURISPRUDENCIA

STS, rec. 3998/2005 de 14 de noviembre de 2006, ECLI:ES:TS:2006:7681

El informe médico y el dictamen-propuesta tienen un valor «declarativo» y no «constitutivo» del derecho a las prestaciones de incapacidad permanente, por lo que el nacimiento del derecho no ha de quedar siempre supeditado al mismo. Así, pues, en determinados supuestos se ha entendido que, si se acreditaba que el menoscabo o disminución irreversible de la capacidad de trabajo existía antes de las fechas señaladas en las normas reglamentarias, la eficacia temporal de la declaración de incapacidad podía retrotraerse a un momento precedente.

7.1.5. Informe de antecedentes profesionales y otros informes

Simultáneamente al Informe médico de síntesis emitido por el EVI, los servicios de la Dirección Provincial del Instituto Nacional de la Seguridad Social elaborarán un informe de los antecedentes profesionales que permita conocer la profesión desempeñada en el momento en que se efectúa la evaluación y la formación y aptitudes del interesado, que determinen la capacidad residual, una vez conocidas las limitaciones anatómicas o funcionales que padezca el afiliado.

Para confeccionar el informe, podrán utilizarse, además de las manifestaciones del propio interesado y de las informaciones que constan en los ficheros de la Administración actuante y en el Instituto Nacional de Empleo, las que puedan aportarse por parte de la empresa o empresas donde haya prestado sus servicios el evaluado previo requerimiento de información formulado a tal efecto.

De igual forma, se acompañarán al expediente los **informes de alta y cotización que condicionen el acceso a la correspondiente prestació**n.

7.1.6. Dictamen-propuesta

El EVI examinará el informe médico de síntesis y el de antecedentes profesionales del trabajador junto a cualquier documentación que contenga el expediente y procederá a emitir y a elevar al director provincial del Instituto Nacional de la Seguridad Social dictamen-propuesta, preceptivo y no vinculante.

El **contenido del Dictamen-propuesta** se regula en el art. 3 del Real Decreto 1300/1995, de 21 de julio:

a) Anulación o disminución de la capacidad para el trabajo por existencia de situaciones de invalidez permanente, calificación de estas situaciones en sus distintos grados, revisión de las mismas por agravación, mejoría o error de diagnóstico, y contingencia determinante.

b) Determinación del plazo a partir del cual se podrá instar la revisión del grado de invalidez por agravación o mejoría.

c) Procedencia o no de la revisión por previsible mejoría de la situación de incapacidad del trabajador, a efectos de lo establecido en el art. 48.2 del Estatuto de los Trabajadores (suspensión del contrato por posible mejoría de incapacidad permanente).

d) Disminución o alteración de la integridad física del trabajador por existencia de lesiones permanentes no invalidantes (LPNI), causadas por accidente de trabajo o enfermedad profesional.

e) Determinación de la incapacidad para el trabajo exigida para ser beneficiario de las prestaciones económicas por muerte y supervivencia, así como de las prestaciones por invalidez del SOVI.

f) Determinación del carácter común o profesional de la enfermedad que origine la situación de incapacidad temporal o muerte del trabajador cuando le sea solicitado tal dictamen.

g) Procedencia o no de prorrogar el período de observación médica en enfermedades profesionales.

JURISPRUDENCIA

STS, rec. 3998/2005 de 14 de noviembre de 2006, ECLI:ES:TS:2006:7681

En relación a la fecha del hecho causante y de efectos económicos de la prestación, la doctrina en este punto ha sido unificada de acuerdo con los argumentos que pueden apreciarse en la STS, rec. 12151/2003, de 19 de diciembre de 2003, ECLI:ES:TS:2003:8261 y STS, rec. 1903/2007, de 19 de enero de 2009, ECLI:ES:TS:2009:625:

«Tal solución, derivada de una interpretación sistemática de los artículos 131 bis.3 de la Ley General de la Seguridad Social, 6 del Real Decreto 1300/1995 y 4 y 13-2 de la Orden de 18 de enero de 1996, es razonada en esas sentencias con argumentos que aquí damos por reproducidos, para evitar reiteraciones innecesarias. En ellas se afirma que, cuando la situación invalidante no ha venido precedida de una incapacidad temporal, al estar el trabajador en activo, "no hay dificultad en distinguir entre la fecha del hecho causante y la de efectos económicos de la prestación. La primera será la correspondiente a la fecha de emisión del dictamen-propuesta del Equipo de Valoración de Incapacidades —tal y como establece el párrafo segundo del número 2 del artículo 13 de la Orden de 18 de enero de 1996— y la segunda será aquella en la que se produzca el cese en el trabajo". No existen razones que justifiquen un cambio de esa doctrina que es acorde con lo dispuesto en los artículos 141 de la Ley General de la Seguridad Social, 24-3 de la Orden de 15 de abril de 1.969 y 18-4 de la Orden de 18 de enero de 1996, preceptos de los que se deriva que el percibo de la prestación es incompatible con el desempeño de la profesión ejercida al tiempo del hecho causante de la misma, lo que impone el que aquella se reconozca cuando se deja de trabajar y de cobrar el salario».

7.1.7. Trámite de audiencia, alegaciones de los interesados y dictamen-propuesta complementario

Instruido o finalizado el procedimiento, éste se **comunicará al interesado/a**, que dispondrá de un **plazo de diez días para formular alegaciones** y presentar los documentos que estime conveniente.

Se podrá prescindir del trámite de audiencia, cuando no figure en el procedimiento, ni hayan de ser tenidos en cuenta en la resolución otros hechos, alegaciones ni pruebas que las aducidas por el interesado.

En el supuesto que exista propuesta de **recargo de prestaciones por falta de medidas de seguridad e higiene**, se dará **trámite de audiencia al empresario responsable** de las mismas.

Cuando, en el trámite de audiencia, el interesado presente **documentos u otras pruebas que contradigan el dictamen-propuesta emitido por el EVI**, la Dirección Provincial del Instituto Nacional de la Seguridad Social reexaminará lo actuado y requerirá de dicho equipo un **dictamen-propuesta complementario** del emitido con anterioridad, salvo en los supuestos en que aquélla entienda que los documentos y pruebas aportados no desvirtúan el dictamen-propuesta.

Los hechos relevantes para la decisión de un procedimiento podrán acreditarse por cualquier **medio de prueba** admisible en Derecho, cuya valoración se realizará de acuerdo con los criterios establecidos en la Ley de Enjuiciamiento Civil. Siguiendo el art. 77. 2 y 3 de la LPACAP:

> «2. Cuando la Administración no tenga por ciertos los hechos alegados por los interesados o la naturaleza del procedimiento lo exija, el instructor del mismo acordará la apertura de un período de prueba por un plazo no superior a treinta días ni inferior a diez, a fin de que puedan practicarse cuantas juzgue pertinentes. Asimismo, cuando lo considere necesario, el instructor, a petición de los interesados, podrá decidir la apertura de un período extraordinario de prueba por un plazo no superior a diez días.
>
> 3. El instructor del procedimiento sólo podrá rechazar las pruebas propuestas por los interesados cuando sean manifiestamente improcedentes o innecesarias, mediante resolución motivada».

7.1.8. Resolución del procedimiento

Los directores provinciales del Instituto Nacional de la Seguridad Social deberán dictar resolución expresa en todos los procedimientos incoados, sin estar vinculados por las peticiones concretas de los interesados, por lo que podrán reconocer las prestaciones que correspondan a las lesiones existentes o a la situación de incapacidad padecida, ya sean superiores o inferiores a las que se deriven de las indicadas peticiones.

La resolución expresa dictada declarará:

– Grado de incapacidad.

– Cuantía de la prestación económica.

– Plazo a partir del cual se puede instar la revisión de la incapacidad por agravación o mejoría

---

A TENER EN CUENTA

a) Cuando la resolución no se dicte en el plazo de ciento treinta y cinco días, la solicitud se entenderá denegada por **silencio administrativo**, en cuyo caso el interesado podrá ejercitar las acciones que le confiere el art. 71 de la LRJS.

b) Cuando en la resolución se reconozca el derecho a las prestaciones de invalidez permanente, en cualquiera de sus grados, se hará constar necesariamente el plazo a partir del cual se podrá instar la revisión por agravación o mejoría del estado invalidante, en los términos y circunstancias previstos en el art. 200.2 de la Ley General de la Seguridad Social:

> «2. Toda resolución, inicial o de revisión, por la que se reconozca el derecho a las prestaciones de incapacidad permanente, en cualquiera de sus grados, o se confirme el grado reconocido previamente, hará constar necesariamente el plazo a partir del cual se podrá instar la revisión por agravación o mejoría del estado incapacitante profesional, en tanto que el beneficiario no haya cumplido la edad mínima establecida en el artículo 205.1.a), para acceder al derecho a la pensión de jubilación. Este plazo será vinculante para todos los sujetos que puedan promover la revisión.
>
> No obstante lo anterior, si el pensionista de incapacidad permanente estuviera ejerciendo cualquier trabajo, por cuenta ajena o propia, el Instituto Nacional de la Seguridad Social podrá, de oficio o a instancia del propio interesado, promover la revisión, con independencia de que haya o no transcurrido el plazo señalado en la resolución.
>
> Las revisiones fundadas en error de diagnóstico podrán llevarse a cabo en cualquier momento, en tanto el interesado no haya cumplido la edad a que se refiere el primer párrafo de este apartado».

c) La resolución notificará a los interesados la expresión de los recursos que procedan, órgano ante el que hubieran de presentarse y plazo para interponerlos, sin perjuicio de que los interesados puedan ejercitar, en su caso, cualquier otro que estimen procedente.

La **motivación** como fundamento de la decisión constituye una exigencia para cualquier acto administrativo (art. 45 de la LPACAP), cabe recordar que el art. 35 de la reiterada LPACAP exige que este tipo de resoluciones sean motivados, con sucinta referencia de hechos y fundamentos de derecho, los actos a que alude, entre ellos, los que limiten derechos subjetivos o intereses legítimos; consistiendo la motivación en un razonamiento o en una expresión racional del juicio, tras la fijación de los hechos de que se parte y tras la inclusión de éstos en una norma jurídica (**STS, rec. 569/1994, de 20 de enero de 1998, ECLI:ES:TS:1998:228**).

«La doctrina jurisprudencial viene sosteniendo que la motivación ha de ser suficientemente indicativa, lo que significa que su extensión estará en función de la mayor o menor complejidad de lo que se cuestione o de la mayor o menor dificultad del razonamiento que se requiera, lo que implica que pueda ser sucinta o escueta, sin necesidad de amplias consideraciones cuando no son precisas en orden a la cuestión que se plantea y resuelve (SSTS, Sala 3ª, 31-10-95, 12-1 y 10-7-98); admitiendo la motivación por referencias a informes, dictámenes o memorias, señalando que las consideraciones jurídicas generales o estandarizadas no pueden obstar por sí solas a una clara y congruente motivación (SSTC 122/94 y TS 3ª 19-9-94, 10- 12-96 y 10-2-97) y, por último, que **la falta de motivación o la motivación defectuosa pueden comportar la anulación del acto o bien constituir una mera irregularidad no invalidante** (art. 49.2 de la LPACAP), lo cual habrá de determinarse en función de la naturaleza del acto y de si realmente se constata una situación de indefensión material del administrado, que no se produce en el supuesto de que la motivación, aunque sucinta, cumpla con las finalidades de proporcionar los elementos necesarios para una adecuada defensa frente al acto de que se trata y para su revisión en vía de recurso (SSTS, Sala 3ª, 15-11-84, 21-9-98 y 7-6-99, entre otras)». **(STSJ de Comunidad Valenciana n.º 450/2018, de 28 de septiembre, ECLI:ES:TSJCV:2018:6568).**

En caso de denegación, corresponderá al interesado presentar una **reclamación administrativa previa a la vía judicial en materia de prestaciones de la Seguridad Social y, posteriormente**, demanda judicial en materia de prestaciones de Seguridad Social.

RESOLUCIONES RELEVANTES

STSJ de Cataluña n.º 5755/2014, de 3 de septiembre, ECLI:ECLI:ES:TSJCAT:2014:9032

Con arreglo al art. 143.2 de la LGSS, toda resolución, inicial o de revisión, por la que se reconozca el derecho a las prestaciones de incapacidad permanente en cualquiera de sus grados, o se confirme el grado reconocido previamente, hará constar necesariamente el plazo a partir del cual se podrá instar la revisión por agravación o mejoría del estado invalidante profesional, en tanto que el incapacitado no haya cumplido la edad mínima establecida en el art. 205 de la LGSS, para acceder al derecho a la pensión de jubilación y que este plazo será vinculante para todos los sujetos que pudieran promover la revisión.

SSTC n.º 26/81, de 17 julio; n.º 61/83, de 11 julio y n.º 53/95, de 24 octubre

El Tribunal Constitucional entiende que no se trata de un requisito de carácter meramente formal, sino que lo es de fondo e indispensable, cuando se exige, porque sólo a través de los motivos pueden los interesados conocer las razones que justifican el acto, porque son necesarios para que la jurisdicción contencioso-administrativa pueda controlar la actividad de la Administración, y porque sólo expresándolos puede el interesado dirigir contra el acto las alegaciones y pruebas que correspondan según lo que resulte de dicha motivación que, si se omite, puede generar la indefensión prohibida por el art. 24.1 de la CE.

7.2. Impugnación de la denegación de la incapacidad permanente

En caso de denegación de la IP (o concesión en un grado inferior al solicitado), corresponderá al interesado presentar una reclamación administrativa previa a la vía judicial en materia de prestaciones de la Seguridad Social y, posteriormente, demanda judicial en materia de prestaciones de Seguridad Social.

7.2.1. Motivos para la denegación de la IP

La prestación de IP se tramita, a través de los equipos de evaluación de incapacidades (EVI), en la dirección provincial del INSS donde tenga su domicilio el interesado. Resulta bastante habitual que tras el examen del expediente el EVI opte por la denegación de la incapacidad permanente.

Esta denegación derivará de no cumplir los requisitos generales para el acceso a la IP analizados a lo largo de la obra (alta o situación asimilada al alta en la Seguridad Social en el momento de la baja por enfermedad o accidente, o no haber cotizado el mínimo necesario, tener la edad de jubilación, etc.) pero también puede ser denegada por aspectos relacionados con el cuadro clínico o su acreditación como:

– No padecer una enfermedad o lesión que, debido a sus secuelas, imposibilite o límite de forma significativa la capacidad para trabajar o que permita realizar algún tipo de trabajo o actividad laboral distinto. (STSJ de las Is. BAL., rec. 433/2023, de 18 de enero de 2024, ECLI:ES:TSJBAL:2024:41).

– La consideración de la existencia de capacidad residual para trabajar en una profesión no habitual.

– Ausencia de pruebas médicas que acrediten la enfermedad o lesión y la incapacidad para trabajar como informes médicos, resultados de pruebas diagnósticas, partes de baja, etc.

– Consideración de la existencia de errores en la valoración médica realizada por el Tribunal Médico del INSS.

– Abandono del tratamiento de forma injustificada por parte del solicitante.

– Existencia de fraude para la obtención de la prestación, etc.

En caso de denegación de la IP (o concesión en un grado inferior al solicitado), corresponderá al interesado presentar una reclamación administrativa previa a la vía judicial en materia de prestaciones de la Seguridad Social y, posteriormente, demanda judicial en materia de prestaciones de Seguridad Social.

7.2.2. Reclamación previa

En el proceso de seguridad social se pide normalmente el reconocimiento del derecho a una prestación mediante una acción declarativa de condena, que es lo mismo que se ha solicitado en el procedimiento administrativo. El actor tiene que probar los hechos constitutivos de su derecho (la existencia de la situación protegida, la concurrencia de los restantes requisitos de acceso a la protección, etc.) y la entidad gestora tiene la carga de probar los hechos impeditivos, los extintivos y los excluyentes. (**STSJ de la C. Valenciana n.º 1391/2013, de 11 de junio de 2013, ECLI:ES:TSJCV:2013:251**).

Será requisito necesario para formular demanda en materia de prestaciones de seguridad social, que los interesados interpongan reclamación previa ante la entidad gestora de las mismas. En el art. 71 de la LRJS, se distinguen referencias a tres ámbitos de aplicación:

- **Ámbito objetivo:** materia de prestaciones de Seguridad Social.

- **Ámbito subjetivo activo:** entidades gestoras o colaboradoras competentes definidas por el art. 68 de la LGSS, como las que «tienen la naturaleza de entidades de derecho público y capacidad jurídica para el cumplimiento de los fines que les están encomendados». Concretamente, en este caso, el **Instituto Nacional de la Seguridad Social**, es competente para la gestión y administración de las prestaciones económicas del sistema de la Seguridad Social.

- **Sujeto pasivo:** el interesado. La legitimación para formular reclamación previa en materia de Seguridad Social (art. 17 de la LRJS) se reconoce a los sujetos que ostentan la condición de interesados, coincidiendo con los que posteriormente podrán formular la correspondiente demanda.

1. Forma y contenido de la reclamación previa

Para la reclamación previa en el procedimiento ante la seguridad social no se exige ninguna formalidad concreta, siendo suficiente con que de su contenido se deduzca su verdadero carácter. En todo caso el contenido mínimo ha de comprender:

a) Identificación del reclamante: nombre y apellidos del interesado y, en su caso, de la persona que lo represente, así como la identificación del medio preferente o del lugar que se señale a efectos de notificaciones.

b) Identificar la pretensión que se deduce: hechos, razones y petición en que se concrete, con toda claridad, la solicitud.

c) Lugar y fecha.

d) Firma del solicitante o acreditación de la autenticidad de su voluntad expresada por cualquier medio.

e) Órgano, centro o unidad administrativa a la que se dirige.

A TENER EN CUENTA. En el proceso no podrán introducir las partes variaciones sustanciales de tiempo, cantidades o conceptos respecto de los que fueran objeto del procedimiento administrativo y de las actuaciones de los interesados o de la Administración, bien en fase de reclamación previa en materia de prestaciones de Seguridad Social o de recurso que agote la vía administrativa, salvo en cuanto a los hechos nuevos o que no hubieran podido conocerse con anterioridad (art. 72 de la LRJS).

2. Lugar de presentación

Desde el 2 de octubre de 2016, la reclamación previa deberá presentarse **ante la entidad gestora o colaboradora,** no obstante, la presentación no es obligatoria y exclusiva de estas entidades. La presentación de la reclamación previa puede hacerse (art. 16.4 de la Ley 39/2015, de 1 de octubre):

a) En el registro electrónico de la Administración u Organismo al que se dirijan.

b) En las oficinas de Correos, en la forma que reglamentariamente se establezca.

c) En las representaciones diplomáticas u oficinas consulares de España en el extranjero.

d) En las oficinas de asistencia en materia de registros.

e) En la ventanilla única (art. 18 y D.A. 2.ª de la Ley 17/2009, de 23 de noviembre).

f) En cualquier otro que establezcan las disposiciones vigentes.

3. Plazo para formular la reclamación previa

El art. 71 de la LRJS, establece:

«2. La reclamación previa deberá interponerse ante el órgano competente que haya dictado resolución sobre la solicitud inicial del interesado, en el plazo de treinta días desde la notificación de la misma, si es expresa, o desde la fecha en que, conforme a la normativa reguladora del procedimiento de que se trate, deba entenderse producido el silencio administrativo.

En los procedimientos de impugnación de altas médicas no exentos de reclamación previa según el apartado 1 de este artículo la reclamación previa se interpondrá en el plazo de once días desde la notificación de la resolución.

3. Si la resolución, expresa o presunta, hubiera sido dictada por una entidad colaboradora, la reclamación previa se interpondrá, en el mismo plazo, ante la propia entidad colaboradora si tuviera atribuida la competencia para resolver, o en otro caso ante el órgano correspondiente de la Entidad gestora u organismo público gestor de la prestación».

Si se ha dictado Resolución expresa se establece **un plazo de treinta días a contar desde el día en que se notifique la resolución**, reducido a once días desde la notificación de la resolución en los procedimientos de impugnación de altas médicas no exentos de reclamación previa (art. 71.2 de la LRJS).

En el caso de no haber obtenido respuesta expresa a su solicitud: el plazo de 30 días se computa desde la fecha en que se entiende producido el silencio administrativo, entendiéndose producido éste una vez transcurridos 3 meses desde la presentación de la solicitud.

A TENER EN CUENTA. Contra la resolución expresa o presunta podrá interponer demanda ante la jurisdicción social en el plazo de 30 días, a contar desde la fecha en que se notifique la denegación de la reclamación previa o desde el día en que se entienda denegada por silencio administrativo.

Formulada la reclamación previa, la Entidad deberá contestar expresamente a la misma en el plazo de cuarenta y cinco días. En caso contrario se entenderá denegada la reclamación por **silencio administrativo**.

CUESTIÓN

¿Puede estimarse una demanda reclamando una prestación de la Seguridad Social cuando ha transcurrido un plazo superior a los 30 días (art. 71. 6 de la LRJS) desde que se desestimó la reclamación previa hasta que se formuló la demanda?

El art. 71.4 de la LRJS permite presentar otra reclamación previa cuando ha caducado la reclamación previa anterior, siempre que el derecho no haya prescrito. La caducidad de la primera reclamación previa afectará, en su caso, a los efectos de la pensión de incapacidad permanente. Por su parte, el art. 71.6 de la LRJS obliga a presentar la demanda en el plazo de treinta días desde la denegación expresa o presunta de la reclamación previa.

La aplicación del tenor literal del art. 71 de la LRJS, de conformidad con la doctrina jurisprudencial (STS n.º 638/2024, de 7 de mayo del 2024, ECLI:ES:TS:2024:2347 y STS n.º 943/2023, de 7 noviembre, ECLI:ES:TS:2023:4790, obliga a concluir que, mientras el derecho no haya prescrito, se puede reiterar la reclamación previa en materia de prestaciones de la Seguridad Social. Pero la demanda reclamando el derecho debe interponerse dentro del plazo de 30 días a partir de la notificación de la resolución denegatoria de la segunda reclamación previa

4. Vinculación con la demanda en materia de IP: nuevas dolencias y sus efectos

Tanto en el proceso social como en el proceso civil, la reclamación administrativa previa condiciona o delimita las pretensiones de aquel sujeto que pretende ejercitar la acción judicial (art. 72 de la LRJS).

A medida que el sistema judicial se enfrenta a una creciente carga de trabajo, los tiempos prolongados entre la denegación de una solicitud y la celebración del juicio se convierten en un fenómeno cada vez más común.

Esto incrementa la posibilidad de que padecimientos que inicialmente no justificaban un dictamen favorable se agraven, causando preocupación sobre la adecuación de los procedimientos y la justicia del resultado final.

El debate sobre la incapacidad permanente se intensifica a medida que surgen interrogantes sobre la inclusión de dolencias nuevas en los procedimientos judiciales. El foco de atención radica en cómo gestionar los efectos económicos de estas incapacidades, específicamente en el contexto de las variaciones que pueden ocurrir entre la valoración inicial de una solicitud y la evolución de la salud del solicitante durante el tiempo que transcurre hasta la resolución judicial.

La Ley Reguladora de la Jurisdicción Social (LRJS) establece en su artículo 72 («Vinculación respecto a la reclamación administrativa previa en materia de prestaciones de Seguridad Social o vía administrativa previa») que no se permitirán variaciones sustanciales en los procesos que aborden la incapacidad, salvo que surjan hechos nuevos no conocidos en la fase administrativa previa. Esta restricción busca mantener la congruencia entre lo discutido en la esfera administrativa y lo que se presente en el juicio, evitando que uno de los actores pueda alterar sustancialmente su posición inicial con información no debatida previamente.

Formando la parte del Capítulo dedicado a disciplinar la modalidad procesal sobre prestaciones de Seguridad Social, el artículo 143 («Remisión del expediente administrativo»), en su apartado 4 viene a replicar la anterior previsión. Conforme al mismo: *«En el proceso no podrán aducirse por ninguna de las partes hechos distintos de los alegados en el expediente administrativo, salvo en cuanto a los hechos nuevos o que no hubieran podido conocerse con anterioridad».*

Este principio ha sido respaldado históricamente por la jurisprudencia del Tribunal Supremo, que ha considerado durante décadas que las dolencias que constituyen agravaciones de condiciones preexistentes no se catalogan como hechos nuevos. Esto es importante, ya que si el agravamiento de la dolencia ocurre después de la fecha de la resolución administrativa, podría abrir un debate sobre la compensación económica que debería recibir el demandante.

En este contexto, surge un desafío significativo: **¿deben los efectos económicos de una incapacidad reconocida en juicio retrotraerse a la fecha del dictamen administrativo inicial, que no reflejó la gravedad actual de la dolencia?** Esta cuestión se complica aún más en casos en los que los tribunales tardan más de un año en resolver, lo que puede resultar en una evolución negativa de la salud del solicitante que podría justificar una incapacidad que en un inicio no se reconoció.

El Tribunal Supremo abordó esta cuestión señalando la **dificultad de fijar una doctrina clara respecto a los efectos temporales de las dolencias no denunciadas anteriormente en el proceso**. Para la STS n.º 392/2023, de 31 de mayo del 2023, ECLI:ES:TS:2023:2720:

1. No cabe considerar hechos nuevos ajenos al expediente las dolencias que sean agravación de otras anteriores, ni las lesiones o enfermedades que ya existían con anterioridad y se ponen de manifiesto des-

pués, ni siquiera las que existían durante la tramitación del expediente pero no fueron detectadas por los servicios médicos.

2. La eventual indefensión generada por esa circunstancia solo puede invocarse por la entidad gestora si ha sido alegada en el acto del juicio.

3. La STS n.º 479/2016, de 2 junio, ECLI:ES:TS:2016:2916, concluyó que no cabe valorar judicialmente las patologías ausentes en el expediente administrativo y en la demanda y que solo son alegadas en el acto del juicio. Ese fallo consideró que la alegación en el acto del juicio una lesión ajena al expediente administrativo constituye un hecho nuevo que altera sustancial y sorpresivamente la pretensión, y , por tanto, debiera haberse ampliado la demanda temporáneamente si se quería evitar la infracción del artículo 24 CE. La STS n.º 392/2023 considera que el fallo citado ha perdido valor referencial.

La incertidumbre que reina en torno a los efectos económicos de estas decisiones judiciales plantea un dilema práctico para los profesionales del derecho y la seguridad social. En un entorno donde la evaluación de lesiones y su gravedad puede cambiar con el tiempo, resulta crucial encontrar un equilibrio que garantice el derecho a una compensación justa para aquellos que sufren alteraciones en su estado de salud, sin comprometer los derechos de las partes involucradas en el procedimiento.

Ante esta situación, es indispensable que los expertos y los órganos judiciales colaboren para definir criterios claros que orienten la evaluación de los efectos temporales de la incapacidad. Estas directrices no solo deben enfocarse en los momentos de reconocimiento de las dolencias, sino también en cómo estos influyen en la asignación de beneficios económicos, de modo que se garantice una respuesta adecuada y equitativa a las necesidades de los solicitantes de incapacidad.

En conclusión, en el marco jurídico actual, si la entidad gestora considera que se le está generando indefensión con la aportación de esas nuevas circunstancias fácticas debe manifestarlo en el propio acto del juicio. A partir de ese momento se abren varias posibilidades (suspensión, preterición de la prueba, renuncia a la misma, diligencias finales, etc.), pero no puede considerarse que la práctica y toma en cuenta de la prueba sobre esas novedosas patologías comporte la nulidad de la sentencia dictada. Para que así sucediese, la entidad gestora deberá oponerse a la prueba y a su valoración, haciendo constar la protesta pertinente.

RESOLUCIONES RELEVANTES

STS n.º 91/2019, de 6 de febrero de 2019, ECLI:ES:TS:2019:613

Se recuerda que la Sala no ha considerado hechos nuevos ajenos al expediente las dolencias que sean agravación de otras anteriores, ni las lesiones o enfermedades que ya existían con anterioridad y se ponen de manifiesto después, ni siquiera las que existían durante la tramitación del expediente, pero no fueron detectadas por los servicios médicos. Concluye que deben tenerse en cuenta las patologías acreditadas después del informe médico de síntesis y antes de la celebración del juicio.

STS n.º 1010/2021, de 13 octubre, ECLI:ES:TS:2021:3859

Desestima el recurso de casación unificadora interpuesto por el INSS quejándose de que judicialmente se han tomado en cuenta patologías nuevas que, alegadas en el acto del juicio oral, no fueron valoradas ni alegadas en la vía administrativa, ni en la demanda. Interesa mucho resaltar que reproduce extensamente la doctrina de la sentencia aquí invocada por el INSS como referencial (la STS 479/2016), pero acto seguido reafirma el contenido de la doctrina tradicional de la Sala sobre posibilidad de alegar en el juicio dolencias no presentes en el previo expediente administrativo, ni en la demanda. Y concluye:

«Cierto es que antes del juicio el demandante no amplió o concretó su demanda, y lo hizo en el momento de la ratificación de la misma en el acto de la vista, pero si ello resultó sorpresivo para el INSS demandado aún cuando fueron los servicios médicos que remitieron a Psiquiatría previamente al demandante, nada impedía si ello le provocaba indefensión, interesar incluso la suspensión del acto de juicio con la finalidad de poder articular su oposición y sus pruebas practicando si ello era el caso un nuevo informe pericial , lo cual no consta que se hiciera».

STS n.º 1177/2021, de 1 diciembre, ES:TS:2021:4485

Aborda nuevamente el problema de si patologías que no figuran en el expediente administrativo pueden configurar el cuadro de dolencias y limitaciones funcionales a tomar en consideración para examinar su alcance jurídico; la sentencia recurrida rechaza que pueda estarse al estado que presente el sujeto al momento del juicio sino que ha de tomarse el existente al momento del hecho causante. Estima el recurso del trabajador y censura la doctrina de la recurrida, aplicando lo establecido en supuestos análogos.

STS n.º 839/2022 de 19 octubre, ECLI:ES:TS:2022:4030

Estima el recurso del trabajador, que había invocado como referencial la STS 91/2019, ya expuesta.

RESOLUCIÓN RELEVANTE

STSJ de Galicia n.º1647/2023, de 21 de marzo del 2023, ECLI:ES:TSJGAL:2023:1974

«(...) respecto a la exigibilidad de la reclamación administrativa previa y su interpretación en relación al acceso a los tribunales para el ejercicio de la tutela judicial efectiva hemos de tener en recordar la doble finalidad de la reclamación administrativa previa, que se concreta en: 1º evitar la incoación de un proceso, por lo que se otorga a la futura demandada la posibilidad de reconocer por sí misma el derecho o prestación que se le reclama, y 2 º alertar a la parte reclamada acerca de qué es lo que posteriormente va a pretender en su contra el actor, y con base en qué argumentos básicos se va a sustentar la pretensión».

5. Efectos de la reclamación administrativa previa en materia de prestaciones de Seguridad Social

La reclamación previa en materia de prestaciones de Seguridad Social interrumpirá los plazos de prescripción y suspenderá los de caducidad, reanudándose estos últimos al día siguiente al de la notificación de la resolución o del transcurso del plazo en que deba entenderse desestimada.

SOLICITUD → DENEGACIÓN → RECLAMACIÓN PREVIA → RESOLUCIÓN QUE CONTESTA LA RECLAMACIÓN PREVIA → DEMANDA

RECLAMACIÓN PREVIA A LA VÍA JUDICIAL EN MATERIA DE SEGURIDAD SOCIAL
(Arts. 71 y ss. de la LRJS)

RESOLUCIÓN EN MATERIA DE SEGURIDAD SOCIAL

Tratamiento específico y particular

Excepto impugnación de resoluciones administrativas expresas en las que se acuerda el alta médica tras 365 días de IT.

RECLAMACIÓN PREVIA

30 días desde notificación o silencio administrativo.

11 días desde notificación o silencio administrativo.

CON CARÁCTER GENERAL	IMPUGNACIONES ALTA (-365 DÍAS)
RESPUESTA EXPRESA POR PARTE DE LA TGSS (**45 DÍAS**) / SILENCIO ADMINISTRATIVO DENEGATORIO	RESPUESTA EXPRESA POR PARTE DE LA TGSS (**7 DÍAS**) / SILENCIO ADMINISTRATIVO DENEGATORIO
30 días	20 días
DEMANDA	DEMANDA

Debe acompañarse acreditación de reclamación previa.

En los procesos de impugnación de altas médicas en los que no es exigible reclamación previa (+365 de IT) se computará el plazo desde la adquisición de plenos efectos del alta o desde la notificación de alta definitiva.

JURISPRUDENCIA

STS n.º 533/2024, de 9 de abril del 2024, ECLIES:TS:2024:2332

Analiza el caso de un trabajador que, tras recibir una resolución denegatoria del Instituto Nacional de la Seguridad Social (INSS) sobre su solicitud de pensión de incapacidad permanente, no impugnó judicialmente dicha resolución. Posteriormente, el trabajador tramitó un segundo expediente administrativo de revisión de grado, en el cual también se le denegó la prestación.

Para el Tribunal Supremo, el trabajador tiene derecho a impugnar esta segunda resolución, aunque las dolencias no se hayan agravado desde el primer expediente.

«Si el beneficiario no formuló reclamación previa contra la resolución administrativa denegatoria de la prestación de Seguridad Social, ni la impugnó judicialmente; ello no le impide reclamar la prestación ulteriormente».

7.2.3. Demanda por incapacidad permanente

Una vez desestimada la solicitud inicial y la reclamación previa (con resolución negativa o silencio administrativo) sin que el trabajador obtenga la incapacidad (o el grado) deseada solo le quedaría la vía judicial.

El proceso especial sobre prestaciones de Seguridad Social, regulado en los arts. 140-147 de la LRJS, tiene por objeto la regulación de las **demandas formuladas en esta materia contra organismos gestores y entidades colaboradoras de prestaciones de la seguridad social** [art. 2.o) y s) de la LRJS]

Se trata de un proceso complejo con **especialidades propias utilizado para reclamar judicialmente frente a:**

a) **Revisión de actos declarativos de derechos (art. 146 de la LRJS):** cuando se haya reconocido una IP o un grado con el que el beneficiario no está conforme.

b) **La denegación de la IP.**

c) **El silencio administrativo negativo:** formulada reclamación previa, la entidad deberá contestar expresamente a la misma en el plazo de cuarenta y cinco días. En caso contrario se entenderá denegada la reclamación por silencio administrativo. Es decir, cuando el beneficiario no tenga constancia de la resolución a su reclamación previa debe entenderla desestimada por silencio negativo.

d) **Alta médica, en caso de no estar de acuerdo con la misma.**

CUESTIÓN

¿Por qué si estamos ante un proceso del orden social se hace referencia al expediente administrativo y es necesaria una reclamación previa?

Se trata de una característica del proceso dado que interviene la Administración. Para demandar a los organismos gestores y a las entidades colaboradoras es obligatorio interponer una reclamación previa a la vía judicial social.

JURISPRUDENCIA

STS, rec. 3350/2002, de 24 de marzo de 2004, ECLI:ES:TS:2004:2003

Se advierte que «(...) la falta de reclamación previa lo que acarrea es la apertura de un trámite en el que se concede un plazo de cuatro días al interesado-beneficiario para la subsanación de la omisión. El incumplimiento del precepto por el órgano judicial, en cuanto se siguieron los trámites del juicio, determina —dada la claridad y rigidez de la exigencia legal, que incluso alcanza a las demandas "en que se invoque la lesión de un derecho fundamental"— la nulidad de las actuaciones practicadas y seguidas a partir de la presentación de la demanda, con reposición del procedimiento a tal momento procesal de presentación de la demanda. Tanto la doctrina constitucional como jurisprudencial entienden que la falta de agotamiento de la vía previa por ausencia de reclamación en tiempo y forma debe ser objeto de posible subsanación, que debió efectuar el Juzgador de instancia otorgando plazo para ello. En consecuencia, procederá acoger la petición de nulidad de actuaciones solicitada en relación con la resolución recurrida, reponiéndose aquéllas al momento de admisión de la demanda retrotrayendo las actuaciones a esta fase procesal de presentación a fin de que el Juzgado de lo Social conceda al demandante un plazo de cuatro días para subsanar el *defecto de falta de reclamación previa y en su caso se continúe con el procedimiento o se acuerde lo que legalmente proceda».*

CUESTIÓN

¿Qué se solicita en la reclamación administrativa previa a la vía judicial en materia de prestaciones de la Seguridad Social?

La modificación o revocación de un acto administrativo (resolución negativa) en materia de reconocimiento de prestaciones.

1. Agotamiento de la vía administrativa previa antes del inicio del proceso de las prestaciones de la Seguridad Social

En las demandas formuladas en materia de prestaciones de Seguridad Social contra organismos gestores y entidades colaboradoras en la gestión se acreditará haber agotado la vía administrativa correspondiente (art. 140.1 de la LRJS). Esto es, la reclamación administrativa a la que se refiere el 71 de la LRJS (sin variaciones tras la publicación de la D.F. 3.ª de la Ley 39/2015, de 1 de octubre).

En caso de omitirse, el LAJ dispondrá que se subsane el defecto en el plazo de cuatro días. Realizada la subsanación, se admitirá la demanda. En otro caso, dará cuenta al Tribunal para que por el mismo se resuelva sobre la admisión de la demanda (art. 140.2 de la LRJS).

2. Procedimiento

La demanda habrá de formularse en el plazo de treinta días, a contar desde la fecha en que se notifique la denegación de la reclamación previa o desde el día en que se entienda denegada por silencio administrativo (art. 71.6 de la LRJS).

Será de aplicación al presente caso, el procedimiento previsto en los arts. 140 a 145 de la Ley 36/2011, de 10 de octubre, reguladora de la jurisdicción social, relativo a las prestaciones de la Seguridad Social.

3. Contenido

Los establecidos en los arts. 80-82 de la LRJS:

- **Designación del órgano:** indicar el juzgado de lo social competente donde se presenta la demanda.
- **Designación del demandante:** identificación clara del trabajador que presenta la demanda.
- **Enumeración clara y concisa de los hechos:** descripción detallada de los hechos que motivan la demanda.
- **Súplica correspondiente:** petición concreta que se hace al juzgado, como la nulidad del despido, la readmisión, o la indemnización.

- **Domicilio del demandante:** si el demandante litiga por sí mismo, debe designar un domicilio en la localidad del juzgado para recibir notificaciones. Si está representado por un abogado, graduado social colegiado o procurador, la demanda debe estar suscrita por el profesional, quien asumirá la representación con plenas facultades procesales y proporcionará los mismos datos anteriores.

- **Fecha y firma:** la demanda debe estar fechada y firmada por el demandante o su representante legal.

Es vital que el documento de demanda contenga **información clara sobre el organismo ante el cual se presenta y la modalidad procesal escogida,** que, en este caso, es la solicitud de prestaciones de la Seguridad Social (arts. 140 a 145 de la LRJS). Este paso inicial asegura que la demanda será dirigida al ente competente.

Otro aspecto fundamental es la **inclusión de los datos identificativos del demandante.** Esta información no solo establece la identidad del solicitante, sino que también permite una correcta tramitación del expediente. La falta de datos o informes erróneos puede generar retrasos innecesarios y complicaciones en el proceso.

Adicionalmente, se debe señalar el **nombre de la mutua y de la empresa donde el demandante estaba prestando sus servicios** en caso de que la incapacidad se derive de una enfermedad profesional o de un accidente laboral. Esta información es decisiva, ya que permite a la Administración identificar el contexto laboral del solicitante y evaluar la relación entre el trabajo realizado y la incapacidad reclamada.

El siguiente componente esencial es la **exposición detallada de los hechos en los que se basa la demanda.** Esta sección debe ser completa, clara y precisa, proporcionando un relato coherente que articule el padecimiento del demandante y las circunstancias que llevaron a su incapacidad. La correcta descripción de la situación es fundamental para que los evaluadores comprendan la solicitud y tomen una decisión informada.

El demandante también debe formular una **petición explícita,** en la que explique los motivos por los cuales interpone la demanda. Esta solicitud debe ser fundamentada y lógica, apoyándose en los hechos previamente descritos. La articulación clara de las razones para solicitar la incapacidad laboral permanente puede influir considerablemente en la decisión final de la Seguridad Social.

Finalmente, para que la demanda tenga validez, debe incluir la **fecha, el lugar y la firma del demandante.** Estos elementos son necesarios para autenticar la documentación presentada, asegurando que el proceso cumpla con los requisitos formales exigidos.

4. Documentación

Documentación acreditativa de la representación legal.

Documentación acreditativa de haber agotado la vía administrativa correspondiente.

Resolución del INSS que se impugna.

Formulario de solicitud de incapacidad permanente.

Parte administrativo de accidente de trabajo o enfermedad profesional.

Certificado empresarial de salarios reales del año anterior.

DNI o pasaporte.

Tarjeta de la Seguridad Social.

Partes de baja por enfermedad o accidente.

Informes médicos y demás documentación que acredite las lesiones, enfermedades y/o patologías por las que solicita el reconocimiento de una incapacidad permanente y su impacto en la capacidad laboral del trabajador:

- Historial clínico elaborado por el Servicio Público de Salud competente o, en su caso, Informe de la Inspección Médica de dicho servicio.

- Documentos que correlacionen las limitaciones orgánicas o funcionales descritas con los requerimientos profesionales del trabajo.

- Un profesiograma en el que se exponga pormenorizadamente el proceso de trabajo y las aptitudes necesarias para desarrollar. Este documento describe detalladamente las características y requisitos del puesto de trabajo del demandante, incluyendo las tareas específicas, las condiciones ambientales, los riesgos laborales y las capacidades físicas y mentales necesarias para desempeñarlo.

- La evaluación de riesgos del puesto de trabajo.

- Dictamen del Equipo de Valoración de Incapacidades (EVI): este dictamen es fundamental, ya que es el resultado de la evaluación realizada por el EVI, que determina el grado de incapacidad del trabajador.

A TENER EN CUENTA. Estos informes deben ser emitidos por los médicos especialistas que han tratado al trabajador y deben incluir diagnósticos, tratamientos realizados y la evolución de la enfermedad o lesión.

Certificado de empresa: documento emitido por la empresa en el que se detallen las funciones y tareas que desempeñaba el trabajador, así como las condiciones laborales.

Cualquier otro documento que pueda ser relevante para el caso, como informes de rehabilitación, pruebas diagnósticas adicionales, etc.

CUESTIÓN

¿Qué es un profesiograma? ¿Cuál es su papel en la solicitud de una incapacidad permanente?

En el contexto de la solicitud de incapacidad permanente, el profesiograma proporciona una base objetiva para evaluar si un trabajador, debido a una enfermedad o lesión, está incapacitado para realizar las tareas fundamentales de su puesto de trabajo, ya que permite una evaluación de las capacidades requeridas y las limitaciones existentes. Por ejemplo, en la STSJ de Cataluña, rec. 3061/2022 de 27 de octubre de 2022, ECLI:ES:TSJCAT:2022:9360, se menciona que el profesiograma del puesto de almacén y carga elaborado con criterios objetivos es esencial para valorar correctamente los requerimientos del puesto de trabajo y, por ende, para resolver sobre la petición de incapacidad permanente.

---

5. Personación de las entidades gestoras

Con independencia de la legitimación pasiva que dichos entes poseen en aquellos pleitos en que sean demandados, la Ley previene que los mismos podrán personarse y ser tenidos por parte *«(...) con plenitud de posibilidades de alegación y defensa, incluida la de interponer el recurso o remedio procesal que pudiera proceder, en los pleitos en materia de prestaciones de Seguridad Social y, en general, en los procedimientos en los que tengan interés por razón del ejercicio de sus competencias, sin que tal intervención haga retroceder ni detener el curso de las actuaciones»* (art. 141.1 de la LRJS).

El apartado segundo del 141 de la LRJS establece que *«El órgano jurisdiccional podrá solicitar de dichas entidades y organismos los antecedentes de que dispongan en relación con los hechos objeto del procedimiento y los mismos podrán igualmente aportar dichos antecedentes, estén o no personados en las actuaciones, en cuanto pudieran afectar a las prestaciones que gestionen, a los fines de completar los elementos de conocimiento del órgano jurisdiccional en la resolución del asunto».*

JURISPRUDENCIA

STS, rec. 2720/2010, de 30 de enero de 2012, ECLI:ES:TS:2012:958, y STS n.º 302/2024, de 20 de febrero, ECLI:ES:TS:2024:1246

Se declara la legitimación del empresario para reclamar (en procesos de seguridad social) frente a la declaración administrativa donde se establece que la contingencia deriva de enfermedad profesional, pese a no ser condenado al abono de la prestación.

6. Especialidades del proceso de impugnación de alta médica

Las especialidades de los procesos de impugnación de las altas médicas se establecen en los arts. 71 y 140 de la Ley 36/2011, de 10 de octubre, reguladora de la jurisdicción social.

El apartado tercero del 140 de la LRJS dispone:

«3. El proceso de impugnación de alta médica tendrá las siguientes especialidades:

a) La demanda se dirigirá exclusivamente contra la Entidad gestora y, en su caso, contra la colaboradora en la gestión. No existirá necesidad de demandar al servicio público de salud, salvo cuando se impugne el alta emitida por los servicios médicos del mismo, ni a la empresa salvo cuando se cuestione la contingencia.

b) Será urgente y se le dará tramitación preferente.

c) El acto de la vista habrá de señalarse dentro de los cinco días siguientes a la admisión de la demanda, y la sentencia, que no tendrá recurso, se dictará en el plazo de tres días y sus efectos se limitarán al alta médica impugnada, sin condicionar otros procesos diversos, sea en lo relativo a la contingencia, a la base reguladora, a las prestaciones derivadas o a cualquier otro extremo.

d) No podrán acumularse otras acciones, ni siquiera la reclamación de diferencias de prestación económica por incapacidad temporal, si bien la sentencia que estime indebida el alta dispondrá la reposición del beneficiario en la prestación que hubiera venido percibiendo, en tanto no concurra causa de extinción de la misma, por el transcurso del tiempo por el que hubiere sido reconocida o por otra causa legal de extinción».

> **A TENER EN CUENTA.** Se exceptúan de la necesidad de reclamación administrativa previa en materia de prestaciones de Seguridad Social los procedimientos de impugnación de las resoluciones administrativas expresas en las que se acuerda el alta médica emitidas por los órganos competentes de las Entidades gestoras de la Seguridad Social al agotarse el plazo de duración de trescientos sesenta y cinco días de la prestación de incapacidad temporal (art. 71.1 de la LRJS).

Antes de llegar a la aplicación de los artículos citados debemos tener en cuenta que en función del momento en el que se emite la alta médica, su reclamación o impugnación seguirá distintos procedimientos:

– **Procedimiento de revisión de las altas médicas con anterioridad a 365 días de duración:** Frente a las altas médicas emitidas por las mutuas de accidentes de trabajo y enfermedades profesionales de la Seguridad Social y por las empresas colaboradoras, en los procesos de incapacidad temporal derivados de contingencias profesionales con anterioridad al agotamiento del plazo de doce meses de duración de dicha situación, el interesado podrá iniciar ante la entidad gestora competente, el procedimiento administrativo especial de revisión de dicha alta, de acuerdo con lo previsto en el art. 4 del Real Decreto 1430/2009, de 11 de septiembre, por el que se desarrolla reglamentariamente la Ley 40/2007, de 4 de diciembre, de medidas en materia de Seguridad Social, en relación con la prestación de incapacidad temporal.

– **Procedimiento de revisión de las altas médicas superiores a 365 días de duración:** Frente al alta médica por curación, por mejoría o por incomparecencia injustificada a los reconocimientos médicos emitida por la inspección médica del Instituto Nacional de la Seguridad Social una vez agotado el plazo de duración de los trescientos sesenta y cinco días, se aplicará el procedimiento establecido en el art. 170.3 de la LRJS.

7. Especialidades de las demandas por accidentes de trabajo o enfermedad profesional

Dispone el art. 142.1 de la LRJS que *«si en las demandas por accidente de trabajo o enfermedad profesional no se consignara el nombre de la Entidad gestora o, en su caso, de la Mutua de accidentes de trabajo y enfermedades profesionales de la Seguridad Social, el secretario judicial (actualmente LAJ), antes del señalamiento del juicio, requerirá al empresario demandado para que en plazo de cuatro días presente el documento acreditativo de la cobertura de riesgo. Si transcurrido este plazo no lo presentara, vistas las circunstancias que concurran y oyendo a la Tesorería General de la Seguridad Social, el juez acordará el embargo de bienes del empresario en cantidad suficiente para asegurar el resultado del juicio y cuantas medidas cautelares se consideren necesarias.*

Iguales medidas se adoptarán, en el procedimiento correspondiente, en relación con el aseguramiento del riesgo y el documento de cobertura de las mejoras voluntarias o complementarias de seguridad social y de otras posibles responsabilidades del empresario o de terceros por accidente de trabajo y enfermedad profesional, a cuyo efecto el empresario o el tercero deberán aportar en el plazo antes indicado y previo requerimiento al efecto, el documento de aseguramiento y los datos de la entidad aseguradora que cubra el mismo, con apercibimiento de adoptarse la medida de embargo preventivo prevista anteriormente u otras medidas cautelares idóneas».

En segundo lugar, en los procesos para la determinación de contingencia o por falta de medidas de seguridad en accidentes de trabajo y enfermedad profesional, y en los demás supuestos en que lo estime necesario, la resolución en la que se admita la demanda a trámite deberá interesar de la Inspección Provincial de Trabajo y Seguridad Social, si no figurase ya en el expediente o en los autos, **informe** relativo a las circunstancias en que sobrevino el accidente o enfermedad, trabajo que realizaba el accidentado o enfermo, salario que percibía y base de cotización, que será expedido necesariamente en el plazo máximo de diez días. Con antelación de al menos cinco días a la celebración del juicio, el LAJ deberá reiterar la remisión de dicho informe si éste no hubiere tenido todavía entrada en los autos.

8. Remisión del expediente administrativo y efectos de su falta

Al admitirse a trámite la demanda se reclamará a la Entidad gestora o al organismo gestor o colaborador la remisión del expediente o de las actuaciones administrativas practicadas según lo establecido en el art. 143.1 de la LRJS. En el proceso no podrán aducirse por ninguna de las partes hechos distintos de los alegados en el expediente administrativo, salvo en cuanto a los hechos nuevos o que no hubieran podido conocerse con anterioridad.

> **A TENER EN CUENTA.** La remisión del expediente podrá tener lugar en forma electrónica, facilitándose la puesta a disposición en los términos previstos en el art. 63 del Real Decreto 203/2021, de 30 de marzo (art. 143.1 de la LRJS, con efectos de 20/03/2024).

A la vista del expediente, el Tribunal dispondrá el emplazamiento de las personas que pudieran ostentar un interés legítimo en el proceso o resultar afectadas por el mismo, para que puedan comparecer en el acto de juicio y ser tenidas por parte en el proceso y formular sus pretensiones, procurando que tal emplazamiento se entienda con los interesados con al menos cinco días hábiles de antelación al señalamiento a juicio y sin necesidad de que, en este caso, se cumplan los plazos generales previstos para la citación de las partes demandadas en el art. 82 de la LRJS.

El art. 144 de la LRJS concreta los efectos de la falta de remisión del expediente administrativo:

– Cumplido el plazo de remisión del expediente sin que se hubiera recibido el mismo, el LAJ reiterará por la vía urgente su inmediata remisión.

– El juicio se celebrará en el día señalado, aunque la entidad correspondiente no hubiera remitido el expediente o su copia, salvo que justificara suficientemente la omisión.

– Si al demandante le conviniera la aportación del expediente a sus propios fines, podrá solicitar la suspensión del juicio, para que se reitere la orden de remisión del expediente en un nuevo plazo de diez días (cinco días en los procesos de impugnación de altas médicas).

– Si llegada la fecha del nuevo señalamiento no se hubiera remitido el expediente, podrán tenerse por probados aquellos hechos alegados por el demandante cuya prueba fuera imposible o de difícil demostración por medios distintos de aquél.

9. Especialidades en los procesos sobre revisión de aspectos declarativos de derechos

El art. 146.3 de la LRJS dispone:

«1. Las Entidades, órganos u Organismos gestores, o el Fondo de Garantía Salarial no podrán revisar por sí mismos sus actos declarativos de derechos en perjuicio de sus beneficiarios, debiendo, en su caso, solicitar la revisión ante el Juzgado de lo Social competente, mediante la oportuna demanda que se dirigirá contra el beneficiario del derecho reconocido.

2. Se exceptúan de lo dispuesto en el apartado anterior:

a) La rectificación de errores materiales o de hecho y los aritméticos, así como las revisiones motivadas por la constatación de omisiones o inexactitudes en las declaraciones del beneficiario, así como la reclamación de las cantidades que, en su caso, se hubieran percibido indebidamente por tal motivo.

b) Las revisiones de los actos en materia de protección por desempleo, y por cese de actividad de los trabajadores autónomos, siempre que se efectúen dentro del plazo máximo de un año desde la resolución administrativa o del órgano gestor que no hubiere sido impugnada, sin perjuicio de lo dispuesto en el artículo 147.

c) La revisión de los actos de reconocimiento del derecho a una prestación de muerte y supervivencia, motivada por la condena al beneficiario, mediante sentencia firme, por la comisión de un delito doloso de homicidio en cualquiera de sus formas, cuando la víctima fuera el sujeto causante de la prestación, que podrá efectuarse en cualquier momento, así como la reclamación de las cantidades que, en su caso, hubiera percibido por tal concepto.

3. La acción de revisión a la que se refiere el apartado uno prescribirá a los cuatro años.

4. La sentencia que declare la revisión del acto impugnado será inmediatamente ejecutiva».

Desarrollando las previsiones del art. 295 de la LGSS podemos estandarizar el siguiente sistema:

- La regla general es que la entidades, órganos u organismos gestores, o el Fondo de Garantía Salarial no pueden revisar por sí mismos los actos en que han reconocido derechos.

- Esa regla general tiene dos excepciones:

a) «(...) la rectificación de errores materiales o de hecho y los aritméticos, así como las revisiones motivadas por la constatación de omisiones o inexactitudes en las declaraciones del beneficiario» (146.2 primera parte): para corregir este tipo de situaciones, las entidades no necesitan de la demanda para efectuar la corrección, y se sujetan al plazo del art. 146.3 de la LRJS.

b) Cuando se trate de «(...) revisiones de los actos en materia de protección por desempleo, y por cese de actividad de los trabajadores autónomos» tampoco será necesaria la demanda aludida en el art. 146.1 de la LRJS pero ello «(...) siempre que se efectúen dentro del plazo máximo de un año desde la resolución administrativa o del Órgano gestor que no hubiere sido impugnada». O sea que si no ha transcurrido un año, pueden dejar ellos mismos sin efectos sus resoluciones declarativas de derechos pero si ha transcurrido un año, entonces deben interponer demanda.

- En todo caso a los 4 años prescribe la posibilidad de revisión.

7.2.4. Recurso con la sentencia judicial sobre incapacidad permanente: suplicación y casación

Cuando la demanda ha sido desestimada por el juzgado de los social (o se ha declarado un grado de incapacidad con el que no se está conforme), se puede recurrir la sentencia ante el Tribunal Superior de Justicia correspondiente. Del mismo modo, el INSS también podrá interponer el recurso de suplicación cuando la persona trabajadora haya sido declarado en situación de IP por los juzgados de lo Social.

La defensa por abogado y la representación técnica por graduado social colegiado tendrá carácter facultativo en la instancia. En el recurso de suplicación los litigantes habrán de estar defendidos por abogado o representados técnicamente por graduado social colegiado. En el recurso de casación y en las actuaciones procesales ante el Tribunal Supremo será preceptiva la defensa de abogado. Cuando la defensa sea facultativa, con excepción de lo previsto en el artículo siguiente, podrá utilizarla sin embargo cualquiera de los litigantes, en cuyo caso será de su cuenta el pago de los honorarios o derechos respectivos con las excepciones contempladas en la legislación sobre asistencia jurídica gratuita.

Recurso de suplicación

Este recurso se basa en la existencia de errores en la valoración de la prueba o en la aplicación de la ley. El recurso de suplicación se interpone ante las Salas de lo Social contra una sentencia denegatoria de la incapacidad permanente. Este recurso se presenta ante el Tribunal Superior de Justicia correspondiente y tiene como objetivo revisar las decisiones de los Juzgados de lo Social en materia de Seguridad Social, entre otras.

El recurso de suplicación está regulado en la Ley de la Jurisdicción Social (LRJS), y es un medio para impugnar sentencias que no sean firmes, permitiendo que una instancia superior revise la legalidad de la resolución impugnada. En el contexto de la denegación de una prestación por incapacidad permanente, el Instituto Nacional de la Seguridad Social (INSS) puede interponer este recurso si considera que la sentencia del Juzgado de lo Social ha vulnerado alguna norma o jurisprudencia aplicable. (**STSJ de Castilla y León, de 20 de febrero de 2019, ECLI:ES:TSJCL:2019:345**).

El plazo para la presentación de este recurso es de cinco días hábiles desde la notificación de la sentencia (art. 194 de la LRJS).

El art. 196 de la LRJS establece:

> «1. El escrito interponiendo el recurso de suplicación se presentará ante el juzgado que dictó la resolución impugnada, con tantas copias cuantas sean las partes recurridas.
> 2. En el escrito de interposición del recurso, junto con las alegaciones sobre su procedencia y sobre el cumplimiento de los requisitos exigidos, se expresarán, con suficiente precisión y claridad, el motivo o los motivos en que se ampare, citándose las normas del ordenamiento jurídico o la jurisprudencia que se consideren infringidas. En todo caso se razonará la pertinencia y fundamentación de los motivos.
> 3. También habrán de señalarse de manera suficiente para que sean identificados, el concreto documento o pericia en que se base cada motivo de revisión de los hechos probados que se aduzca e indicando la formulación alternativa que se pretende».

A TENER EN CUENTA. El recurso de suplicación puede ser utilizado cuando la incapacidad permanente sea denegada o cuando, si se concede, es en un grado inferior al solicitado.

Recurso de casación

A pesar de que, como hemos citado a lo largo de la obra, «la calificación de la incapacidad permanente no es materia propia de la unificación de doctrina. Tanto por la dificultad de establecer la identidad del alcance del efecto invalidante, como por tratarse, por lo general, de supuestos en los que el enjuiciamiento afecta más a la fijación y valoración de hechos singulares que a la determinación del sentido de la norma».

Es posible interponer un recurso de casación ante las Salas de lo Social del Tribunal Supremo contra una sentencia denegatoria de la incapacidad permanente en caso de que la sentencia haya cometido errores graves de índole legal.

El recurso se preparará en esta Sala dentro de los diez días siguientes a la notificación mediante escrito con la firma del Letrado debiendo reunir los requisitos establecidos en el art. 221 de la Ley Reguladora de la Jurisdicción Social.

7.3. Procedimiento para la revisión de una incapacidad permanente

Corresponde al Instituto Nacional de la Seguridad Social, a través de los órganos que reglamentariamente se establezcan y en todas las fases del procedimiento, declarar la situación de incapacidad permanente, a los efectos de reconocimiento de las prestaciones económicas por incapacidad permanente.

La revisión de la incapacidad puede llevarse a cabo por cualquiera de las siguientes causas (art. 200 de la LGSS):

1. Agravación.

2. Mejoría.

3. Error de diagnóstico.

4. Realización de trabajos por cuenta ajena o propia del pensionista.

7.3.1. Causas de revisión de una IP

Corresponde al Instituto Nacional de la Seguridad Social, a través de los órganos que reglamentariamente se establezcan y en todas las fases del procedimiento, declarar la situación de incapacidad permanente, a los efectos de reconocimiento de las prestaciones económicas por incapacidad permanente.

La revisión de la incapacidad puede llevarse a cabo por cualquiera de las siguientes causas (art. 200 de la LGSS):

1. Agravación.

2. Mejoría.

3. Error de diagnóstico.

4. Realización de trabajos por cuenta ajena o propia del pensionista.

> **CUESTIÓN**
>
> **¿En el procedimiento de revisión de IP se valoran las nuevas secuelas o el agravamiento de las anteriores?**
>
> Para distinguir el proceso de revisión de la incapacidad permanente del que dio lugar a su reconocimiento inicial, la STS de 18 de abril de 1995 (Rcud. 1448/1994), afirmó que «(...) la revisión no opera sobre el acto de la entidad que declaró la incapacidad, sino sobre la nueva situación patológica del trabajador, que en el ulterior

momento afecta a la capacidad laboral de un modo diferente a como la afectaba antes, y que por ello exige una calificación también diferente». En definitiva, estemos ante nueva situación, valorable en derecho, cuando las patologías que presenta el beneficiario, declarado incapacitado permanente, han variado. (STS n.º 882/2024, de 5 de junio del 2024, ECLI:ES:TS:2024:3129).

7.3.2. Sujetos legitimados para solicitar la revisión de la IP

Al igual que en el procedimiento para el reconocimiento inicial de una prestación contributiva por incapacidad permanente, estarán legitimados para instar un procedimiento de revisión (art. 4 del Real Decreto 1300/1995, de 21 de julio):

a) **De oficio**, por propia iniciativa de la Entidad gestora, o como consecuencia de petición razonada de la Inspección de Trabajo y Seguridad Social o del Servicio de Salud competente para gestionar la asistencia sanitaria de la Seguridad Social.

b) La **persona trabajadora** o su representación legal. Este trámite puede realizarse mediante la sede electrónica de la Seguridad Social, tanto con certificado digital como con Cl@ve permanente.

c) Las **Mutuas** de Accidentes de Trabajo y Enfermedades Profesionales de la Seguridad Social o de las empresas colaboradoras, en aquellos asuntos que les afecten directamente.

No obstante, y como peculiaridad de este proceso, estarán legitimados para instar revisión del grado de incapacidad reconocido, **además de las personas y entidades referidas en el apartado anterior, los empresarios responsables de las prestaciones y, en su caso, quienes de forma subsidiaria o solidaria sean también responsables de las mismas**.

CUESTIÓN

Una persona trabajadora declarada afecta de lesiones permanentes no invalidantes (LPNI), ¿puede acudir a la revisión del grado de la incapacidad permanente (art. 200 de la LGSS) para que se le declare en incapacidad permanente parcial?

Ha de entenderse como procedimiento de revisión la rebaja del grado de incapacidad o elevación, la declaración de supresión de IP, o la revisión de la prestación reconocida inicialmente reconocida. Del mismo modo, esta vía permitiría la revisión de una LPNI, de esta forma, la STS, rec. 543/2008, de 18 de noviembre de 2008, ECLI:ES:TS:2008:6577 (siguiendo doctrina previa de la STS, rec. 644/2005 de 4 de mayo de 2006, ECLI:ES:TS:2006:3219 y la STS, rec. 4827/2006, de 30 de junio de 2008, ECLI:ES:TS:2008:4510, referidas a supuestos de lesiones permanentes no invalidantes), reitera que un trabajador declarado en situación de invalidez permanente parcial y que se halla trabajando puede instar la revisión del grado de incapacidad permanente por agravación antes de la fecha fijada para ello en la resolución administrativa que le declaró afecto de aquella incapacidad permanente, porque, tomando en consideración el contenido del art. 200 de la Ley General de la Seguridad Social, nada impide que una situación de incapacidad permanente parcial sea susceptible de empeoramiento ni que, en consecuencia, exista la posibilidad de realizar una revisión del grado de incapacidad permanente en el plazo que razonablemente estimara procedente.

7.3.3. Plazos de revisión de la IP

Toda resolución, inicial o de revisión, por la que se reconozca el derecho a las prestaciones de incapacidad permanente, en cualquiera de sus grados, o se confirme el grado reconocido previamente, hará constar necesariamente el plazo a partir del cual se podrá instar la revisión por agravación o mejoría del estado invalidante profesional, en tanto que el incapacitado no haya cumplido la edad mínima establecida para acceder al derecho a la pensión de jubilación. Este plazo será vinculante para todos los sujetos que puedan promover la revisión.

Atendiendo a la interpretación literal del art. 200.2 de la LGSS, sólo podrán fijar plazos para instar la revisión, o lo que es igual, para presentar nuevas solicitudes, las resoluciones administrativas siguientes: (**STS n.º 355/2016, de 28 de abril de 2016, ECLI:ES:TS:2016:2240**).

– Las que reconozcan el derecho a prestaciones de invalidez.

– Las que modifiquen el grado de invalidez reconocido por apreciar mejoría o agravación del estado invalidante.

– Las que confirmen el grado ya reconocido.

Del mismo, conviene matizar la competencia del INSS para dictar resolución fijando el plazo para instar la revisión de la incapacidad, sin perjuicio de su posible ulterior control jurisdiccional, con independencia de que un fallo judicial que conceda la prestación por discapacidad fije o no plazo alguno. (**STS, rec. 960/2014, de 26 de noviembre de 2014, ECLI:ES:TS:2014:5416**).

En síntesis, el art. 200.2 de la LGSS establece que las resoluciones, iniciales o de revisión, dictadas por el Instituto Nacional de Seguridad Social en las que se reconozca el derecho a prestaciones de incapacidad permanente en cualquiera de sus grados, o se confirme el grado reconocido previamente, han de hacer constar el plazo a partir del cual se podrá instar la revisión, por agravación o mejoría del estado invalidante. Añade que dicho plazo será vinculante para todos los sujetos que puedan instar la revisión, estableciendo, adicionalmente, dos únicas excepciones: las revisiones por error de diagnóstico que podrán llevarse a cabo en cualquier momento y los supuestos en los que el beneficiario esté realizando cualquier trabajo, por cuenta propia o ajena, en cuyo caso se podrá instar la revisión, aunque no haya transcurrido el plazo. (**STS, rec. 220/2024, de 6 de febrero de 2024, ECLI:ES:TS:2024:564**).

> A TENER EN CUENTA. El plazo fijado actúa como *dies a quo*, de forma que, no antes, sino sólo a partir del momento fijado se puede instar de oficio la revisión.

CUESTIÓN

¿La entidad gestora tiene capacidad para revisar de oficio el grado de incapacidad permanente establecido antes del plazo fijado en la resolución administrativa que lo reconoció?

La entidad gestora no puede instar una revisión por mejoría antes de que transcurra el plazo fijado por la resolución administrativa que lo estableció.

Se trata de interpretar el art. 200.2 de la LGSS. Este precepto establece que las resoluciones, iniciales o de revisión, dictadas por el INSS en las que se reconozca el derecho a prestaciones de incapacidad permanente en cualquiera de sus grados, o se confirme el grado reconocido previamente, han de hacer constar el plazo a partir del cual se podrá instar la revisión, por agravación o mejoría del estado invalidante. Añade que dicho plazo será vinculante para todos los sujetos que puedan instar la revisión, estableciendo, adicionalmente, dos únicas excepciones: las revisiones por error de diagnóstico que podrán llevarse a cabo en cualquier momento y los supuestos en los que el beneficiario esté realizando cualquier trabajo, por cuenta propia o ajena, en cuyo caso se podrá instar la revisión, aunque no haya transcurrido el plazo.

La norma es clara en cuanto que hace referencia al momento en el que se puede instar la revisión a través de dos expresiones que no ofrecen duda. Así, en primer lugar, se refiere a que la resolución establecerá «*el plazo a partir del cual se podrá instar la revisión por agravación o mejoría del estado incapacitante profesional*». Esto es: el plazo fijado actúa como dies a quo, de forma que, no antes, sino sólo a partir del momento fijado se puede «instar» la revisión. Instar que significa urgir la pronta ejecución de algo y que, como el precepto establece, no puede iniciarse antes del plazo fijado en la resolución que fijó el grado de incapacidad. Por otro lado, la norma añade que el plazo será vinculante para todos los sujetos que puedan promover la revisión: esto es, tanto para el interesado como para la entidad gestora o, en su caso, la entidad colaboradora o los sujetos responsables del pago de las prestaciones. Todo ello abona la conclusión de que estamos ante un plazo dirigido, no a regular la fecha de efectos de una posible revisión por agravamiento o mejoría, sino ante un plazo que determina, identifica y establece el momento a partir del cual se puede «instar» (esto es: solicitar, pedir, iniciar un expediente de modificación...) la revisión del grado o estado de incapacidad. (STS n.º 220/2024, de 6 de febrero de 2024, ECLI:ES:TS:2024:564 y STS n.º 355/2016, de 28 de abril, ECLI:ES:TS:2016:2240).

JURISPRUDENCIA

STS n.º 533/2024, de 9 de abril del 2024, ECLI:ES:TS:2024:2332

«(...) la falta de impugnación por el beneficiario de la resolución administrativa anterior no supone que la haya consentido. En materia de reconocimiento de prestaciones de la Seguridad Social, la falta de impugnación judicial de una resolución administrativa denegatoria anterior no impide que posteriormente se pueda impugnar judicialmente la denegación de la pensión y en ese procedimiento judicial se examine la concurrencia de los requisitos legales para el reconocimiento de la prestación aunque las dolencias sean sustancialmente iguales porque no opera la cosa juzgada (no hay un pronunciamiento judicial anterior), ni el trabajador ha consentido dicha resolución administrativa».

a) Revisión *ante tempus* en caso de agravación o mejoría

No obstante lo anterior, en tanto el interesado no haya cumplido la edad para acceder a la pensión de jubilación, **sería posible instar la revisión con anterioridad al plazo previsto en dos supuestos**:

a) si el pensionista por incapacidad permanente estuviera **ejerciendo cualquier trabajo**, por cuenta ajena o propia, el Instituto Nacional de la Seguridad Social podrá, de oficio o a instancia del propio interesado, promover la revisión, con independencia de que haya o no transcurrido el plazo señalado en la resolución.

b) en cualquier momento, ante un **error de diagnóstico**.

En este punto, merece la pena destacar la STS, rec. 543/2008, de 18 de noviembre de 2008 ECLI:ES:TS:2008:6577, donde analizando la posibilidad de revisión del grado de incapacidad permanente por agravación en una incapacidad permanente parcial, se discute si un trabajador declarado en situación de IPP y que se halla trabajando puede o no instar la revisión del grado de incapacidad permanente por agravación antes de la fecha fijada para ello en la resolución administrativa que le declaró afecto de aquella incapacidad permanente. El Tribunal Supremo, en base a doctrina previa, contesta afirmativamente, ya que, nada impide que una situación de IPP sea susceptible de empeoramiento ni que, en consecuencia, exista la posibilidad de realizar una revisión del grado de incapacidad permanente en el plazo que razonablemente estimara procedente.

CUESTIONES

1. Mejoría de un IP, ¿cuándo se produce?

Ni la normativa, ni la doctrina o jurisprudencia han estandarizado qué se considera mejoría de un IP a efectos de instar revisión de oficio por parte del INSS. Lo que añadido a la posibilidad de desempeñar actividad laboral en compatibilidad con determinadas pensiones en los términos reglamentariamente establecidos (Orden de 15 de abril de 1969 y Real Decreto 1300/1995, de 21 de julio), han llevado al TS (en un supuesto de compatibilidad de la pensión por IPT con la nueva y distinta profesión realizada) a fijar que el procedimiento de revisión por mejoría no podrá instarse únicamente con base al desempeño de una actividad, sino que esta mejoría ha de ser efectivamente acredita.

2. ¿Se produce la suspensión de la prestación de IP durante el proceso de revisión?

Como hemos desarrollado, la Entidad Gestora se encuentra autorizada a promover de oficio la revisión de sus propias resoluciones sobre reconocimiento de cualquier grado de invalidez, y sin sujeción a plazo, cuando la revisión se basa en un error de diagnóstico o el beneficiario esté realizando algún trabajo por cuenta propia o ajena (previos los trámites y con sujeción al procedimiento previstos en el Real Decreto 1300/1995, de 21 de julio); pero de ello no deriva ninguna autorización al INSS para suspender la prestación por invalidez previamente reconocida mientras dure el procedimiento de revisión.

3. Si la solicitud de revisión se insta por el interesado/a, ¿puede concederse un grado menor al inicialmente reconocido?

En base a los arts. 13 de la Orden de 18 de enero de 1996 y 6 del Real Decreto 1300/1995, de 21 de julio, los directores provinciales del INSS no se encuentran vinculados por las peticiones concretas de los interesados, por lo que podrán reconocer las prestaciones que correspondan a las lesiones existentes o a la situación de incapacidad padecida, ya sean superiores o inferiores a las que se deriven de las indicadas peticiones.

JURISPRUDENCIA

STS, rec. 1651/2001 de 28 de enero de 2002, ECLI:ES:TS:2002:9395

«Dejar permanentemente abierta una resolución declarativa de I.P.T para efectuar un análisis indefinido en el tiempo entre lesiones y futuras profesiones, es crear una inseguridad jurídica y extender fuera de su ámbito una resolución administrativa.

> *La única incapacidad permanente que exige un examen completo de toda la ca-pacidad funcional y laboral de una persona es la absoluta —y por supuesto, la gran invalidez—; el resto esto es la parcial y la total, exige un análisis concreto de unas determinadas lesiones en comparación con una determinada profesión. A lo que no autoriza la ley es a comparar unas determinadas lesiones con las profesiones que pueda ejercitar en el futuro una persona, sino es con fines revisorios. De-claración de incapacidad para una concreta profesión que, en consecuencia, no cabe extender en sus efectos jurídicos a otras, en modo alguno analizadas a la hora de realizar esa calificación».*
>
> **STSJ de Cataluña n.º 5755/2014, de 3 de septiembre de 2014, ECLI:ES:TSJCAT:2014:9032**
>
> Revisión de la incapacidad permanente derivada de enfermedad profesional. Con arreglo al art. 200 de la LGSS, toda resolución, inicial o de revisión, por la que se reconozca el derecho a las prestaciones de incapacidad permanente en cual-quiera de sus grados, o se confirme el grado reconocido previamente, hará constar necesariamente el plazo a partir del cual se podrá instar la revisión por agravación o mejoría del estado invalidante profesional, en tanto que el incapacitado no haya cumplido la edad mínima establecida en el art. 205 de la LGSS, para acceder al derecho a la pensión de jubilación y que este plazo será vinculante para todos los sujetos que pudieran promover la revisión.

b) Reincorporación al puesto de trabajo: supuestos de declaración de incapacidad permanente con reserva de puesto de trabajo

En el supuesto de incapacidad temporal, producida la extinción de esta situación con declaración de invalidez permanente en los grados de incapa-cidad permanente total para la profesión habitual, absoluta para todo trabajo o gran invalidez, cuando, a juicio del órgano de calificación, la situación de incapacidad del trabajador vaya a ser previsiblemente objeto de revisión por mejoría que permita su reincorporación al puesto de trabajo, subsistirá la suspensión de la relación laboral, con reserva del puesto de trabajo, durante un período de dos años a contar desde la fecha de la resolución por la que se declare la invalidez permanente (art. 48.2 del ET). (**STS, rec. 3645/2000, de 17 de julio de 2001, ECLI:ES:TS:2001:6276**).

La subsistencia de la suspensión de la relación laboral con reserva del puesto de trabajo prevista en el art. 48 del ET está, indisolublemente vincula-da, a que el órgano de calificación estime que la situación de invalidez vaya a ser previsiblemente objeto de revisión por mejoría, tanto si estima que puede ser objeto de mejoría, como si de modo expreso o implícito estima lo contra-rio. La misma conclusión de vinculación del derecho a la reserva del puesto de trabajo a la declaración inicial de invalidez, se obtiene al interpretar el art. 7 del Real Decreto 1300/1995, de 21 de julio.

En este supuesto, se dará traslado al empresario afectado de la resolución dictada al efecto por la correspondiente Dirección Provincial del Instituto Na-cional de la Seguridad Social.

7.3.4. Instrucción del procedimiento de revisión

Promovida la revisión por agravación, mejoría o error de diagnóstico del estado invalidante por las personas legitimadas, la instrucción del procedimiento coincide con la fijada para el reconocimiento inicial de una prestación contributiva por incapacidad permanente, previa la **apertura de un período de prueba por plazo de quince días, para presentar las alegaciones** que estimen pertinentes quienes han instado la revisión (art. 18 del Orden de 18 de enero de 1996).

Igual período de prueba tendrá lugar cuando la iniciación del expediente se haya practicado de oficio por la Dirección Provincial del Instituto Nacional de la Seguridad Social.

Al historial clínico o informe médico del Servicio Público de Salud se acompañarán los documentos fundamentales del expediente —del mismo modo que para el reconocimiento inicial—:

a) Historial clínico remitido por el Servicio Público de Salud competente, previo consentimiento del interesado o de su representante legal, o, en su defecto, informe de la inspección médica de dicho Servicio, acompañado, en su caso, de la correspondiente alta médica de asistencia sanitaria cuando el procedimiento se inicie a petición razonada del indicado Servicio.

b) Formulación del dictamen-propuesta por el equipo de valoración de incapacidades, que estará acompañado de un informe médico consolidado en forma de síntesis, comprensivo de todo lo referido o acreditado en el expediente, y de un informe de antecedentes profesionales.

c) Cumplimentación del informe de cotización, elaborado por la entidad gestora, que tendrá por objeto acreditar los períodos de cotización del causante a la Seguridad Social, las bases de cálculo de las prestaciones y, en su caso, los períodos en descubierto en que pudiera estar incurso el trabajador.

d) En las solicitudes de declaración de responsabilidad empresarial por falta de medidas de seguridad e higiene, se requerirá de la Inspección de Trabajo y Seguridad Social el informe correspondiente sobre los hechos y circunstancias concurrentes, sobre la disposición infringida, y sobre la causa concreta (art. 164.1 de la LGSS), que motive el aumento de la cuantía de las prestaciones y el porcentaje de éste que se considere procedente. Dicho informe deberá expresar si también consta la iniciación de un procedimiento judicial en vía penal referido a los mismos hechos.

e) Cualquier otro de carácter médico que pueda tener incidencia en orden a la revisión.

En los supuestos en que el procedimiento se haya iniciado de oficio, la remisión del historial clínico requerirá el **consentimiento del interesado o de su representante legal**.

7.3.5. Efectos de la revisión

1. Confirmación del grado de incapacidad.

2. Modificación del grado de incapacidad y, en consecuencia, de la prestación.

3. Extinción de la incapacidad y, en consecuencia, de la pensión.

La STS, rec. 2300/2015, de 25 de octubre de 2016, ECLI:ES:TS:2016:4926, establece que *«(...) la fecha inicial del devengo de la pensión reconocida a consecuencia de la revisión del grado de incapacidad es el día siguiente a la fecha en que se dicta la resolución administrativa definitiva, esto es, aquella resolución que pone fin al procedimiento de revisión»*.

7.3.6. Resolución del procedimiento

Los Directores provinciales del Instituto Nacional de la Seguridad Social, y dentro del plazo de 135 días a partir de la fecha del acuerdo de iniciación en los procedimientos de oficio o de la recepción de la solicitud en la Dirección Provincial del Instituto Nacional de la Seguridad Social competente (art. 14 de la Orden de 18 de enero de 1996), deberán dictar resolución expresa en todos los procedimientos incoados para revisar el grado de invalidez anteriormente reconocido (art. 19 de la Orden de 18 de enero de 1996 y Real Decreto 286/2003, de 7 de marzo). Si en el indicado plazo no se ha recibido resolución deberán entenderse desestimada por silencio administrativo (art. 71 de la LRJS).

Cuando en la resolución se mantenga el derecho a las prestaciones de incapacidad permanente, en cualquiera de sus grados, se hará constar necesariamente el plazo a partir del cual se podrá instar la siguiente revisión del grado de incapacidad por agravación o mejoría.

La resolución por revisión ha de seguir los mismos parámetros que la resolución inicial en relación a la motivación por tratarse de acto administrativo sujeto al art. 45 de la LPAC.

7.3.7. Procedimiento para el posible cambio de contingencia de la IP

Ya la STS, rec. 82/2002 de 28 de octubre de 2002, ECLI:ES:TS:2002:7126, validó en su momento la posibilidad de que un procedimiento de revisión por agravación por nuevas dolencias pudiera implicar el cambio de contingencia de la IP analizada. Es decir, durante el proceso de revisión, podrá decidirse si las dolencias estudiadas tienen la calificación recibida inicialmente (común o profesional), o si las mismas suponen secuelas derivadas de otra contingencia.

Las razones en las que se apoya tal doctrina, en la misma línea que las SSTS, rec. 362/2009, de 3 de diciembre de 2009, ECLI:ES:TS:2009:8515, y rec. 1888/2011, de 12 de junio de 2012, ECLI:ES:TS:2012:4696, son las siguientes:

> 1) entender lo contrario obligaría al beneficiario a seguir un nuevo procedimiento cuando con el de revisión se puede constatar igualmente la nueva situación invalidante;
> 2) ambos procedimientos, el de declaración y el de revisión, atienden a una misma finalidad, que es la valoración de las capacidades residuales de trabajo de una persona en donde se discute necesariamente la contingencia o razón determinante y, en su caso, su naturaleza y origen;
> 3) en el momento de iniciación del expediente el beneficiario desconoce si el resultado de la evaluación de su capacidad laboral, va a ser la revisión de la invalidez por secuelas ya apreciadas o por secuelas de contingencia distinta;
> 4) esta conclusión, tiene amparo normativo en los preceptos 1.1.a) y 6.1 del Real Decreto 1300/1995, de 21 de julio, en cuanto recogen el procedimiento de la revisión de los grados de la invalidez, que atribuyen al Instituto Nacional de la Seguridad Social, cualquiera que sea la Entidad gestora o colaboradora que cubra la contingencia de que se trate la evaluación, revisión y reconocimiento de la incapacidad y del derecho a las prestaciones económicas contributivas de la Seguridad Social por invalidez permanente, en sus distintos grados, así como determinar las contingencias causantes de la misma.

Todo lo anterior, **teniendo en cuenta las peculiaridades de cada caso**, pues, es preciso advertir que, como dice la sentencia citada de 2 de junio de 2012, rec. 1888/2011, ECLI:ES:TS:2012:4696, *«(...) normalmente en estos casos se trata de situaciones complejas en las que no es posible establecer una regla única, ni aplicar una solución unitaria válida para todos los supuestos. Por el contrario, para llegar a una solución correcta en cada caso es preciso tener en cuenta las particularidades y circunstancias que en él concurren, entre las que podrá resultar relevante el grado inicial de incapacidad reconocido, pues no es lo mismo, por ejemplo, a efectos de exigir que se reúnan los requisitos del artículo 124 de la LGSS/1994 para acceder a la nueva prestación por agravación que se parta de una incapacidad parcial o que se haga, como en este caso, desde una total».* (**STS, rec. 208/2005, de 12 de junio de 2006, ECLI:ES:TS:2006:4206**).

8.
LA INCAPACIDAD PERMANENTE NO CONTRIBUTIVA

La prestación no contributiva de invalidez se regula en los arts. 363 a 368 de la LGSS y el Real Decreto 357/1991, de 15 de marzo.

La prestación no contributiva (PNC) de incapacidad está diseñada para amparar a aquellos que padecen un grado significativo de discapacidad, brindando apoyo económico sin necesidad de haber contribuido previamente al sistema. Esta PNC asegura a todos los ciudadanos, españoles y nacionales de otros países, con residencia legal en España, en esta situación y en estado de necesidad una prestación económica, asistencia médico-farmacéutica gratuita y servicios sociales complementarios, siempre que cumplan los siguientes **requisitos** (art. 367 de la LGSS):

- **Edad:** ser mayor de 18 años y menor de 65 años en la fecha de la solicitud. La legislación contempla que los solicitantes deben estar en este rango etario específico. Una vez alcanzada la edad de jubilación, esta PNC se transformará en una pensión de jubilación, garantizando así la continuidad del apoyo económico. El cambio de denominación no implicará modificación alguna respecto de las condiciones de la prestación que viniesen percibiendo (art. 367.3 de la LGSS).

- **Residencia:** residir legalmente en territorio español y haberlo hecho durante 5 años, de los cuales dos serán inmediatamente anteriores a la fecha de la solicitud.

- **Discapacidad:** estar afectados por una discapacidad o enfermedad crónica en un grado igual o superior al 65 % [art. 363.1.c) de la LGSS]. Este requisito se aparta de la modalidad contributiva, donde el foco se centra en la disminución o anulación de la capacidad laboral, ya que aquí se prioriza el grado de discapacidad permanente, sin hacer referencia directa a la capacidad profesional de la persona.

- **Carecer de rentas o ingresos suficientes.** [art. 363.1.d) de la LGSS].

Aquellos beneficiarios que cumplan los requisitos de edad, residencia y rentas y demuestren la necesidad de asistencia para los actos esenciales de la vida recibirán un **complemento del 50 % de la cuantía de la pensión**. Esta disposición busca cubrir las necesidades básicas de aquellos individuos que dependen de un tercero para las actividades cotidianas, resaltando la importancia de la atención a la diversidad y a las diferentes capacidades [art. 364.6) de la LGSS].

Normativa

- Arts. 363 a 368 del Real Decreto Legislativo 8/2015, de 30 de octubre, por el que se aprueba el texto refundido de la Ley General de la Seguridad Social.

- Real Decreto 118/1998, de 30 de enero, por el que se modifica el Real Decreto 357/1991, de 15 de marzo, en cuanto a comprobación de los requisitos para el derecho a pensiones no contributivas del sistema de la Seguridad Social.

- Real Decreto 357/1991, de 15 de marzo, por el que se desarrolla en materia de pensiones no contributivas la Ley 26/1990, de 20 de diciembre.

- Orden PRE/3113/2009, de 13 de noviembre, por la que se dictan normas de aplicación y desarrollo del Real Decreto 357/1991.

- Resolución de 19 de febrero de 2014, por la que se dictan instrucciones relativas al procedimiento de reconocimiento del derecho a la pensión no contributiva por causa de invalidez y sus revisiones, y la necesaria coordinación con el reconocimiento del grado de discapacidad de las personas interesadas y los trámites administrativos que deben sustanciarse para esta finalidad en las oficinas de registro de este Centro Directivo

CUESTIONES

1. ¿Cómo se comprobará el cumplimiento de los requisitos para la PNC? ¿y las circunstancias para mantenerla?

La comprobación del cumplimiento de los requisitos que el interesado debe reunir en el momento de la solicitud, así como las circunstancias determinantes de la conservación del derecho a la pensión o su cuantía se efectuará preferentemente:

- El requisito de edad, mediante el documento nacional de identidad.

- El requisito de residencia legal, tanto actual como de los períodos exigidos, en territorio español, mediante certificación de los respectivos padrones municipales.

- La convivencia del interesado con otras personas en un mismo domicilio, a través de declaración del interesado, sin perjuicio de las presunciones legalmente establecidas respecto a la convivencia de los cónyuges, hijos menores o mayores incapacitados.

- La insuficiencia de recursos quedará acreditada cuando el órgano gestor obtenga por medios informáticos de la Administración tributaria la información necesaria. Sin perjuicio de lo anterior el órgano gestor podrá solicitar o el interesado aportar voluntariamente otros documentos acreditativos de distinta procedencia a la de la Administración tributaria del cumplimiento del citado requisito.

2. ¿Qué ingresos se tienen en cuenta para cumplir el requisito de carencia de rentas en la pensión de invalidez no contributiva?

Para cumplir el requisito de carencia de rentas en la pensión de invalidez no contributiva, se tienen en cuenta los siguientes ingresos:

1. **Ingresos del solicitante:** se considera que existen rentas o ingresos insuficientes cuando los ingresos anuales del solicitante, de enero a diciembre, son inferiores a la cuantía anual de las pensiones no contributivas de la Seguridad Social fijada en la Ley de Presupuestos Generales del Estado

2. **Ingresos de la unidad económica de convivencia:** si el solicitante convive con otras personas en una misma unidad económica, se debe considerar la suma de las rentas o ingresos de todos los integrantes de dicha unidad. El límite de acumulación de recursos se calcula sumando la cuantía de la pensión más el 70 % de dicha cifra multiplicado por el número de convivientes menos uno

3. **Tipos de ingresos computables:** se consideran como ingresos o rentas computables, cualesquiera bienes y derechos derivados tanto del trabajo como del capital, así como los de naturaleza prestacional.

Cuantía de la pensión no contributiva de incapacidad permanente

Cuando en una misma unidad económica concurra más de un beneficiario con derecho a pensión de esta misma naturaleza, la cuantía de cada una de las pensiones vendrá determinada en función de las siguientes reglas:

– Al importe referido en el primer párrafo de este apartado se le sumará el 70 por ciento de esa misma cuantía, tantas veces como número de beneficiarios, menos uno, existan en la unidad económica.

– La cuantía de la pensión para cada uno de los beneficiarios será igual al cociente de dividir el resultado de la suma prevista en la letra anterior por el número de beneficiarios con derecho a pensión.

El pago se fraccionará en 14 pagas, correspondientes a cada uno de los meses del año y 2 pagas extraordinarias que se devengarán en los meses de junio y noviembre (art. 46 LGSS).

CUESTIÓN

¿Cuándo existirá unidad económica de convivencia a efectos de un PNC?

El art. 13 del Real Decreto 357/1991 regula la existencia de la unidad económica de convivencia para acceder a las prestaciones no contributivas. Existirá una unidad económica de convivencia cuando convivan, de manera estable, personas que compartan la misma vivienda y tengan una relación entre sí que justifique la convivencia. En este sentido, no es necesario que exista un grado de parentesco específico; lo importante es la convivencia y la situación económica compartida. La interpretación y valoración de los criterios en esta materia puede resultar compleja.

JURISPRUDENCIA

STS, rec. 1456/2012 de 28 de mayo de 2013, ECLI:ES:TS:2013:3216

No se computa para el límite de acumulación de recursos de la unidad económica de convivencia, el complemento del 50 por 100 de la pensión de gran invalidez contributiva.

Solicitud y revisiones del grado de discapacidad

El procedimiento para el reconocimiento del derecho a las pensiones no contributivas de la Seguridad Social, por invalidez o jubilación, se iniciará por el interesado, su representante o por quien demuestre un interés legítimo para actuar en favor de personas con capacidad gravemente disminuida.

Las resoluciones denegatorias de pensiones de invalidez, por no cumplir el requisito relativo al grado de minusvalía o enfermedad crónica o no alcanzar la puntuación mínima del baremo determinante de la situación de dependencia y necesidad del concurso de otra persona, deberán advertir expresamente de la limitación temporal para formular nueva solicitud en los términos establecidos en el art. 5.3 del Real Decreto 357/1991, de 15 de marzo.

El grado de discapacidad será revisable, en tanto que el beneficiario no haya cumplido la edad ordinaria de jubilación, por alguna de las siguientes causas:

- Agravación o mejoría de la situación de minusvalía o enfermedad crónica.
- Variación de los factores sociales complementarios.
- Error de diagnóstico o en la aplicación del correspondiente baremo.

Obligaciones de las personas beneficiarias

Las obligaciones de los beneficiarios de una pensión no contributiva de incapacidad, según los arts. 6 y 16 del RD 357/1991, son las siguientes:

- **Comunicación de variaciones:** Los beneficiarios deben comunicar a la entidad que abone la prestación cualquier variación en su situación de convivencia, estado civil, residencia, y cualquier otra que pueda tener incidencia en la cuantía o conservación de la pensión. Esta comunicación debe realizarse en un plazo máximo de 30 días desde la fecha en que se produzca la variación, también vendrán también obligados a comunicar al Organismo gestor correspondiente la realización de cualquier trabajo, sea por cuenta propia o ajena
- **Declaración de ingresos:** Los beneficiarios están obligados a presentar, en el primer trimestre de cada año, una declaración de los ingresos de la unidad económica de la que formen parte, referida al año inmediato precedente. También deben declarar las posibles variaciones en los ingresos o rentas justificadas, referidas al año en curso, para modificar, en su caso, la cuantía a abonar según el importe vigente de la pensión.

El incumplimiento de las obligaciones puede llevar a la suspensión de la prestación (art. 363 de la LGSS) como medida cautelar, previa advertencia al beneficiario. Además, puede conllevar la aplicación de sanciones según la Ley de Infracciones y Sanciones del Orden Social, y en su caso, la calificación de la pensión como percepción indebida, con el consiguiente deber de reintegro dentro del plazo de prescripción previsto en el art. 55.3 de la LGSS.

Compatibilidades e incompatibilidades

El derecho a pensión no contributiva de incapacidad no impide el ejercicio de aquellas **actividades laborales, sean o no lucrativas, compatibles** con la discapacidad del pensionista y que no representen un cambio en su capacidad real para el trabajo. Según la normativa vigente, el beneficiario de una pensión no contributiva de invalidez puede compatibilizar la percepción de la misma con el trabajo remunerado, siempre que se cumplan ciertos requisitos y limitaciones:

- **Compatibilidad con el trabajo:** la pensión no contributiva de invalidez es compatible con el ejercicio de actividades laborales, siempre que estas sean compatibles con la discapacidad del pensionista y no representen un cambio en su capacidad real para el trabajo.

- **Límites económicos:** en el caso de personas que con anterioridad al inicio de una actividad lucrativa vinieran percibiendo pensión de invalidez en su modalidad no contributiva, durante los cuatro años siguientes al inicio de la actividad, la suma de la cuantía de la pensión de invalidez y de los ingresos obtenidos por la actividad desarrollada no podrá ser superior, en cómputo anual, al importe, también en cómputo anual, de la suma del indicador público de renta de efectos múltiples, excluidas las pagas extraordinarias y la pensión de invalidez no contributiva vigentes en cada momento. En caso de exceder de dicha cuantía, se minorará el importe de la pensión en la cuantía que resulte necesaria para no sobrepasar dicho límite.

- **Complemento de gran invalidez:** La reducción de la pensión citada en el punto anterior no afectará al complemento en caso de grado de discapacidad igual o superior al 75 por ciento y necesidad de ayuda para la realización de los actos esenciales de la vida, como vestirse, desplazarse, comer o análogos. (art. 364.6 y 366 de la LGSS).

- **Recuperación automática de la pensión: en caso de cese en la actividad laboral**: la PNC se recuperará automáticamente, según lo dispuesto en el art. 363 de la Ley General de la Seguridad Social.

La PNC de incapacidad es **incompatible** con:

- La pensión no contributiva de jubilación.

- Con pensiones asistenciales (PAS).

- Con subsidios de garantía de ingresos mínimos y por ayuda de tercera persona de la Ley de Integración Social de los Minusválidos (LISMI).

- Con la condición de causante de la asignación familiar por hijo a cargo con discapacidad.

CUESTIÓN

¿Existe una incompatibilidad general de la PNC de incapacidad con otras prestaciones?

El art.163 de la LGSS establece una regla general de incompatibilidad entre pensiones de la Seguridad Social del Régimen General entre sí «cuando coincidan en un mismo beneficiario, a no ser que expresamente se disponga lo contrario, legal o reglamentariamente». Aunque no hay una regla específica para las pensiones no contributivas, es esencial tener un bajo nivel de rentas, lo que dificulta la compatibilidad con otra pensión del Sistema de Seguridad Social.

JURISPRUDENCIA

STS, rec. 3321/2011, de 28 de septiembre de 2012 y STS, rec. 706/2010, de 28 de octubre de 2010

Se deben computar, a efectos de acreditar la carencia de rentas exigible para causar la pensión de invalidez en su modalidad no contributiva, las fincas rústicas heredadas no su valor de tasación, sino por el importe de los frutos o de las rentas que producen. Incluso cuando se vende, supuesto en el que sólo se computan como renta las plusvalías.

STS n.º 75/2023, de 26 de enero del 2023, ECLI:ES:TS:2023:655, STS n.º 342/2018, de 22 de marzo de 2018, ECLI:ES:TS:2018:1443

Incompatibilidad de la pensión de incapacidad no contributiva con la renta activa de inserción. En ellas se parte de la existencia de un mandato legal y reglamentario que, claramente, impiden que se pueda estar percibiendo la prestación de invalidez no contributiva al mismo tiempo que la renta activa de inserción, sometiéndose la percepción de esta última a que se produzca la suspensión de la prestación no contributiva de invalidez.

RESOLUCIÓN RELEVANTE

STSJ de Cataluña n.º 8353/2014 de 16 diciembre, ECLI:ES:TSJCAT:2014:12243 y STSJ de Madrid, rec. 4926/2004, de 02 de diciembre del 2004, ECLI:ES:TSJM:2004:14970

La sentencia establece que la prestación no contributiva de invalidez se otorga en atención a la capacidad económica y situación de minusvalía del solicitante, y no impone requisitos que afecten a la capacidad laboral del beneficiario. Además, se menciona que la normativa permite la compatibilidad de esta prestación con el trabajo, lo que refuerza la posibilidad de percibir el subsidio de desempleo.

Extinción

El derecho a la pensión de invalidez, en su modalidad no contributiva, se extinguirá cuando en el beneficiario concurra alguna de las siguientes circunstancias:

- Pérdida de su condición de residente legal o traslado de su residencia fuera de territorio español por tiempo superior al límite establecido (art. 10.2 del Real Decreto 357/1991, de 15 de marzo).
- Mejoría de la discapacidad o enfermedad crónica padecidas que determine un grado inferior al 65 por 100.
- Disponer de rentas o ingresos suficientes (art. 11 del Real Decreto 357/1991, de 15 de marzo).
- Fallecimiento del beneficiario.

CUESTIÓN

El hecho de superar el límite de rentas establecido, ¿supondrá la extinción automática de la PNC?

No. Producirá la suspensión en los términos regulados por el art. 17 del Real Decreto 357/1991, de 15 de marzo.

Complemento para titulares de pensión no contributiva que residan en vivienda alquilada

El reconocimiento de este complemento se rige por lo dispuesto en el Real Decreto 1191/2012, de 3 de agosto, por el que se establecen normas para el reconocimiento del complemento de pensión para el alquiler de vivienda a favor de los pensionistas de la Seguridad Social en su modalidad no contributiva. Podrán ser beneficiarias de este complemento las personas que reúnan, a la fecha de la solicitud, los siguientes requisitos:

– Tener reconocida una pensión de jubilación o invalidez de la Seguridad Social en su modalidad no contributiva, en la fecha de la solicitud y en la de resolución.

– Carecer de vivienda en propiedad.

– Ser titular del contrato de arrendamiento de la vivienda.

– No tener con el arrendador de la vivienda alquilada relación conyugal o de parentesco hasta el tercer grado ni constituir con aquél una unión estable y de convivencia con análoga relación de afectividad a la conyugal.

– Tener fijada su residencia, como domicilio habitual, en una vivienda alquilada. Se entenderá que es el domicilio habitual cuando la vigencia del arrendamiento no sea inferior a un año y haya residido en la misma durante un período mínimo de 180 días anteriores a la fecha de la solicitud.

– Si en la misma vivienda alquilada conviven dos o más personas que tuvieran reconocida una PNC, sólo tendrá derecho a este complemento aquel que sea el titular del contrato de arrendamiento o, de ser varios, el primero de ellos.

Este complemento se regula en virtud de la distinta normativa existente en cada CC.AA.

El requisito de residencia habitual en la vivienda alquilada exigido para el reconocimiento del derecho al complemento de pensión se entenderá cumplido cuando dicha vivienda sea el domicilio habitual del pensionista. A tal efecto, se entenderá que la vivienda es el domicilio habitual cuando la vigencia del arrendamiento no sea inferior a un año y el pensionista haya residido en la misma durante un período mínimo de 180 días inmediatamente anteriores a la fecha de la solicitud.

Exclusión del complemento en el cómputo de ingresos para mantener el derecho a la pensión no contributiva de la Seguridad Social.

La cuantía del complemento de pensión reconocido a los perceptores de pensión de jubilación y de invalidez de la Seguridad.

9.
LA INCAPACIDAD PERMANENTE EN LOS REGÍMENES ESPECIALES DE LA SEGURIDAD SOCIAL

Dentro del Régimen General se incluyen **sistemas especiales** como el de trabajadores por cuenta ajena agrarios, empleados de hogar, y otros sistemas relacionados con actividades específicas como la industria resinera o servicios de hostelería.

Los **regímenes especiales** son aquellos establecidos para actividades profesionales que, por su naturaleza, condiciones de tiempo y lugar, o índole de sus procesos productivos, requieren un tratamiento específico para la aplicación de los beneficios de la Seguridad Social.

A continuación analizamos aspectos de interés en la IP relacionada con los principales sistemas y regímenes especiales de la Seguridad Social.

9.1. Requisitos generales para causar derecho a la prestación en los regímenes y sistemas especiales

Con carácter general, para acceder a la incapacidad permanente en los regímenes especiales de la Seguridad Social, se deben cumplir los siguientes requisitos y características:

- **Estar en alta o en situación asimilada al alta:** es necesario que el trabajador esté en alta en el régimen correspondiente o en una situación asimilada al alta. En casos de incapacidad permanente absoluta o gran invalidez derivada de contingencias comunes, también se puede acceder desde una situación de no alta.

- **Reunir el período mínimo de cotización exigido:** cada régimen especial tiene un período mínimo de cotización que debe ser cumplido para tener derecho a la prestación. Este período varía según el régimen y la naturaleza de la incapacidad. A efectos de las pensiones contributivas de incapacidad permanente, se computarán a favor de la trabajadora solicitante de la pensión un total de ciento doce días completos de cotización por cada parto de un solo hijo y de 14 días más por cada hijo a partir del segundo, este incluido, si el parto fuera múltiple, salvo que, por ser trabajadora o funcionaria en el momento del parto, se hubiera cotizado durante la totalidad de las dieciséis semanas o durante el tiempo que corresponda si el parto fuese múltiple (art. 235 de la LGSS).

– **Estar al corriente en el pago de las cuotas:** el trabajador debe estar al día en el pago de las cuotas de la Seguridad Social. Aplicándose el mecanismo de invitación al pago previsto en el art. 28.2 del Decreto 2530/1970, de 20 de agosto (art. 47 LGSS).

9.2. Prestación de incapacidad permanente en el RETA

PARTICULARIDADES EN LA INCAPACIDAD PERMANENTE DE LOS AUTÓNOMOS	– Estar al corriente en el pago de cuotas, de las que sean responsables directos los trabajadores. – En caso de no estar al corriente en el pago de las cuotas: invitación al pago.	
	IPP	No se protege para contingencias comunes.
	IPT	– Se reconoce el incremento del 20 por 100 para mayores de 55 años (situaciones a partir de 01-01-2003). – Indemnización: dentro de los 30 días siguientes a la declaración de la incapacidad. Se podrá optar entre una cantidad a tanto alzado de 40 mensualidades de la base reguladora o una pensión vitalicia. – Siempre que el trabajador no tuviese cumplidos los 60 años de edad.
	Contingencias profesionales:	– No existe la posibilidad de establecer recargo por falta de medidas de prevención. – BR: según cotización en la fecha del hecho causante. – IPP: ocasiona al trabajador una disminución no inferior al 50 por 100 en su rendimiento normal para su profesión.

PARTICULARIDADES EN LA INCAPACIDAD PERMANENTE DE LOS AUTÓNOMOS	BR	**A partir del 01/01/2026,** en los supuestos en que en el período que haya de tomarse para el cálculo de la base reguladora aparecieran, con posterioridad a la extinción de la prestación económica por cese de actividad, períodos durante los cuales no hubiese existido obligación de cotizar, se integrarán las lagunas de cotización de los siguientes seis meses de cada uno de dichos períodos con la base mínima de la tabla general de este régimen especial.

Se reconoce con las mismas condiciones que en el Régimen General, pero con las siguientes peculiaridades:

a) Incapacidad permanente parcial para la profesión habitual

La incapacidad permanente parcial en el RETA solo se protege cuando derive de contingencias profesionales. (**STS, rec. 3756/2014, de 29 de marzo de 2016, ECLI:ES:TS:2016:1753**).

Los trabajadores incluidos en este régimen especial podrán mejorar voluntariamente el ámbito de su acción protectora, incorporando la correspondiente a las contingencias de accidentes de trabajo y enfermedades profesionales, siempre que tengan cubierta dentro del mismo régimen especial la prestación económica por incapacidad temporal (art. 316 de la LGSS). (**STS, rec. 3219/2005, de 28 de febrero de 2007, ECLI:ES:TS:2007:2626,** y STS, **rec. 1018/2011, de 23 de diciembre de 2011, ECLI:ES:TS:2011:9293**).

Atendiendo a lo dispuesto en la **STS, rec. 3557/2008, de 15 de septiembre de 2009, ECLI:ES:TS:2009:5992**: «que citando sentencias anteriores de esta Sala, razonó que "el art. 27 del Decreto 2530/1970, de 20 de agosto, por el que se regula el Régimen Especial de la Seguridad Social de los Trabajadores por Cuenta Propia o Autónomos, prescribe lo siguiente: 1. La acción protectora de este Régimen Especial comprenderá: a) prestaciones por invalidez en los grados de incapacidad permanente total para la profesión habitual, incapacidad permanente absoluta para todo trabajo y gran invalidez (...). Por su parte el art. 36.1 dispone que estará protegida por este Régimen Especial de la Seguridad Social la situación de invalidez permanente, cualquiera que fuera su causa, en sus grados de incapacidad permanente total para la profesión habitual, incapacidad permanente absoluta para todo trabajo y gran invalidez. Y advierte que los textos transcritos de los precitados artículos 27.1a) y 36.1 del Decreto 2530/1970 son respectivamente reiterados en sus mismos términos por los art. 56.1 a) y 74.1 del a O.M. de 24 de septiembre de 1970, por la que se dictan normas para la aplicación y desarrollo del Régimen Especial de la Seguridad Social de los Trabajadores por Cuenta Propia o Autónomos. Así pues conforme a estas normas la acción protectora del RETA no se extiende a la incapacidad permanente parcial"».

Cuando la invalidez permanente derive de accidente, si el trabajador autónomo se encuentra en alta o en situación asimilada al alta, para tener derecho a la pensión, deberá acreditar un mínimo de 60 meses de cotización, dentro de los 10 últimos años. (STS, rec. 3316/2009, de 12 de mayo de 2010, ECLI:ES:TS:2010:3244).

b) Incapacidad permanente total para la profesión habitual

Pensión vitalicia del 55 por ciento de la base reguladora o una indemnización de cuarenta mensualidades de la citada base. La pensión de incapacidad permanente total para la profesión habitual se incrementará en un 20 por ciento de la base reguladora que se tenga en cuenta para determinar la cuantía de la pensión, cuando se acrediten los siguientes requisitos (art. 58.2 del Decreto 3772/1972, de 23 de diciembre):

– Que el pensionista tenga una edad igual o superior a los 55 años. En los casos en los que el reconocimiento inicial de la pensión de incapacidad permanente se efectúe a una edad inferior a la señalada, el incremento del 20 por ciento se aplicará desde el día 1.º del mes siguiente a aquel en que el trabajador cumpla los 55 años de edad, siempre que a dicha fecha se reúnan los requisitos establecidos en los párrafos siguientes. En los supuestos en que el derecho al incremento del 20 por ciento nazca en un año natural posterior a aquel en que se produjo el reconocimiento inicial de la pensión de incapacidad permanente total para la profesión habitual, a ésta, incrementada con el mencionado 20 por ciento, se le aplicarán las revalorizaciones que, para las pensiones de la misma naturaleza, hubiesen tenido lugar desde la expresada fecha.

– Que el pensionista no ejerza una actividad retribuida por cuenta ajena o por cuenta propia que dé lugar a su inclusión en cualquiera de los regímenes de la Seguridad Social. El incremento de la pensión quedará en suspenso durante el período en que el trabajador obtenga un empleo o efectúe una actividad lucrativa por cuenta propia que sea compatible con la pensión de incapacidad permanente total que viniese percibiendo.

– Que el pensionista no ostente la titularidad de una explotación agraria o marítimo-pesquera, o de un establecimiento mercantil o industrial como propietario, arrendatario, usufructuario u otro concepto análogo.

c) No se integran las lagunas de cotización con la base mínima hasta el año 2026

En el caso de los trabajadores autónomos, históricamente no había sido de aplicación la integración de períodos no cotizados con bases mínimas establecidos en el art. 197.4 de la LGSS. (STS, rec. 1394/2010, de 24 de enero de 2011, ECLI:ES:TS:2011:318, y STS, rec. 3506/2005, de 21 de septiembre de 2006, ECLI:ES:TS:2006:5524). No obstante, la reforma de las pensiones 2023 supuso un cambio de criterio al permitir, desde el 01/01/2026, «en los supuestos en que en el período que haya de tomarse para el cálculo de la base reguladora aparecieran, con posterioridad a la extinción de la prestación económica por cese de actividad, períodos durante los cuales no hubiese existido obligación de cotizar, se integrarán las lagunas de cotización de los siguientes seis meses de cada uno de dichos períodos con la base mínima de la tabla general de este régimen especial».

RESOLUCIÓN RELEVANTE

STSJ de Cantabria, rec. 27/2023, de 27 de febrero de 2023, ECLI:ES:TSJCANT:2023:102

Se analiza el cálculo de la base reguladora de la incapacidad permanente total para la profesión habitual de un autónomo desde una situación asimilada al alta sin cotizaciones en los años anteriores al hecho causante. El cálculo de la base reguladora debe hacerse tomando en consideración las últimas bases de cotización con las revalorizaciones pertinentes. En el caso de trabajadores autónomos no se admite la integración de lagunas (art. 197.4 de la LGSS):

«(...) "el supuesto de falta de cotización en los 15 años anteriores al hecho causante no está regulado ni en la LGSS, ni en sus disposiciones de aplicación y desarrollo, porque: 1º) se está ante un supuesto específico que no ha sido objeto de regulación, pues no cabe entender que se haya querido negar el contenido económico del derecho, ya que en ese caso no hubiese permitido el acceso a la prestación; 2º) hay semejanza entre este supuesto específico y los regulados en el Anexo VI.D. 4 del Reglamento 1408/1971 (hoy sustituido por el Reglamento CEE 883/2004) y en el Decreto 1646/1972, pues en los dos supuestos el solicitante cumple los requisitos de acceso a la protección y tiene derecho a la prestación y en los dos casos no hay bases computables para su cálculo y 3º) hay identidad de razón: solucionar el problema que deriva de la falta de cotización en el periodo de cómputo cuando no se puede acudir a la integración de lagunas prevista en los arts. 140.4 y 162.1.2 de la LGSS", precisando las referidas sentencias de casación unificadora que "no se trata propiamente de una aplicación de la técnica del 'paréntesis'... sino de un cálculo de la base reguladora sobre un periodo de cómputo diferido en función de la extinción de la obligación de cotizar"».

9.3. Prestación por incapacidad permanente en el Régimen Especial de Empleados de Hogar

La base reguladora de las prestaciones de incapacidad permanente y de muerte y supervivencia, derivadas de contingencias profesionales, será equivalente a la base de cotización del empleado de hogar en la fecha del hecho causante de la prestación.

Respeto de las prestaciones de incapacidad permanente e indemnizaciones por lesiones permanentes no invalidantes, se estará a lo dispuesto en el Real Decreto 1300/1995, de 21 de julio, por el que se desarrolla, en materia de incapacidades laborales del sistema de la Seguridad Social, en la Ley 42/1994, de 30 de diciembre, de medidas fiscales, administrativas y de orden social, y en sus normas de aplicación y desarrollo.

La D.T. 16.ª de la LGSS fijaba que durante el periodo comprendido entre el año 2012 y el año 2023, para el cálculo de la base reguladora de las pensiones de incapacidad permanente derivada de contingencias comunes causadas en dicho período por los empleados de hogar respecto de los periodos cotizados en este sistema especial, solo se tenían en cuenta los periodos realmente cotizados. No obstante, teniendo en cuenta la citada DT, a partir del 2024, debemos entender que, en estos casos, resultará de aplicación lo previsto en el apdo. 4 del art. 197 y en el art. 209.1. b) de la LGSS, en los que se establece que, si para los períodos que hayan de tomarse para el cálculo de la base reguladora, aparecieran meses durante los cuales no hubiese existido obligación de cotizar, las primeras cuarenta y ocho mensualidades se integrarán con la base mínima de entre todas las existentes en cada momento, y el resto de las mensualidades con el 50 por ciento de dicha base mínima.

JURISPRUDENCIA

STS, rec. 5129/2005, de 22 de marzo de 2007, ECLI:ES:TS:2007:250

Base reguladora de la pensión de incapacidad permanente total de una trabajadora del Régimen Especial de Empleados del Hogar: aplicación de la doctrina del paréntesis. (STSJ de Galicia n.º 2243/2010, de 30 de abril de 2010, ECLI:ES:TSJGAL:2010:4768; STSJ de Aragón, n.º 168/2012, de 11 de abril de 2012, ECLI:ES:TSJAR:2012:395; STSJ de Andalucía, n.º 2221/2011, de 29 de septiembre de 2011, ECLI:ES:TSJAND:2011:8533, y STS, rec. 1419/2010, de 14 de diciembre de 2010, ECLI:ES:TS:2010:7625).

No se reconoce la prestación de incapacidad permanente a un empleado de hogar cuando las limitaciones funcionales de la trabajadora solo dificultan tareas concretas, no identificables con las esenciales de la profesión, además el art. 137.4 de la LGSS alude a la imposibilidad y no a la mera dificultad.

9.4. Prestación por incapacidad permanente para los trabajadores agrarios por cuenta ajena

Los trabajadores incluidos en el Sistema Especial para Trabajadores por Cuenta Ajena Agrarios tendrán derecho a las prestaciones de la Seguridad Social en los términos y condiciones establecidos en el Régimen General de la Seguridad Social, con las peculiaridades que se señalan en el art. 256 de la LGSS.

Para el acceso a la IP por parte de este colectivo la LGSS se limita a especificar: «Para el cálculo de la base reguladora de las pensiones de incapacidad permanente derivada de contingencias comunes y de jubilación causadas por los trabajadores agrarios por cuenta ajena respecto de los periodos cotizados en este sistema especial solo se tendrán en cuenta los períodos realmente cotizados, no resultando de aplicación lo previsto en los artículos 197.4 y 209.1.b)». Por tanto, no existe integración de lagunas en caso de IP derivada de contingencias comunes (art. 256.7 de la LGSS). (**STSJ de Castilla y León, rec. 33/2018, de 26 de febrero de 2018, ECLI:ES:TSJCL:2018:715**).

JURISPRUDENCIA

STS, rec. 618/2004, de 15 de marzo de 2005, ECLI:ES:TS:2005:1589

El Tribunal Supremo determinó que únicamente debe reconocerse a los trabajadores por cuenta propia incluidos en el Régimen Especial Agrario el incremento del 20 % consecuencia del reconocimiento de la incapacidad permanente total «cualificada» cuando se trate de situaciones de incapacidad permanente declaradas con posterioridad a la aplicación del Real Decreto 463/2003, de 25 de abril (1 de enero de 2003).

9.5. Prestación por incapacidad permanente para los trabajadores agrarios por cuenta propia

Los autónomos agrarios afiliados al SETA quedan protegidos siempre que accedan voluntariamente a la acción protectora de esta cobertura, incorporando las contingencias profesionales, y, además, previa o simultáneamente, hayan optado acogerse a la mejora de la prestación por incapacidad temporal.

La calificación de la incapacidad permanente en sus distintos grados se determinará en función del porcentaje de reducción de la capacidad de trabajo que reglamentariamente se establezca. La cuantía de la prestación dependerá del grado de incapacidad reconocido y del cálculo de la base reguladora, atendiendo a parámetros de tipo de incapacidad y edad del interesado. A estos efectos serán de aplicación la siguiente regulación:

- Apdos. 2 y 3 del art. 194 de la LGSS de la LGSS, en relación a la calificación de los grados de incapacidad permanente.
- Art. 195 (excepto el apdo. 2) de la LGSS, en relación al período mínimo de cotización, exclusión en caso de cumplimiento de la edad ordinaria de jubilación, necesidad de situación de alta o asimilada a la de alta, etc.
- Apdos. 1, 2 y 3 del art. 197 de la LGSS, respecto a la base reguladora de las pensiones de incapacidad permanente derivada de enfermedad común.
- Art. 200 de la LGSS, en relación a la calificación y revisión.

En el SETA no se protege:

- La incapacidad permanente parcial derivada de contingencias comunes (al igual que en el RETA solo se protege cuando derive de contingencias profesionales). (STS n.º 861/2016, de 18 de octubre de 2016, ECLI:ES:TS:2016:4794).
- Lesiones permanentes no incapacitantes por contingencias comunes.

9.6. Prestación por incapacidad permanente en el Régimen Especial del Mar

La prestación económica por incapacidad permanente otorgada por este Régimen Especial se regirá por las normas establecidas para el Régimen General o, en su caso, el Régimen Especial de la Seguridad Social de los Trabajadores por Cuenta Propia o Autónomos (art. 29 de la Ley 47/2015, de 21 de octubre).

Serán beneficiarias de dicha prestación, en el grado correspondiente, las personas trabajadoras por cuenta ajena y por cuenta propia incluidas en este Régimen Especial que sean declaradas en tal situación y que, además de reunir la condición exigida legalmente, hubieran cubierto el período mínimo de cotización exigido en el texto refundido la Ley General de la Seguridad Social, salvo que dicha situación derive de accidente, sea o no de trabajo, o enfermedad profesional, en cuyo caso no será exigido ningún periodo previo de cotización.

No obstante, lo establecido en el párrafo anterior, las pensiones de incapacidad permanente en los grados de incapacidad permanente absoluta para todo trabajo o gran invalidez, derivadas de contingencias comunes podrán causarse aunque los interesados no se encuentren en el momento del hecho causante en alta o situación asimilada a la de alta.

El procedimiento para la evaluación de la incapacidad se inicia por el ISM de oficio, a petición de parte o por alguna entidad colaboradora de la Seguridad Social capacitada.

RESOLUCIONES RELEVANTES

STSJ de Galicia, rec. 4912/1996, de 3 de enero de 2000, ECLI:ES:TSJGAL:2000:551 y STSJ de Galicia, rec. 2145/1999, de 19 de septiembre de 2000, ECLI:ES:TSJGAL:2000:7098

No procederá el reconocimiento del derecho a la prestación de incapacidad permanente derivada de contingencias comunes cuando el beneficiario, en la fecha del hecho causante, alcance la edad para acceder a la jubilación ordinaria con o sin la aplicación de coeficientes reductores.

10.
OTROS ASPECTOS DE INTERÉS RELACIONADOS CON LA IP

10.1. Abono del subsidio por incapacidad temporal más allá de 730 días en caso de demora en la calificación de la incapacidad permanente

En los supuestos excepcionales en los que la calificación de la incapacidad permanente se demora más allá del plazo máximo de 730 días, corresponde a las mutuas colaboradoras con la Seguridad Social la responsabilidad del abono de la prestación de IT respecto de sus asociados.

En el ámbito de la Seguridad Social, la demora en la calificación de la IP desde la situación de incapacidad temporal representa una etapa crítica. Este mecanismo se activa en situaciones donde se busca extender el periodo de incapacidad temporal más allá de los 18 meses usualmente establecidos.

De conformidad con el artículo 174.2 de la LGSS, cuando la situación de IT se extinga por el transcurso del plazo de 545 días, se debe examinar necesariamente el estado del incapacitado a efectos de su calificación en el grado de incapacidad permanente que corresponda, en el plazo máximo de 90 días. En los casos señalados en el párrafo segundo de dicho precepto, resulta posible demorar la referida calificación, retrasándola por el período preciso, que en ningún caso podrá rebasar los 730 días. No obstante, pueden darse casos excepcionales en que, agotados los plazos indicados, no se haya producido la calificación de incapacidad permanente, prolongándose, por tanto, los efectos de la situación de IT más allá de los 730 días.

Durante estos períodos (noventa días de calificación y de demora de la calificación), no subsistirá la obligación de cotizar. (*Incapacidad temporal. Paso a paso*. Colex. Año 2023).

> **A TENER EN CUENTA.** La posibilidad de que la calificación de la incapacidad permanente pueda prolongarse más allá de los 730 días es una situación excepcional. Ante esta situación de excepcionalidad, el abono de la prestación de IT es responsabilidad de las mutuas. (Criterio de gestión n.º 26/2023, de 16 de octubre. INSS).

> **RESOLUCIÓN RELEVANTE**
>
> **STSJ de Galicia, rec. 3935/2020, de 7 de mayo de 2021, ECLI:ES:TSJGAL:2021:2950**
>
> Establece que el retraso en la calificación de la incapacidad permanente no puede afectar al derecho del trabajador a la prolongación de los efectos económicos de la incapacidad temporal hasta que se califique la incapacidad permanente, conforme al art. 174.5 de la LGSS.

10.2. Efectos de la IP sobre el contrato de trabajo. Visión actual y lo que se avecina

La ley reformada prohíbe la extinción del contrato laboral por incapacidad permanente, garantizando ajustes razonables y derechos para los trabajadores.

Visión actual

El ET hace referencia a los efectos de un IP sobre el contrato laboral en tres artículos:

Art. 49.1 e) del ET

«1. El contrato de trabajo se extinguirá:

..

e) Por muerte, gran invalidez o incapacidad permanente total o absoluta del trabajador, sin perjuicio de lo dispuesto en el artículo 48.2.»

Art. 45 del ET

«1. El contrato de trabajo podrá suspenderse por las siguientes causas:

..

c) Incapacidad temporal de los trabajadores».

Este precepto supone en la práctica que tras el agotamiento de los 545 días de IT, en caso de denegación de incapacidad permanente, la persona trabajadora pueda reincorporarse a su puesto de trabajo.

Art. 48.2 del ET

«2. En el supuesto de incapacidad temporal, producida la extinción de esta situación con declaración de incapacidad permanente en los grados de incapacidad permanente total para la profesión habitual, absoluta para todo trabajo o gran invalidez, cuando, a juicio del órgano de calificación, la situación de incapacidad del trabajador vaya a ser previsiblemente objeto de revisión por mejoría que permita su reincorporación al puesto de trabajo, subsistirá la suspensión de la relación laboral, con reserva del puesto de trabajo, durante un periodo de dos años a contar desde la fecha de la resolución por la que se declare la incapacidad permanente».

Lo que se avecina: Proyecto de Ley por el que se modifica la extinción del contrato en caso de IPT o IPA

El Boletín Oficial de la Cortes Generales del pasado 13/09/2024 ha publicado el *«Proyecto de Ley por la que se modifican el texto refundido de la Ley del Estatuto de los Trabajadores, aprobado por el Real Decreto Legislativo 2/2015, de 23 de octubre, en materia de extinción del contrato de trabajo por incapacidad permanente de las personas trabajadoras, y el texto refundido de la Ley General de la Seguridad Social, aprobado por el Real Decreto Legislativo 8/2015, de 30 de octubre, en materia de incapacidad permanente»*. A pesar de que **hasta su publicación en el BOE no entrará en vigor**, el Proyecto de ley nos permite ver las **claves de la nueva redacción cuando se publique la modificación de los arts. 49.1 del ET y 174.5 de la LGSS** mediante la cual **la empresa no podrá extinguir el contrato de trabajo en caso de IPA o IPT cuando la persona trabajadora solicite que se realicen los ajustes razonables en su puesto de trabajo.**

Modificación del Estatuto de los Trabajadores

– Se modifica la letra e) del artículo 49.1, que queda redactada como sigue:

«e) Por muerte de la persona trabajadora».

> **A TENER EN CUENTA.** Se elimina la posibilidad de extinción del contrato en caso de gran invalidez o incapacidad permanente total o absoluta del trabajador.

– Se añade una nueva letra n) en el artículo 49.1, que queda redactada como sigue:

«n) Por declaración de incapacidad permanente absoluta o total de la persona trabajadora o reconocimiento del complemento de asistencia de tercera persona, sin perjuicio de lo dispuesto en el artículo 48.2, **cuando no sea posible realizar los AJUSTES RAZONABLES O EL CAMBIO A UN PUESTO DE TRABAJO VACANTE Y DISPONIBLE, acorde** con el perfil profesional y compatible con la nueva situación de la persona trabajadora, por constituir una carga excesiva para la empresa.

Para determinar si la **carga es excesiva para la empresa** se tendrá en cuenta si puede ser paliada en grado suficiente mediante medidas, ayudas o subvenciones públicas para personas con discapacidad, así como los costes que la adaptación implique, en relación con el salario medio, el tamaño y el volumen de negocios de la empresa.

La persona trabajadora dispondrá de un **plazo de diez días naturales** desde la fecha de notificación de la resolución en la que se califique la incapacidad permanente en alguno de los grados citados en el párrafo anterior para manifestar **por escrito a la empresa su voluntad de mantener la relación laboral**.

La empresa dispondrá de un **plazo máximo de tres meses**, contados desde la fecha de notificación de la resolución en la que se califique la incapacidad permanente, para realizar los **ajustes razonables**, el cambio de puesto de trabajo o, cuando ambas opciones resulten una carga excesiva, para proceder a la extinción del contrato. La decisión será motivada y deberá comunicarse por escrito a la persona trabajadora.

Los **servicios de prevención** determinará, de conformidad con lo establecido en la normativa sobre prevención de riesgos laborales y con la participación de la representación de las personas trabajadoras en materia de prevención de riesgos laborales, el **alcance y las características de las medidas de ajuste**, incluidas las relativas a la formación, información y vigilancia de la salud de la persona trabajadora, e **identificarán los puestos de trabajo compatibles con la nueva situación de la persona trabajadora**».

Modificación de la Ley General de la Seguridad Social

El art. 174.5 de la Ley General de la Seguridad Social, quedará modificado como sigue:

«5. Sin perjuicio de lo dispuesto en los apartados anteriores, cuando la extinción se produjera por alta médica con propuesta de incapacidad permanente, o por el transcurso de los quinientos cuarenta y cinco días naturales, el trabajador estará en la situación de prolongación de efectos económicos de la incapacidad temporal hasta que se notifique la resolución en la que se califique la incapacidad permanente.

En los supuestos a los que se refiere el párrafo anterior, cuando se reconozca la prestación de incapacidad permanente y esta determine la extinción de la relación laboral, de acuerdo con lo previsto en el artículo 49.1.n) o su suspensión con reserva del puesto de trabajo conforme al artículo 48.2, ambos del texto refundido de la Ley del Estatuto de los Trabajadores, los efectos de la prestación de incapacidad permanente coincidirán con la fecha de la resolución de la entidad gestora por la que se reconozca, salvo que la misma sea superior a la que venía percibiendo el trabajador en concepto de prolongación de los efectos de la incapacidad temporal, en cuyo caso se retrotraerán aquellos efectos al día siguiente al de extinción de la incapacidad temporal.

En aquellos casos en los que, de acuerdo con lo establecido en el artículo 49.1.n) del texto refundido del Estatuto de los Trabajadores, la declaración de incapacidad permanente en los grados de total, absoluta o complemento de asistencia de tercera personas no determine la extinción de la relación laboral, por llevar a cabo la empresa la adaptación razonable, necesaria y adecuada del puesto de trabajo a la nueva situación de incapacidad declarada o por haber destinado a otro puesto a la persona trabajadora, los efectos económicos de la incapacidad temporal se mantendrán durante el período transcurrido entre la fecha de notificación de la resolución en la que se califique la incapacidad permanente y la de reanudación de la prestación de servicios para la empresa, con un máximo de tres meses.

En los supuestos a los que se refiere el párrafo anterior, los efectos económicos de la prestación de incapacidad permanente quedarán suspendidos en tanto se mantenga el desempeño del mismo puesto de trabajo con adaptaciones, u otro que resulte incompatible con la percepción de la pensión que corresponda, de acuerdo con el artículo 198. Si no llegara a producirse la citada adaptación del puesto de trabajo ni la recolocación en otro puesto incompatible con la percepción, se iniciará el pago de la pensión de incapacidad permanente a partir de la fecha en que se solicite, siempre que sea dentro de los tres meses siguientes a la fecha en la que la empresa comunique la imposibilidad de adaptación o recolocación. En caso contrario, la pensión tendrá una retroactividad máxima de tres meses, a contar desde la solicitud. En estos dos últimos casos, la prolongación de los efectos económicos de la incapacidad temporal se mantendrá hasta la fecha de efectos de la incapacidad permanente, con el límite máximo de tres meses desde la notificación de la resolución en la que se hubiera calificado la misma.

En caso de extinción de la incapacidad temporal anterior al agotamiento de los quinientos cuarenta y cinco días naturales de duración de la misma sin que exista ulterior declaración de incapacidad permanente, subsistirá la obligación de cotizar mientras no se extinga la relación laboral o hasta la extinción del citado plazo de quinientos cuarenta y cinco días naturales, de producirse con posterioridad dicha declaración de inexistencia de incapacidad permanente».

Adaptación terminológica

La disposición adicional única de la futura norma se refiere a la adaptación terminológica en el texto refundido de la Ley del Estatuto de los Trabajadores y en el texto refundido de la Ley General de la Seguridad Social, para adaptar la denominación de la «gran invalidez» y de la «invalidez no contributiva» a la reciente reforma del artículo 49 de la Constitución Española.

Disposición adicional única. Adaptación terminológica.

Las referencias contenidas en el texto refundido de la Ley General de la Seguridad Social y en el texto refundido de la Ley del Estatuto de los Trabajadores relativas a la «gran invalidez» se sustituyen por «complemento de asistencia de tercera persona». De igual manera, las referencias a la «invalidez no contributiva» en el texto refundido de la Ley General de la Seguridad Social, se sustituyen por «incapacidad no contributiva».

Entrada en vigor

La presente ley entrará en vigor el día siguiente al de su publicación en el «Boletín Oficial del Estado».

10.2.1. Suspensión del contrato por posible mejoría de incapacidad permanente

En el supuesto de incapacidad temporal, producida la extinción de esta situación con declaración de invalidez permanente en los grados de incapacidad permanente total para la profesión habitual, absoluta para todo trabajo o gran invalidez, cuando, a juicio del órgano de calificación, la situación de incapacidad del trabajador vaya a ser previsiblemente objeto de revisión por mejoría que permita su reincorporación al puesto de trabajo, subsistirá la suspensión de la relación laboral, con reserva del puesto de trabajo, durante un período de dos años a contar desde la fecha de la resolución por la que se declare la invalidez permanente (art. 48.2 del ET).

La incapacidad permanente del trabajador como causa de suspensión del contrato de trabajo

La normativa reguladora de esta suspensión del contrato de trabajo la encontramos en los arts. 48.2 del ET, 7 del Real Decreto 1300/1995, de 21 de julio y 8.2.c) del Real Decreto 2720/1998, de 18 de diciembre.

Al amparo del art. 48.2 del ET, en caso ciertos tipos de IP, se produce una suspensión del contrato de trabajo por un periodo de dos años, a contar desde la fecha de la declaración de la subsiguiente incapacidad permanente, si a juicio del órgano de calificación es posible una mejoría. Esta previsión ha resultado históricamente ciertamente conflictiva.

El citado art. 48.2 del ET establece que:

> «En el supuesto de incapacidad temporal, producida la extinción de esta situación con declaración de invalidez permanente en los grados de incapacidad permanente total para la profesión habitual, absoluta para todo trabajo o gran invalidez, cuando, a juicio del órgano de calificación, la situación de incapacidad del trabajador vaya a ser previsiblemente objeto de revisión por mejoría que permita su reincorporación al puesto de trabajo, subsistirá la suspensión de la relación laboral, con reserva del puesto de trabajo, durante un período de dos años a contar desde la fecha de la resolución por la que se declare la invalidez permanente».

Si bien toda declaración de invalidez permanente es revisable (por agravación o mejoría), conforme a lo dispuesto en el art. 200 de la LGSS, el art. 48 párrafo 2° del ET establece un periodo de dos años de reserva del puesto de trabajo, para el supuesto de producirse la extinción de la incapacidad temporal por declaración de incapacidad permanente (en los grados de total, absoluta o gran invalidez), y tal derecho se condiciona a que por el órgano de calificación se prevea que la revisión por mejoría que permita la reincorporación al puesto de trabajo se produzca dentro de los dos años contados a partir de la fecha de la resolución en la que se declara la invalidez permanente.

Según se acaba de ver, **para que pueda existir la suspensión del contrato es necesario que concurran los requisitos siguientes:**

– Que la incapacidad temporal del trabajador se haya extinguido por habérsele reconocido a éste alguno de los grados de invalidez antes citados (IPT, IPA o gran invalidez).

– Que sea previsible que el trabajador, dentro de los años siguientes a la fecha de la resolución que declara dicha invalidez, mejore de sus padecimientos y secuelas, hasta el punto de que su grado de incapacidad pueda ser revisado a la baja y además se pueda reincorporar a su trabajo. Así pues, tiene que preverse que la situación incapacitante del interesado va a mejorar dentro de esos dos años siguientes a la resolución, que por ello dentro de ese plazo se revisará por mejoría tal situación de incapacidad por el INSS y que, en razón a esa mejoría, se podrá reincorporar a su trabajo.

– Además todo esto se tiene que exponer y consignar en la resolución del INSS que declaró al trabajador en situación de IPT, IPA o gran invalidez, y que determinó la extinción de la incapacidad temporal.

Así lo impone el reiterado art. 48.2 del ET cuando exige que la situación indicada concurra *«a juicio del órgano de calificación»* de la invalidez permanente, y así lo entendió la STS, rec. 3645/2000, de 17 de julio del 2001, ECLI:ES:TS:2001:6276, poniendo en relación este artículo con el art. 200 de la LGSS, arts. 3, 6 y 7 del Real Decreto 1300/1995, de 21 de julio, y art. 13 de la Orden de 18 de enero de 1996; habiendo considerado esta sentencia del Tribunal Supremo que en los casos en que la incapacidad permanente es declarada y reconocida por primera vez por una sentencia judicial, para que se pueda aplicar esta prórroga de dos años de la suspensión del contrato de trabajo, es necesario que en esa sentencia se constate la mencionada previsibilidad *«de revisión por mejoría que permita su reincorporación al puesto de trabajo».* (**SJS de Madrid, rec. 1168/2022, de 9 de mayo de 2023, ECLI:ES:JSO:2023:4351**).

CUESTIONES

La suspensión del contrato por posible mejoría de IP: ¿Se aplica a los contratos de sustitución por interinidad?

La norma no establece excepciones. La interinidad se extiende hasta la reincorporación o confirmación de incapacidad permanente. La duración del contrato de interinidad por sustitución se ha de prolongar hasta la efectiva reincorporación en caso de que se confirme la mejoría, o hasta la extinción definitiva por mantenimiento de la incapacidad permanente total o absoluta (dos años). (En este sentido, STSJ de Cataluña n.° 5543/2023, de 4 de octubre, ECLI:ES:TSJCAT:2023:9398).

> **Durante la suspensión del contrato de trabajo hasta la posible revisión de la IP, ¿debe la empresa abonar las cantidades fijadas en convenio para el caso de IP?**
>
> Salvo especificación por convenio colectivo, con carácter general, las mejoras voluntarias a la IPT nacen en el momento en que gana firmeza la declaración de invalidez, es decir, tras el cumplimiento del plazo de revisión de dos años o ante el reconocimiento final de la IP con extinción del contrato. (STS n.º 68/20202, de 28 de enero de 2020, ECLI:ES:TS:2020:592 y STSJ de Madrid n.º 365/2023, de 28 de abril de 2023, ECLI:ES:TSJM:2023:5058).

Situaciones ante la revisión de la incapacidad

La subsistencia de la suspensión establecida en el ET sólo procede cuando en la correspondiente Resolución inicial del INSS para el reconocimiento de la incapacidad se haga constar un plazo para poder instar la revisión, ante previsible mejoría del incapacitado, igual o inferior a dos años.

Pueden darse dos tipos de situaciones ante la revisión de invalidez:

1. La **posibilidad de revisión.** Mientras el incapacitado no cumpla la edad de jubilación, tanto por mejoría como por empeoramiento de su situación, puede disminuirse la incapacidad o suponer una declaración de invalidez permanente definitiva que suponga la extinción de la relación laboral.

2. Una **revisión por mejoría.** En estos supuestos se producirá la suspensión de la relación laboral, con reserva del puesto de trabajo, durante un período de dos años a contar desde la fecha de la resolución por la que se declare la invalidez permanente.

Como se ha visto, el art. 48.2 del ET, en su redacción actual ha introducido un supuesto de suspensión del contrato de trabajo por dos años a contar desde la fecha de la resolución por la que se declare la invalidez permanente en aquellos supuestos en que *«la situación de incapacidad del trabajador vaya a ser previsiblemente objeto de revisión por mejoría que permita su incorporación al puesto de trabajo».* Tal situación constituye una especialidad importantísima respecto de la previsión general de revisión de las declaraciones de invalidez que se contiene en el art. 200.2 de la LGSS, puesto que, mientras en este precepto se limita a reconocer como principio general que toda invalidez es susceptible de revisión en tanto el interesado no haya cumplido la edad de jubilación, tanto por mejoría como por empeoramiento de la situación, previendo la fijación de un plazo no vinculante a partir del cual se podrá solicitar la revisión por cualquiera de las partes, en el art. 48.2 del ET, se parte de una revisión por mejoría no ya posible sino probable, puesto que se considera previsible que se producirá, y por ello se fija un plazo de suspensión de la relación laboral con reserva de puesto de trabajo que es vinculante para el empresario, en situación que no se produce ante la simple posibilidad de revisión que contempla el art. 200 de la LGSS. Esta doble y diferente previsión legislativa en materia de revisión de incapacidades permite distinguir entre una declaración de invalidez previsiblemente definitiva, y por ello extintiva de la relación laboral y una declaración de invalidez de probable revisión por mejoría y por ello suspensiva de la relación laboral.

Necesidad de plazo para poder instar la revisión por previsible mejoría

La subsistencia de la suspensión de la relación laboral, con reserva de puesto de trabajo, que se regula en el apartado 2 del artículo 48 del texto refundido de la Ley del Estatuto de los Trabajadores, sólo procederá cuando en la correspondiente resolución inicial de reconocimiento de invalidez, a tenor de lo previsto en el párrafo primero del art. 200.2 de la Ley General de la Seguridad Social, se haga constar un plazo para poder instar la revisión por previsible mejoría del estado invalidante del interesado, igual o inferior a dos años (art. 7 del Real Decreto 1300/1995, de 21 de julio).

En el supuesto al que se refiere el apartado anterior, se dará traslado al empresario afectado de la resolución dictada al efecto por la correspondiente Dirección Provincial del Instituto Nacional de la Seguridad Social.

Sentencia firme declarando la IP permanente sin previsión de mejoría

Como ya se ha señalado a lo largo de este apartado en repetidas ocasiones, la suspensión de la relación laboral con reserva del puesto de trabajo, va indisolublemente vinculada, a que el órgano de calificación estime que la situación de invalidez vaya a ser previsiblemente objeto de revisión por mejoría, y por ello solo en un recurso se puede modificar su apreciación, tanto si estima que puede ser objeto de mejoría, como si de modo expreso o implícito estima lo contrario. Atendiendo a esto, cuando una invalidez permanente total o absoluta haya adquirido firmeza, con respecto a la subsistencia de la suspensión de la relación laboral y consiguiente reserva del puesto de trabajo, implica dos consecuencias que es necesario resaltar, la primera que si no fue declarada la previsión de revisión por mejoría el trabajador perdió definitivamente el derecho a la reserva del puesto de trabajo, la segunda que el INSS no puede acordar la revisión por mejora hasta transcurridos dos años desde que fue declarada la invalidez, lo contrario significaría variar en contra del trabajador, el derecho que le reconoce el apdo. 2, art. 48 ET, pero esta imposibilidad del INSS de no acordar la mejora en dos años no le priva de sus funciones con respecto a posibles revisiones de la invalidez reconocida en plazos superiores.

A modo de resumen: una vez firme la sentencia que declare la invalidez permanente total o absoluta sin previsión de mejoría, ésta no puede ser mejorada por el INSS quedando la relación laboral extinguida en virtud del art. 49.e) del ET. Este tipo de extinción, salvo mejora voluntaria a la IPT establecida por convenio colectivo, no implica indemnización alguna.

RESOLUCIÓN RELEVANTE

STSJ de Cataluña n.º 515/2015, de 27 de enero, ECLI:ES:TSJCAT:2015:426

Citando STS de 31 de enero de 2008 «*El art. 45-1-c) del ET declara que es causa de suspensión del contrato de trabajo la incapacidad temporal del trabajador"; y, según dispone el art. 48.1 ET, en tal caso "al cesar las causas legales de suspensión, el trabajador tendrá derecho a la reincorporación al puesto de trabajo reservado´. Ahora bien, según se acaba de ver el art. 48.2 establece una prórroga a la situación de suspensión del contrato laboral derivada en principio de incapacidad temporal, a pesar de que esta situación de IT se haya extinguido, en la cual prórroga persiste la reserva del puesto de trabajo. A la vista del mandato contenido en este precepto, resulta claro que para que pueda existir esta prórroga de la suspensión del contrato es necesario que concurran los requisitos siguientes: a).- Que la incapacidad temporal del trabajador se haya extinguido por habérsele reconocido a éste alguno de los grados de invalidez antes citados (IPT, IPA o gran invalidez). b).- Que sea previsible que el traba-jador, dentro de los años siguientes a la fecha de la resolución que declara dicha inva-lidez, mejore de sus padecimientos y secuelas, hasta el punto de que su grado de in-capacidad pueda ser revisado a la baja y además se pueda reincorporar a su trabajo».*

Interpretando el art. 7.º del RD 1.300/95 de 21 de julio, *«Esta imposibilidad de mo-dificar la resolución administrativa o judicial inicial (declaración inicial de invalidez), que declara una invalidez permanente total o absoluta y que ha adquirido firmeza, con respecto a la subsistencia de la suspensión de la relación laboral y consiguiente reserva del puesto de trabajo, implica dos consecuencias que es necesario resaltar, la primera que si no fue declarada la previsión de revisión por mejoría el trabajador perdió definitivamente el derecho a la reserva del puesto de trabajo, la segunda que el INSS no puede acordar la revisión por mejora hasta transcurridos dos años desde que fue declarada la invalidez, lo contrario significaría variar en contra del trabajador, el derecho que le reconoce el art. 48.2 del ET . Pero esta imposibilidad del INSS de no acordar la mejora en dos años no le priva de sus funciones con respecto a posibles revisiones de la invalidez reconocida en plazos superiores o inferiores, pero limitada a la previsión del art. 143 de la LGSS».*

JURISPRUDENCIA

STS, rec. 2341/2008, de 28 de mayo de 2009, ECLI:ES:TS:2009:5324

No constituye despido la negativa empresarial a readmitir al trabajador que es declarado no inválido en resolución administrativa dictada una vez transcurrido el plazo de suspensión de 2 años que fija el art. 48.2 del ET.

STS, rec. 3645/2000, de 17 de julio de 2001, ECLI:ES:TS:2001:6276

El derecho de suspensión de la relación laboral con reserva de puesto de trabajo del art. 48.2 del ET está condicionado a que la revisión por mejoría sea reconocida en la resolución inicial que declara la invalidez permanente.

10.2.2. Extinción del contrato de trabajo por incapacidad del empresario

Según el art. 49.1.g) del Estatuto de los Trabajadores los casos de **incapa-cidad del empresario** como persona física suponen la extinción del contra-to de trabajo de manera automática de los trabajadores al servicio de la empresa.

A TENER EN CUENTA. Para la extinción de una empresa cuando está consti-tuida por una **persona jurídica** (S.A., S.L., etc), deben seguirse los **trámites del despido colectivo**, cuando la plantilla es superior a 5 trabajadores, o bien, los trámites del despido objetivo por amortización de puestos de trabajo si la plan-tilla es hasta 5 trabajadores.

Plazo de extinción del contrato e indemnización a las personas trabajadoras

La extinción del contrato de trabajo por incapacidad del empresario exige el cierre o cese de la actividad de la empresa. No obstante, este cese no siempre coincide con la causa de la causa de extinción, ya que la actividad puede mantenerse durante un tiempo razonable para liquidar los negocios o encargos pendientes.

La extinción por incapacidad del empresario obliga a **indemnizar a los trabajadores con un mes de su salario.**

JURISPRUDENCIA

STS n.º 600/2023, de 27 de septiembre del 2023, ECLI:ES:TS:2023:3981

Analizando el plazo de tiempo existente entre el reconocimiento de la situación de IP y la comunicación extintiva, se califica como plazo razonable o prudencial el transcurrido entre esa declaración de incapacidad, y agravamiento de la enfermedad, y la decisión extintiva.

STS, rec. 2118/1999, de 25 de abril de 2000, ECLI:ES:TS:2000:3460

Entiende despido improcedente cuando desde la jubilación hasta el cierre de la empresa y la extinción del contrato de trabajo del actor transcurrieron siete años.

Tipos de incapacidades del empresario a efectos de la extinción de los contratos de trabajo

Para que la incapacidad del empresario sea considerada causa de extinción del contrato de trabajo, no es necesario que sea declarada por el Instituto Nacional de la Seguridad Social (INSS). Sin embargo, debe quedar acreditada la existencia de una enfermedad o accidente que impida al empresario la dirección, control y gestión de la empresa

Respecto de la extinción del contrato de trabajo por incapacidad del empresario el Alto Tribunal ha señalado que *«(...) hay que considerar que los padecimientos del actor, unidos a su edad, son suficientes para justificar su decisión extintiva por incapacidad de acuerdo con el art. 49.1.g) del Estatuto de los Trabajadores, precepto que contempla una incapacidad específica que ha de valorarse teniendo en cuenta las funciones desarrolladas (sentencia de 16 de julio de 1.987) y la Sala ya ha señalado con reiteración que, a estos efectos, no es necesario que la incapacidad sea declarada por la Seguridad Social (sentencias de 26 de abril de 1.986, 10 de marzo de 1.988, 26 de septiembre de 1.988, 4 de octubre de 1.988 y 20 de junio de 2.000)».* (STS, de 26 de abril de 2001, rec. 3015/2000, ECLI:ES:TS:2001:3406).

Situación legal de desempleo del trabajador

La **situación legal de desempleo** en caso de incapacidad jurídica declarada judicialmente se produce desde la comunicación del representante legal al trabajador, y en el caso de incapacidad física desde la comunicación del empresario.

10.2.3. Extinción del contrato de trabajo por incapacidad del trabajador

El art. 49.e) del ET, dispone la extinción del contrato de trabajo por **gran invalidez o incapacidad permanente total o absoluta del trabajador** salvo que, a juicio del órgano calificador, sea previsible una revisión por mejoría que permita la reincorporación al puesto de trabajo, en el plazo de dos años desde la declaración de la invalidez, en cuyo caso existe un derecho a reserva del puesto por dicho periodo.

La IP del trabajador es causa de extinción de la relación laboral, no obstante, toda resolución, inicial o de revisión, por la que se reconozca el derecho a las prestaciones de incapacidad permanente hará constar necesariamente el plazo a partir del cual se podrá instar la revisión por agravación o mejoría del estado invalidante profesional, en tanto que el incapacitado no haya cumplido la edad mínima establecida para acceder al derecho a la pensión de jubilación; teniendo en cuenta esto ante una revisión del grado de incapacidad, subsistirá la suspensión de la relación laboral con reserva de puesto de trabajo (art. 358.1 de la LGSS). La incapacidad permanente parcial no supone causa de extinción.

Esta extinción no tiene reconocida ningún tipo de **indemnización** salvo las que pudieran estar establecidas por convenio colectivo o contrato individual.

En caso de incapacidad permanente (IP) derivada de un accidente de trabajo/enfermedad profesional si podrían existir consecuencias indemnizatorias en función de la responsabilidad empresarial.

La normativa laboral no establece ninguna **formalidad** para la extinción del contrato de trabajo; no obstante, la necesidad de comunicación empresarial por escrito de la extinción parece necesaria para que, una vez siendo firme la resolución administrativa que reconoce la invalidez, el trabajador tenga conocimiento de la voluntad de extinguir el contrato por parte del empresario.

JURISPRUDENCIA

STS n.º 770/2020, de 16 de septiembre de 2020. ECLI: ES:TS:2020:3077

Se declara la improcedencia del despido de quien es cesado al ser declarado en situación de IPT para la profesión habitual, dándose la circunstancia de que al trabajador le habían asignado un puesto distinto compatible con sus dolencias.

Si la resolución administrativa que declara en IPT a un trabajador para determinada profesión no puede servir de apoyo para la extinción del contrato de trabajo (art. 49.1 e) ET), cuando en el momento en que ésta se dicta dicho trabajador se halla realizando una actividad para la empresa que presenta un profesiograma distinto a aquel para el que resulta claramente incapacitado por razón de las dolencias consideradas en dicha resolución.

RESOLUCIONES RELEVANTES

STJUE n.º C-631/2022, de 18 de enero de 2024, ECLI:EU:C:2024:53

El TJUE prohíbe el despido de trabajadores con discapacidad sobrevenida sin intento previo de adaptación del puesto. Esta sentencia supone un giro radical en el tratamiento de la incapacidad permanente al aclarar que el art. 5 de la Directiva 78/2000/CE obliga a que ante la declaración de incapacidad permanente total para la profesión habitual de un trabajador las empresas deban realizar los ajustes razonables para que el trabajador continúe prestando servicios salvo que estos ajustes supongan un coste excesivo para la empresa.

STSJ de las I. Baleares n.º 147/2024, de 19 de marzo de 2024, ECLI:ES:TSJBAL:2024:20

Realiza múltiples aclaraciones sobre la STJUE n.º C-631/2022, de 18 de enero de 2024, ECLI:EU:C:2024:53. Este fallo establece que la declaración de inadecuación de la normativa nacional, en particular del artículo 49.1.e) del Estatuto de los Trabajadores (ET), se aplica específicamente al caso de trabajadores con incapacidad permanente total. Esto significa que dicha norma, que permite la extinción de contratos por incapacidad, no puede aplicarse de manera general a situaciones de incapacidad absoluta o gran invalidez. Este acotamiento es prudente para asegurar que los derechos de los trabajadores con discapacidades sean adecuadamente valorados y respetados.

CUESTIÓN

¿Cómo afecta la STJUE n.º C-631/2022, de 18 de enero de 2024, ECLI:EU:C:2024:53 al art. 49.1.e) del ET?

Partiendo de que el art. 49.1.e) del ET no ha visto modificada su redacción ni contenido desde que se dictó, el 10/03/1980, la STJUE es clara, no cabiendo la extinción automática del contrato de trabajo por el simple hecho de ser declarado en situación de incapacidad total, sino que la empresa viene obligada a efectuar los ajustes y adaptaciones necesarias para poder seguir trabajando, siendo discriminatorio el incumplimiento de tal exigencia.

Esta sentencia supone un giro radical en el tratamiento de la incapacidad permanente al aclarar que el art. 5 de la Directiva 78/2000/CE obliga a que ante la declaración de incapacidad permanente total para la profesión habitual de un trabajador las empresas deban realizar los **ajustes razonables** para que el trabajador continúe prestando servicios salvo que estos ajustes suponga un coste excesivo para la empresa.

Reincorporación al puesto de trabajo

El art. 48.1 del ET, establece la reincorporación al puesto de trabajo una vez finalizado el periodo de suspensión a que da lugar la situación de incapacidad. No obstante, ha de distinguirse aquella invalidez de probable revisión por mejoría que produce, como se ha dicho, el efecto suspensivo del contrato de trabajo con reserva del puesto y la «obligatoriedad» del trabajador a la reincorporación tan pronto tenga aptitud para trabajar y la invalidez previsiblemente definitiva que, conforme al ET, extingue el contrato.

Para el alto tribunal, «(...) *la subsistencia de la suspensión de la relación laboral con reserva de puesto de trabajo prevista en el art. 48.2 ET está indisolublemente vinculada a que el órgano de calificación estime que la situación de invalidez vaya a ser previsiblemente objeto de revisión por mejoría*», por lo que, ha de diagnosticarse «*la previsión de mejoría incluso con anterioridad a los dos años*».

Para que pueda existir esta prórroga de la suspensión del contrato por dos años es necesario que concurran los requisitos siguientes (**STSJ de Andalucía, rec. 2500/2012, de 24 de enero de 2013, ECLI:ES:TSJAND:2013:1412**):

– Que la incapacidad temporal del trabajador se haya extinguido por habérsele reconocido a éste alguno de los grados de invalidez antes citados (IPT, IPA o gran invalidez).

– Que sea previsible que el trabajador, dentro de los años siguientes a la fecha de la resolución que declara dicha invalidez, mejore de sus padecimientos y secuelas, hasta el punto de que su grado de incapacidad pueda ser revisado a la baja y además se pueda reincorporar a su trabajo. Así pues, tiene que preverse que la situación incapacitante del interesado va a mejorar dentro de esos dos años siguientes a la resolución, que por ello dentro de ese plazo se revisará por mejoría tal situación de incapacidad por el INSS y que, en razón a esa mejoría, se podrá reincorporar a su trabajo.

– Además todo esto se tiene que exponer y consignar en la resolución del INSS que declaró al trabajador en situación de IPT, IPA o gran invalidez, y que determinó la extinción de la incapacidad temporal.

Pactos de recolocación en convenio colectivo

Numerosos convenios colectivos reconocen el derecho del trabajador a la extinción indemnizada de su contrato de trabajo o a optar por el cambio de puesto en caso de que se declare al trabajador en situación de incapacidad permanente total, condicionado este último a la existencia de un puesto de trabajo vacante respecto del cual el trabajador afecto de la incapacidad permanente sea apto física y psíquicamente para su desempeño.

Es importante destacar que de forma general la recolocación del trabajador inválido contemplada por los convenios suele establecerse en función de un cambio de puesto de trabajo por otro más adecuado a su situación dando lugar con ello a una novación del contrato. Ello implica que, además de la solicitud en tal sentido del trabajador declarado en situación de incapacidad permanente total para su profesión habitual, se requiere una evaluación adecuada de su estado físico y psíquico y de los riesgos del puesto en que se pretende efectuar la recolocación, a fin de no ponerle a aquél en situación de peligro, y por consiguiente resulta evidente que no cabe hablar de una efectividad del derecho a esa recolocación que nazca de forma automática, debiendo considerarse que durante el período de tiempo que media entre esa petición del empleado y la asignación del nuevo puesto de trabajo, el contrato queda en suspenso —arts. 45 y ss. del ET—.

La carga de probar la inexistencia de un puesto alternativo adecuado corresponde en todo caso a la empresa que es quien tiene la mayor disponibilidad y facilidad probatoria en este caso (art. 217.6 de la LEC); puesto que gestiona los recursos humanos al servicio de la misma y conoce la existencia de vacantes.

Sí la norma convencional obliga a la empresa a recolocar al trabajador afectado por una incapacidad permanente total en otro puesto de trabajo compatible con su lesión u ésta incumple con dicha obligación el trabajador ha de interponer demanda por despido. (**STS, rec. 5165/2005, de 3 de mayo de 2007, ECLI:ES:TS:2007:3977**).

Ausencia de comunicación escrita de la extinción al trabajador

La legislación vigente **no exige expresamente la denuncia o preaviso empresarial en el supuesto de la extinción del contrato de trabajo por incapacidad permanente total,** al contrario de lo que ocurre en otros supuestos [por ejemplo, artículo 49.1 c) del ET], con independencia de que el trabajador siempre tendrá derecho a la liquidación de las cantidades adecuadas [art. 49.1.e) del ET], teniendo el plazo de un año para reclamarlas (art. 59 del ET) para el caso de que no se le hubieran abonado. (**STS, n.º 142/2021, de 3 de febrero de 2021, ECLI:ES:TS:2021:408**).

Declaración empresarial de inexistencia de vacante (demanda declarativa de derecho)

El derecho de recolocación, en puesto adecuado a su capacidad del trabajador con discapacidad, que lo ostenta pese a que pudiera mediar causa de extinción o suspensión según la legislación laboral general, atribuye al trabajador un derecho de reingreso de contenido y alcance semejante al del excedente voluntario con derecho de reingreso en plaza vacante, dependiendo aquí no tanto de la vacante económica, sino de que exista una funcionalmente adecuada. Por ello, habrá de aplicarse a tales casos de recolocación del trabajador con discapacidad, especialmente tras las previsiones del art. 25 de la LPRL, que exige medidas específicas de prevención para personal discapacitado, la misma doctrina jurisprudencial sobre las acciones que el trabajador excedente tiene para su derecho a reingreso.

Ante la petición de recolocación del trabajador con discapacidad, cuando el empresario pospone la reincorporación, demorándola hasta la existencia de plaza adecuada o el juicio sobre su capacidad, la acción que tiene el trabajador para reaccionar ante la conducta empresarial es la mera declarativa tendente a obtener el reconocimiento del derecho que, injustificadamente, según su criterio, se le niega, acción sujeta al plazo de un año que establece el art. 59.2 del ET, bien por discrepar sobre la existencia de plaza adecuada, bien por no aceptar el juicio de capacidad que formula la empresa. (**STSJ de Navarra, rec. 8/2007, de 8 de mayo de 2007, ECLI:ES:TSJNA:2007:165**).

10.3. Declaración de incapacidad permanente sin derecho a prestaciones económicas

El TS ha entendido, que el acto administrativo de reconocimiento de una situación de incapacidad permanente sin derecho a prestaciones económicas —por no reunir el período mínimo de cotización— es improcedente, y de darse, no supone incompatibilidad con ningún tipo de puesto de trabajo, ni supone la extinción de la prestación por desempleo que viniera devengando el interesado hasta su alta por curación o agotamiento del plazo para dicha prestación.

Entre otras, la STS de 14 de octubre de 1991, ECLI:ES:TS:199:13288, mantiene que la falta del período de carencia necesario para tener derecho a las prestaciones económicas comporta la imposibilidad de declarar la situación de IP, aun cuando las lesiones merezcan médicamente tal calificación, argumentándose:

> «la función de todo sistema de Seguridad Social, conforme al mandato del art. 41 de la Constitución Española…, consiste en garantizar a todos los ciudadanos «asistencia y prestaciones sociales suficientes ante situaciones de necesidad», por lo que, en principio, constituye un claro contrasentido el que, no pudiéndose, jurídicamente, proporcionar, en un momento determinado, esa asistencia protectora se obstaculice, sin embargo, su ulterior obtención impidiendo, a su vez, desde un plano teórico, la continuidad en la misma o en cualquier otra actividad laboral». Que los arts. 132 y 137 LGSS, y 2 RD 609/1982 no «imponen la obligatoriedad de declarar situaciones de incapacidad permanente cuando no concurran, además de un déficit funcional, anatómico o de otra clase constatado médicamente… los demás requisitos precisos para el reconocimiento de la prestación, pudiendo afirmarse también que cuando el art. 2 del Real Decreto aludido habla de declarar las situaciones de invalidez en sus distintos grados, no contempla tal declaración como algo desvinculado del reconocimiento de la prestación a que tal declaración conduce, sino con una decisión que integra también este efecto, pues se deduce del conjunto del precepto que la idea de declaración de incapacidad queda referida también al reconocimiento de la prestación». Y que «No se oculta a la Sala el riesgo de posible fraude a la Seguridad Social que puede conllevar al mantenimiento de una situación legal de plena aptitud laboral susceptible de una ulterior cotización acumulable a otro ya preexistente, pero, naturalmente, ello constituye una cuestión de hecho que ha de exigir, en cada caso, el adecuado control por parte de los servicios de inspección de la propia Seguridad Social…».

Y aunque la Sala IV es consciente del *«riesgo de posible fraude a la Seguridad Social que puede conllevar al mantenimiento de una situación legal de plena aptitud laboral susceptible de una ulterior cotización acumulable a otro ya preexistente»*, considera que *«ello constituye una cuestión de hecho que ha de exigir, en cada caso, el adecuado control por parte de los servicios de inspección de la propia Seguridad»*.

Cerrando este tema, la STS, rec. 127/2014 de 21 de enero de 2015, ECLI:ES:TS:2015:722, deniega el reconocimiento de la prestación de IP por no reunir el trabajador el período mínimo de cotización exigido, no habiéndose computado los días cotizados tras el convenio especial suscrito con la TGSS después de ser desestimada por dos veces dicha pretensión en vía administrativa. Tal período ha de contabilizarse, por apreciarse que durante el mismo se produjo una agravación en el estado de salud anterior del trabajador sin que pueda admitirse una calificación previa al mismo al no reunir el mencionado requisito de período carencial necesario.

10.4. Cambio de la pensión de incapacidad permanente a jubilación

El paso de la incapacidad temporal a la incapacidad permanente en el sistema de Seguridad Social español está regulado por el artículo 174 de la Ley General de la Seguridad Social (LGSS). Este proceso puede ocurrir de varias maneras, dependiendo de la situación específica del trabajador:

1. Agotamiento del plazo máximo de incapacidad temporal

La incapacidad temporal (IT) se extingue al transcurrir el plazo máximo de 545 días naturales desde la baja médica. En este caso, se examinará el estado del trabajador en un plazo máximo de 90 días naturales para determinar si procede la calificación de incapacidad permanente (IP) en el grado correspondiente.

2. Alta médica con propuesta de incapacidad permanente

Si el trabajador recibe el alta médica con una propuesta de incapacidad permanente, la situación de IT se extingue. El trabajador estará en una situación de prolongación de efectos económicos de la IT hasta que se notifique la resolución que califique la incapacidad permanente. Si se reconoce la IP, los efectos económicos coincidirán con la fecha de la resolución de la entidad gestora, salvo que la cuantía de la pensión de IP sea superior a la del subsidio de IT, en cuyo caso se retrotraerán al día siguiente de la extinción de la IT.

3. Iniciación de expediente de incapacidad permanente por el INSS

Durante la prórroga de la situación de IT (antes de cumplir 545 días), el Instituto Nacional de la Seguridad Social (INSS) puede iniciar un expediente de incapacidad permanente. En este caso, se evaluará la situación del trabajador para determinar si procede la calificación de IP.

4. Extinción de la IT por alta médica

La IT también puede extinguirse por alta médica debido a curación o mejoría que permita al trabajador realizar su trabajo habitual. En este caso, si se considera que el trabajador no puede reincorporarse a su puesto de trabajo, se puede iniciar un expediente de IP.

En resumen, el paso de la incapacidad temporal a la incapacidad permanente puede ocurrir por agotamiento del plazo máximo de IT, alta médica con propuesta de IP, iniciación de expediente de IP por el INSS, o alta médica por curación o mejoría. En todos estos casos, se evaluará la situación del trabajador para determinar si procede la calificación de incapacidad permanente y en qué grado.

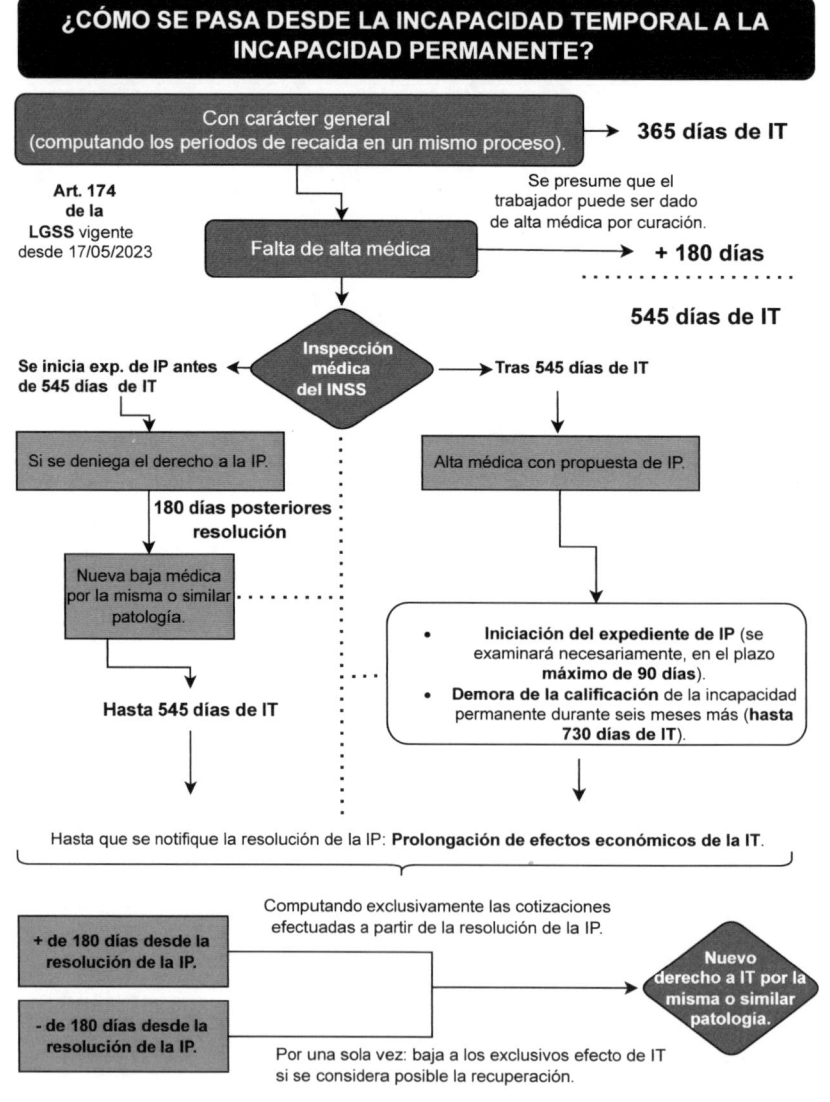

10.5. Lesiones permanentes no invalidantes

La lesión permanente no invalidante (LPNI) se define como la **lesión, mutilación o deformidad causada por un accidente de trabajo o enfermedad profesional de carácter definitivo que no constituya incapacidad permanente, ni altere o disminuya la integridad física del trabajador y se encuentre catalogada en el baremo establecido al efecto.**

El Tribunal Supremo ha venido reiterando que la ley obliga a indemnizar a todas y cada una de las lesiones que pueda sufrir el trabajador en todos aquellos aspectos en que sumadas no den lugar a una incapacidad permanente, estando la cuantía de dichas indemnizaciones **sujeta al baremo legal o reglamentario establecido** (arts. 201-203 de la LGSS, Orden de 16 de enero de 1991 y Orden ISM/450/2023, de 4 de mayo). Destacan, entre otras, la **sentencia del Tribunal Supremo, rec. 2426/2007, de 7 de octubre de 2008, ECLI:ES:TS:2008:6509.**

El art. 201 de la LGSS, por su parte, establece que las lesiones, mutilaciones y deformidades de carácter definitivo, causadas por accidentes de trabajo y enfermedades profesionales que, sin llegar a constituir una incapacidad permanente, supongan una disminución o alteración de la integridad física del trabajador y aparezcan recogidas en el baremo anejo a las disposiciones de desarrollo de dicha ley, serán indemnizadas, por una sola vez, con las cantidades alzadas que en el mismo se determinen, por la entidad que estuviese obligada al pago de las prestaciones de incapacidad permanente, todo ello sin perjuicio del derecho del trabajador a continuar al servicio de la empresa.

Requisitos	Proceso para solicitar
– Estar dado de alta o en situación asimilada al alta. – Haber recibido el alta médica. – Que la lesión o mutilación se encuentre recogida en el baremo al efecto. – Que la indemnización sea compatible con las pensiones recibidas (en caso de percibir alguna).	Presentación de modelo oficial de solicitud de la pensión de incapacidad permanente y lesiones permanentes no incapacitantes en la delegación provincial del INSS correspondiente. El Equipo de Valoración de Incapacidades (EVI) formula dictamen propuesta. El INSS emite resolución con todos los datos, plazos y cuantía de la indemnización (135 días desde la entrega del formulario de solicitud). En caso de silencio, denegación o desacuerdo con el contenido de la resolución: – Reclamación previa ante la Dirección Provincial correspondiente del INSS (al amparo del art. 71 de la LRJS) para el reconocimiento del derecho a percibir la indemnización en concepto de lesión permanente no invalidante. – Demanda ante los juzgados de lo social.

> **RESOLUCIONES RELEVANTES**
>
> **STSJ de Galicia, rec. 1663/2014, de 18 de septiembre de 2015, ECLI:ES:TSJGAL:2015:6961**
>
> *«(...) que a las lesiones permanentes no invalidantes les resulta de aplicación lo dispuesto en el art. 20 de la OM de 15 de abril de 1969, conforme al cual "se considerarán situaciones asimiladas a la de alta; (...) g) La de aquellos trabajadores que no se encuentren en situación de alta, ni en ninguna otra de las asimiladas a ésta, después de haber trabajado en puestos de trabajo que ofrecieran riesgo de enfermedad profesional y a los solos efectos de que pueda declararse una invalidez permanente debida a dicha contingencia"; y 2ª) nada impide, pues, tratándose de hipoacusia, causar una prestación por lesiones permanentes no invalidantes, desde la situación de jubilado inactivo, sobre todo si se presta atención al hecho de que la prestación que se solicita puede derivar de enfermedad profesional, gran parte de ellas de pausada manifestación, pudiendo, si así resulta finalmente la contingencia determinante de la prestación, causarla desde la situación de pensionista jubilado inactivo, al poder situarse el hecho causante con anterioridad al de la jubilación. Y es que, determinadas enfermedades profesionales presentan iniciación y desarrollo disimulado y oculto que puede tener pilares muy distantes en el tiempo entre el de adquisición e iniciación de la enfermedad y el de exteriorización y diagnóstico, lo que propicia que su hecho causante pueda situarse en un momento anterior en el tiempo al dictamen del EVI, para así poder anteceder al hecho causante de la pensión de jubilación».*
>
> **STSJ de País Vasco, rec. 1573/2016, 20 de septiembre de 2016, ECLI:ES:TSJPV:2016:2615**
>
> *«Dicho precepto [artículo 36.9 del Real Decreto 84/1996, de 26 de enero] declara en situación asimilada al alta a los trabajadores que aún cuando hubieran cesado en la prestación de servicios y no se encuentren en alta ni en situación asimilada al alta, hubieran desempeñado un puesto de trabajo que ofreciera riesgo de enfermedad profesional y, a los solos efectos de que pueda reconocerse una incapacidad permanente debida a dicha contingencia».*

a) Beneficiarios

Serán beneficiarios los trabajadores integrados en el Régimen General de la Seguridad Social, en alta o situación asimilada a la de alta, que hayan sufrido la lesión, mutilación o deformación con motivo de un accidente de trabajo o enfermedad profesional y hayan sido dados de alta médica.

b) Contenido y cuantía

La prestación consiste en una indemnización a tanto alzado, abonada por la entidad que estuviera obligada al pago de las prestaciones de incapacidad permanente, cuya cuantía (fijada por baremo y para las lesiones, mutilaciones y deformidades que en el mismo se recogen) aumentará, según la gravedad de la falta, de un 30 a un 50 por 100, a cargo del empresario infractor, cuando la lesión, mutilación o deformidad se produzca por máquinas, artefactos, instalaciones, centros o en lugares de trabajo que carezcan de los dispositivos de precaución reglamentarios, o los tengan inutilizados o en malas condiciones o hayan inobservado las medidas de: seguridad y salud en el trabajo, adecuación personal a cada trabajo, etc. Habida cuenta de sus características y de la edad, sexo y demás condiciones del trabajador.

El anexo de la **Orden ISM/450/2023, de 4 de mayo**, por la que se actualizan las cantidades a tanto alzado de las indemnizaciones por lesiones, mutilaciones y deformidades de carácter definitivo y no incapacitantes establece las cuantías aplicables en los diferentes supuestos para los hechos causantes que se produzcan a partir de 7 de mayo de 2023.

> **JURISPRUDENCIA**
>
> **STS n.º 10/2013, de 21 de enero de 2013, ECLI:ES:TS:2013:372**
>
> Establece que la fijación de la indemnización no se concreta en el momento del alta definitiva, sino que se precisa una resolución posterior. El plazo anual de prescripción de la acción no comienza a computarse hasta que no recae resolución firme, ya sea en vía administrativa o judicial, que concrete la situación de invalidez en el grado correspondiente. La sentencia aclara que el alta médica definitiva tiene el valor de diferenciar los tipos de daños personales, permitiendo su adecuada indemnización, pero para la concreción de los daños permanentes puede ser necesaria una resolución ulterior.

c) Compatibilidades/incompatibilidades

– Compatible: trabajo en la misma empresa. Así lo manifiesta la **sentencia del Tribunal Supremo, rec. 3402/2007, de 25 de marzo de 2009, ECLI:ES:TS:2009:2324**.

– Incompatibilidad: con las prestaciones por incapacidad permanente. Las indemnizaciones a tanto alzado que procedan por las lesiones, mutilaciones y deformidades que se regulan en este capítulo serán incompatibles con las prestaciones económicas establecidas para la incapacidad permanente, salvo en el caso de que dichas lesiones, mutilaciones y deformidades sean totalmente independientes de las que hayan sido tomadas en consideración para declarar tal incapacidad permanente y el grado de la misma.

d) Abono

Las cantidades, a tanto alzado, que correspondan por aplicación del **baremo** se satisfacen por alguno de los siguientes organismos (Orden ISM/450/2023, de 4 de mayo):

– La entidad gestora.

– El Instituto Nacional de la Seguridad Social.

– El Instituto Social de la Marina.

– La Mutua de Accidentes de Trabajo y Enfermedades Profesionales de la Seguridad Social que esté obligada a realizar el pago de las prestaciones por incapacidad permanente derivada de accidente de trabajo o enfermedad profesional.

El empresario infractor será responsable del pago del recargo por falta de medidas de seguridad e higiene.

e) Período de prescripción de la acción indemnizatoria para lesiones permanentes no invalidantes indemnizables con baremo

Para la reclamación ante un accidente laboral que da lugar a la declaración de lesiones permanentes no invalidantes indemnizables con baremo, el cómputo del plazo (art. 59 del ET) comenzará desde el momento en que recayó la resolución administrativa que declaró al actor afecto de lesiones permanentes no invalidantes indemnizables por baremo.

f) Revisión

Las lesiones, mutilaciones y deformidades son revisables por agravación de las secuelas que motivaron la indemnización por las lesiones permanentes no invalidantes, sin impedir que el trabajador pueda solicitar el reconocimiento del derecho a las prestaciones por incapacidad permanente derivada de la contingencia que corresponda.

Un trabajador que fuese declarado por la entidad gestora afecto de lesiones permanentes no invalidantes con derecho prestación a cargo de una Mutua de Accidentes de Trabajo y Enfermedades Profesionales de la Seguridad Social puede pedir revisión de grado de incapacidad permanente por agravamiento. En este sentido, podemos destacar la **sentencia del Tribunal Supremo, rec. 4827/2006, de 30 de junio de 2008, ECLI:ES:TS:2008:4510.**

g) Indemnización por incapacidad tras fallecimiento

El TS, en su **sentencia del Tribunal Supremo n.° 535/2012, de 13 de septiembre, ECLI:ES:TS:2012:7648**, ha fijado que el derecho a reclamar la indemnización por incapacidad es transmisible a los herederos y no se extingue con el fallecimiento. La sentencia razona que el perjuicio sufrido por la víctima por sus lesiones (incapacidad temporal y permanente) estaba ya perfectamente determinado a través del informe forense de sanidad. En consecuencia, al margen de su posterior cuantificación económica, el derecho a reclamar la indemnización correspondiente era, desde ese momento, transmisible a sus herederos al no ser un derecho que se extinga con su fallecimiento. Tras matizar las diferencias entre el supuesto aquí enjuiciado y el resuelto por la Sala en su sentencia de 10 de diciembre de 2009, la sentencia precisa que los perjuicios, reales y ciertos, sufridos desde la fecha del siniestro «no quedan absorbidos por la muerte posterior por cuanto tienen entidad propia e independiente y han generado hasta ese momento unos perjuicios evidentes a la víctima susceptibles de reparación en un sistema que indemniza el daño corporal en razón de la edad y expectativas de vida del lesionado, las cuales no se han cumplido por el fallecimiento anticipado de la víctima debido al accidente de tráfico».

De lo anterior se desprende que, según la sentencia, puesto que la indemnización de la víctima por lesiones permanentes o secuelas varía en el sistema legal de valoración del daño corporal en relación inversamente proporcional a su edad en el momento del accidente (a más edad, la cuantía correspondiente a las secuelas de la misma entidad o puntuación, disminuye), parece lógico ajustar la cantidad que reconoce el sistema, puesto que lo hace en contemplación a los años que tenía cuando se produjo el siniestro respecto de los que le quedarían al vivir, y fijar la indemnización atendiendo al tiempo efectivo que transcurrió hasta su fallecimiento, pues fue este espacio temporal durante el cual la víctima sufrió la secuela.

10.6. Complemento de pensiones contributivas para la reducción de la brecha de género

En el caso de pensiones causadas a partir del 4 de febrero de 2021 (fecha de entrada en vigor del Real Decreto-ley 3/2021, de 2 de febrero) se concederá al progenitor que acredite un perjuicio en su carrera profesional tras el nacimiento del hijo o hija un complemento a su pensión (en caso de controversia entre ellos el derecho se le reconocerá a la madre con el fin de contribuir a la reducción de la brecha de género). La medida estará en vigor mientras la brecha de género de las pensiones sea superior al 5 %.

1. Beneficiarios del complemento para reducir la brecha de género

Se concede a cualquiera de los dos progenitores que más perjudicado se haya visto en su carrera laboral junto **a las pensiones de IP causadas a partir del 4 de febrero de 2021** (fecha de entrada en vigor del Real Decreto-ley 3/2021, de 2 de febrero). Si ninguno de los progenitores ha visto perjudicada su carrera, el complemento se reconoce a la madre o al progenitor con menor pensión en parejas del mismo sexo.

CUESTIONES

¿Qué se entiende por brecha de género de las pensiones de jubilación?

Se entiende por brecha de género de las pensiones de jubilación el porcentaje que representa la diferencia entre el importe medio de las pensiones de jubilación contributiva causadas en un año por las mujeres respecto del importe de las pensiones causadas por los hombres. Esta definición es importante ya que el derecho al reconocimiento del complemento *«(...) se mantendrá en tanto la brecha de género de las pensiones de jubilación, causadas en el año anterior, sea superior al 5 por ciento»* (D.A. 37.ª de la LGSS).

¿Cómo se determina las pensiones (o suma de pensiones) de los progenitores con menor cuantía a efectos de otorgar este complemento? ¿Qué sucede si coincide el importe de las pensiones computables de ambos progenitores?

Según el art. 60.7 de la LGSS (con efectos de 18/03/2023), se tendrá en cuenta su importe inicial, una vez revalorizadas, sin computar los complementos que pudieran

---

corresponder. Cuando ambos progenitores sean del mismo sexo y coincida el importe de las pensiones computables de cada uno de ellos, el complemento se reconocerá a aquél que haya solicitado en primer lugar la pensión con derecho a complemento.

2. Reglas para la percepción del complemento para reducir la brecha de género

La percepción del complemento estará sujeta además a las siguientes reglas (art. 60.3 de la LGSS):

- Cada hijo o hija dará derecho únicamente al reconocimiento de un complemento. A efectos de determinar el derecho al complemento, así como su cuantía, únicamente se computarán los hijos o hijas que con anterioridad al hecho causante de la pensión correspondiente hubieran nacido con vida o hubieran sido adoptados.

- No se reconocerá el derecho al complemento al padre o a la madre que haya sido privado de la patria potestad por sentencia fundada en el incumplimiento de los deberes inherentes a la misma o dictada en causa criminal o matrimonial. Tampoco se reconocerá el derecho al complemento al padre que haya sido condenado por violencia contra la mujer, en los términos que se defina por la ley o por los instrumentos internacionales ratificados por España, ejercida sobre la madre, ni al padre o a la madre que haya sido condenado o condenada por ejercer violencia contra los hijos o hijas.

- Cuando la pensión contributiva que determina el derecho al complemento se cause por totalización de períodos de seguro a *prorrata temporis* en aplicación de normativa internacional, el importe real del complemento será el resultado de aplicar a la cuantía la prorrata aplicada a la pensión a la que acompaña.

CUESTIÓN

¿Computan los hijos nacidos muertos a efectos de determinar el derecho al complemento?

La interpretación judicial del art. 236.1 de la LGSS en este aspecto no está siendo unánime. Destacando:

- STSJ de Madrid n.º 351/2019, de 10 de abril de 2019, ECLI:ES:TSJM:2019:3321. No computan los hijos nacidos muertos a efectos de determinar el derecho al complemento por maternidad en pensiones contributivas. Siguiendo la redacción del art. 60 de la LGSS, conforme al artículo 3.1 del CC, el complemento de maternidad se reconoce con la finalidad de compensar a las madres por la aportación demográfica a la Seguridad Social que supone la crianza de un hijo, y no por el hecho del embarazo o incluso del parto, a diferencia de lo que sucede en otras normas de la Seguridad Social como las que asimilan a los periodos de cotización —para causar derecho a una prestación— los partos, siempre que hayan tenido una duración de 180 días pues, en uno y otro caso, su finalidad es diferente. Por consiguiente, los hijos computables para determinar la cuantía del complemento por maternidad son aquellos cuya filiación esté determinada a favor de la beneficiaria de la pensión en el momento del hecho causante, independientemente de que se trate de filiación biológica o por adopción.

- **STS de Galicia, rec. 1327/2021, de 15 de octubre de 2021, ECLI:ES:TSJGAL:2021:4886.** El nacimiento de un hijo muerto cuenta como a los efectos de calcular el complemento por maternidad en las pensiones contributivas. El TSXG entiende que se debe aplicar ese complemento en el caso de fallecer el hijo antes de nacer, pues trata de compensar «la discriminación laboral que sufren las mujeres trabajadoras, en especial las que a la vez han sido madres, y más en especial las que han tenido más de un hijo, todo ello con la finalidad de reducir una brecha, que no solo es salarial, también pensional».

3. Nacimiento, suspensión y extinción del complemento para reducir la brecha de género

El complemento se abonará en tanto la persona beneficiaria perciba pensión contributiva de jubilación, incapacidad permanente o viudedad, por lo que su nacimiento, suspensión y extinción coincidirá con el de la pensión que haya determinado su reconocimiento. No obstante:

- Se extinguirá con el reconocimiento del complemento al segundo progenitor.
- Cuando en el momento de la suspensión o extinción de dicha pensión la persona beneficiaria tuviera derecho a percibir otra distinta, el abono del complemento se mantendrá, quedando vinculado al de esta última.

4. Solicitud y prestaciones relacionadas con el complemento para reducir la brecha de género

Dentro de los distintos formularios de solicitud proporcionados por el INSS o ISM para pensión de incapacidad permanente y lesiones permanentes no invalidantes se encuentran las especificaciones necesarias para el reconocimiento complemento de pensiones contributivas para la reducción de la brecha de género en el caso de las pensiones causadas a partir del 4 de febrero de 2021.

5. Mantenimiento transitorio del derogado complemento por maternidad

Para las pensiones causadas entre el 01/01/2016 y hasta el 03/02/2021 (día anterior a la entrada en vigor de la modificación del art. 60 de la LGSS), quienes estuvieran percibiendo el complemento por maternidad por aportación demográfica, mantendrán su percibo (D.T. 33.ª de la LGSS).

La percepción de dicho complemento de maternidad será incompatible con el complemento de pensiones contributivas para la reducción de la brecha de género que pudiera corresponder por el reconocimiento de una nueva pensión pública, pudiendo las personas interesadas optar entre uno u otro.

En el supuesto de que el otro progenitor, de alguno de los hijos o hijas, que dio derecho al complemento de maternidad por aportación demográfica, solicite el complemento de pensiones contributivas para la reducción de la brecha de género y le corresponda percibirlo, por aplicación de lo establecido en el art. 60 de la LGSS o de la D.A.18.ª del texto refundido de la Ley de Clases Pasivas del Estado, la cuantía mensual que le sea reconocida se deducirá del complemento por maternidad que se viniera percibiendo, con efectos económicos desde el primer día del mes siguiente al de la resolución, siempre que la misma se dicte dentro de los seis meses siguientes a la solicitud o, en su caso, al reconocimiento de la pensión que la cause; pasado dicho plazo, los efectos se producirán desde el primer día del séptimo mes siguiente a esta. (STS, rec. 2808/2022, de 29 de junio de 2023, ECLI:ES:TS:2023:3052)

JURISPRUDENCIA

STS n.º 487/2022, de 30 de mayo de 2022, ECLI:ES:TS:2022:1995

El Tribunal Supremo fija la fecha de efectos de reconocimiento del extinguido complemento de maternidad al progenitor (hombre) en la fecha de reconocimiento inicial de la pensión de jubilación.

STS n.º 666/2024, de 7 de mayo, ECLI:ES:TS:2024:2635 y STS n.º 671/2024, de 8 de mayo, ECLI:ES:TS:2024:2707

El TS reitera doctrina sobre el cálculo del complemento de maternidad en casos de gran invalidez. Debe calcularse únicamente sobre la cuantía inicial de la pensión contributiva, sin incluir el complemento por ayuda de tercera persona.

STS n.º 322/2024, de 21 de febrero, ECLI:ES:TS:2024:1036 y STS 291/2024, de 14 de febrero, ECLI:ES:TS:2024:900

En referencia al complemento de maternidad por aportación demográfica, pero con proyección a otros posibles complementos, dichos complementos no son autónomos, sino que son accesorios a las prestaciones contributivas que complementan. Pero, como precisa, los complementos tienen «relativa autonomía a efectos procesales, fundamentalmente, los relativos a la recurribilidad de una hipotética denegación», en virtud de su «régimen propio y diferenciado de la pensión a la que complementa(n)».

RESOLUCIONES RELEVANTES

STSJ del País Vasco n.º 264/2022, de 8 de febrero de 2022, ECLI:ES:TSJPV:2022:612

El TSJPV declara el derecho de los varones a un complemento del acuerdo de prejubilación atribuido a las mujeres. Las indemnizaciones por jubilación constituyen mejoras voluntarias de la Seguridad Social y «como tales» no pueden suponer discriminación.

STJUE n.º C-130/20, de 12 de mayo de 2021, ECLI:EU:C:2021:381

El suprimido complemento de pensión por jubilación para mujeres con más de dos hijos por aportación demográfica a la Seguridad Social no se abona en caso de jubilación anticipada por voluntad propia.

6. Incompatibilidades con el complemento para reducir la brecha de género

No se tendrá derecho a este complemento en los casos de jubilación parcial (art. 215 y D.T. 4.ª.6 de la LGSS). No obstante, se reconocerá el complemento que proceda cuando desde la jubilación parcial se acceda a la jubilación plena, una vez cumplida la edad que, en cada caso, corresponda.

Los complementos que pudieran ser reconocidos en cualquiera de los regímenes de Seguridad Social serán incompatibles entre sí, siendo abonado en el régimen en el que el causante de la pensión tenga más periodos de alta.

La percepción transitoria del ex complemento de maternidad existente hasta el 4 de febrero de 2021 será incompatible con el complemento de pensiones contributivas para la reducción de la brecha de género que pudiera corresponder por el reconocimiento de una nueva pensión pública, pudiendo las personas interesadas optar entre uno u otro.

JURISPRUDENCIA

STS n.º 580/2024, de 25 de abril del 2024, ECLI:ES:TS:2024:2373

Procede la minoración del complemento de aportación demográfica en la cuantía que se reconoce por complemento de reducción de la brecha de género. Por lo tanto, «(...) el reconocimiento del complemento de brecha de género de la madre afecta a la cuantía del complemento de maternidad por aportación demográfica del padre, que deberá ser minorado en la cuantía concurrente».

---

7. Cuantía del complemento para reducir la brecha de género

Este complemento, concebido con naturaleza jurídica de pensión pública contributiva, se fijará en la correspondiente Ley de Presupuestos Generales del Estado.

El complemento será satisfecho en catorce pagas, junto con la pensión (jubilación, jubilación anticipada voluntaria, incapacidad permanente y viudedad) que determine el derecho al mismo.

La cuantía estará limitada a cuatro veces el importe mensual fijado por hijo o hija y será incrementada al comienzo de cada año en el mismo porcentaje previsto en la correspondiente Ley de Presupuestos Generales del Estado para las pensiones contributivas. Esta cuantía se irá actualizando de acuerdo con la revalorización de las pensiones y no computa a efectos de complemento a mínimos ni como tope de la pensión.

El importe del complemento no será tenido en cuenta en la aplicación del límite máximo de pensiones previsto en los arts. 57 (limitación de la cuantía inicial de las pensiones) y 58.7 (valor íntegro anual para el cálculo del importe de la revalorización) de la LGSS.

El importe de este complemento no tendrá la consideración de ingreso o rendimiento de trabajo en orden a determinar si concurren los requisitos para tener derecho al complemento por mínimos previsto en el artículo 59. Cuando concurran dichos requisitos, se reconocerá la cuantía mínima de pensión según establezca anualmente la correspondiente Ley de Presupuestos Generales del Estado. A este importe se sumará el complemento para la reducción de la brecha de género.

A TENER EN CUENTA. Con efectos de 1 de enero de 2024, la cuantía del complemento de pensiones para la reducción de la brecha de género queda establecida en 33,20 euros mensuales (art. 78.6 del Real Decreto-ley 8/2023, de 27 de diciembre).

RESOLUCIÓN RELEVANTE

SJS-A Coruña n.º 138/2021, de 6 de abril de 2021, ECLI:ES:JSO:2021:150

El INSS es condenado a abonar íntegramente el complemento por maternidad a un hombre desde la solicitud de la prestación.

10.7. Complementos por mínimos

Los beneficiarios de pensiones contributivas del sistema de la Seguridad Social, que no perciban rendimientos del trabajo, del capital o de actividades económicas y ganancias patrimoniales, de acuerdo con el concepto establecido para dichas rentas en el Impuesto sobre la Renta de las Personas Físicas, o que, percibiéndolos, no excedan de la cuantía que anualmente establezca la correspondiente Ley de Presupuestos Generales del Estado, tendrán derecho a percibir los complementos necesarios para alcanzar la cuantía mínima de las pensiones, siempre que residan en territorio español, en los términos que legal o reglamentariamente se determinen (art. 59 de la LGSS).

1. Requisitos para recibir complementos por mínimos en las pensiones

El complemento a mínimos es el importe suplementario a las pensiones generadas por las cotizaciones de los interesados a fin de alcanzar la «cuantía mínima» de las pensiones, no respondiendo al objetivo de sustituir una renta, sino al asistencial de paliar una situación de necesidad. Su reconocimiento no atiende a los parámetros de la pensión [alta, carencia, cotizaciones, etc.], sino exclusivamente a la falta de ingresos económicos. Su propia denominación —«complementos»— pone de manifiesto que no tienen sustantividad propia, sino la accesoria de acompañantes de la pensión que suplementan. (STS, rec. 1726/2009, de 22 de abril de 2010, ECLI:ES:TS:2010:2381).

Para el acceso a los complementos por mínimo es necesario que los prestacionistas no perciban durante 2024 rendimientos del trabajo, del capital o de actividades económicas y ganancias patrimoniales, de acuerdo con el concepto establecido para dichas rentas en el Impuesto sobre la Renta de las Personas Físicas y computados conforme al art. 59 de la LGSS, o que, percibiéndolos

- **No excedan de 8.942,00 euros al año** (art. 78.10 y anexo IV del Real Decreto-ley 8/2023, de 27 de diciembre).
- Cuando la suma, en cómputo anual, de los rendimientos referidos en el apartado anterior y los correspondientes a la pensión resulte infe-

rior a la suma de 8.942,00 euros más el importe, también en cómputo anual, de la cuantía mínima fijada para la clase de pensión de que se trate, se reconocerá un complemento igual a la diferencia, distribuido entre el número de mensualidades en que se devenga la pensión.

- Para tener derecho al complemento para alcanzar la cuantía mínima de las pensiones, será necesario:

  • **Con respecto a las pensiones causadas a partir de 1 de enero de 2013:** será necesario residir en territorio español. Se entenderá que el beneficiario tiene su residencia habitual en España, aun cuando haya tenido estancias en el extranjero, siempre que estas no superen los noventa días naturales a lo largo de cada año natural, o cuando la ausencia del territorio español esté motivada por causas de enfermedad debidamente justificadas (art. 51.2 y 59.1 de la LGSS).

  • **Para las pensiones causadas a partir de la indicada fecha:** el importe de dichos complementos en ningún caso podrá superar la cuantía establecida en cada ejercicio para las pensiones de jubilación e invalidez en su modalidad no contributiva.

Del mismo modo, debemos tener en cuenta:

- Las personas pensionistas que a lo largo del ejercicio 2024 perciban rentas acumuladas superiores al límite a que se refiere el apartado anterior, estarán obligadas a comunicar tal circunstancia a las entidades gestoras en el plazo de un mes desde que se produzca.

- Para acreditar las rentas e ingresos las entidades gestoras de la Seguridad Social podrán, en todo momento, requerir a las personas perceptoras de complementos por mínimos una declaración de estos, así como de sus bienes patrimoniales. Todo ello sin perjuicio de la solicitud de información que proceda efectuar a la Agencia Estatal de Administración Tributaria [art. 71.1 a) de la LGSS].

- Cuando la pensión reconocida sea complementada en el importe necesario para alcanzar las cuantías mínimas fijadas y se comprobara posteriormente que los rendimientos percibidos por la persona pensionista durante el año de 2024, en cómputo anual e independientemente de la fecha de su percibo y de que este haya sido periódico o en pago único, han superado el límite previsto, los importes abonados en concepto de complemento por mínimos durante todo el año natural tendrán la consideración de indebidamente percibidos (con independencia de haber notificado la percepción de rentas superiores).

- Cuando la **pensión de orfandad** causada a partir de 1 de enero de 2013 se incremente en la cuantía de la **pensión de viudedad**, el límite de la cuantía de los complementos por mínimos solo quedará referido al de la pensión de viudedad que genere el incremento de la pensión de orfandad.

- Las personas pensionistas de **gran invalidez** que tengan reconocido el complemento destinado a remunerar a la persona que le atiende no resultarán afectadas por el límite cuantitativo establecido.

- Cuando el complemento por mínimos de pensión se solicite con posterioridad al reconocimiento de aquella, surtirá efectos a partir de los tres meses anteriores a la fecha de la solicitud, siempre que en ese momento se reunieran todos los requisitos para tener derecho al mencionado complemento.

- Según la D.T. 27.ª de la LGSS:

  • La limitación prevista en el art. 59.2 de la LGSS con respecto a la cuantía de los complementos necesarios para alcanzar la cuantía mínima de pensiones, no será de aplicación en relación con las pensiones que hubieran sido causadas con anterioridad a 1 de enero de 2013.

  • Asimismo, el requisito de residencia en territorio español a que hace referencia el art. 59.1 de la LGSS para tener derecho al complemento para alcanzar la cuantía mínima de las pensiones, se exigirá para aquellas pensiones cuyo hecho causante se produzca a partir del día 1 de enero de 2013.

JURISPRUDENCIA

STS n.º 1146/2023, de 12 de diciembre del 2023, ECLI:ES:TS:2023:5394

Una subvención para rehabilitación de fachada no computa a los efectos del complemento por mínimo de jubilación.

STS, rec. 5031/2004, de 22 de noviembre de 2005, ECLI:ES:TS:2005:7506 y STS, rec. 5090/2004, de 21 de marzo de 2006, ECLI: ES:TS:2006:2190

«En un estado definido constitucionalmente como social y democrático, tal complemento de prestación debe garantizar unos ingresos suficientes, por bajo de los cuales se está en situación legal de pobreza, a toda persona que dedicó su vida al trabajo, ocurrida la contingencia que lo separa de la actividad. Esta finalidad resulta evidente del texto del 50 de la LGSS, cuando ordena computar a los efectos de alcanzar ese límite las cantidades percibidas como rentas del capital o del trabajo personal, supuestos en los que la norma se refiere a cantidades percibidas y no a cantidades devengadas" (...) "No se puede olvidar que el artículo 41 CE obliga a la Seguridad Social a garantizar la asistencia y prestaciones sociales suficientes ante situaciones de necesidad"».

---

2. Cónyuge a cargo

La existencia de cónyuge a cargo del titular de una pensión causa efectos sobre el reconocimiento de las cuantías mínimas establecidas, cuando aquél *se halle conviviendo con el pensionista y dependa económicamente de él*.

Se entenderá que existe dependencia económica cuando concurran las circunstancias siguientes (*art. 43.Tres de la LPGE 2023*):

a) Que el cónyuge del pensionista no sea, a su vez, titular de una pensión a cargo de un régimen básico público de previsión social, entendiendo comprendidos en dicho concepto las pensiones reconocidas por otro Estado así como los subsidios de garantía de ingresos mínimos y por ayuda de tercera persona, ambos previstos en el texto refundido de la Ley General de derechos de las personas con discapacidad y de su inclusión social, aprobado por el Real Decreto Legislativo 1/2013, de 29 de noviembre, y las pensiones asistenciales reguladas en la Ley 45/1960, de 21 de julio, por la que se crean determinados Fondos Nacionales para la aplicación social del impuesto y del ahorro.

b) Que los rendimientos por cualquier naturaleza del pensionista y de su cónyuge, computados en la forma señalada resulten **inferiores a 10.430,00 euros anuales.**

A TENER EN CUENTA. Cuando la suma, en cómputo anual, de los rendimientos referidos en el párrafo anterior y del importe, también en cómputo anual, de la pensión que se vaya a complementar resulte inferior a la suma de 10.048,00 euros y de la cuantía anual de la pensión mínima con cónyuge a cargo de que se trate, se reconocerá un complemento igual a la diferencia, distribuido entre el número de mensualidades que corresponda.

Cónyuge no a cargo: se considerará que existe **cónyuge no a cargo** de la persona titular de una pensión, a los efectos del reconocimiento de las cuantías mínimas establecidas, cuando aquel o aquella se halle conviviendo con la persona pensionista y no dependa económicamente de ella en los términos previstos en el apartado anteriormente.

3. Mejora de las pensiones de menor cuantía a favor de las unidades familiares unipersonales

Unidad económica unipersonal: se considerará que la persona pensionista constituye una unidad económica unipersonal (D.A. 24.ª de la Ley 40/2007, de 4 de diciembre), cuando, acreditando derecho a complemento por mínimos en atención a sus ingresos, conforme a lo dispuesto anteriormente, no se encuentre comprendido en ninguno de los supuestos previstos en los apartados anteriores.

Los perceptores de pensiones contributivas del sistema de la Seguridad Social por las contingencias de jubilación, incapacidad permanente y viudedad, que formen una unidad económica unipersonal, y que tengan que hacer frente con su pensión al mantenimiento de un hogar, experimentarán durante los próximos cuatro años subidas adicionales de su complemento para mínimos, que les permitan alcanzar en ese periodo los niveles de renta mínimos necesarios para el sostenimiento de su hogar. En la adopción de esta medida se tendrán en cuenta los ingresos de que disponga el pensionista, así como el patrimonio, excluida su vivienda habitual.

La financiación del complemento a mínimos se realizará con cargo a la aportación de los Presupuestos Generales del Estado a la Seguridad Social.

4. Residencia en territorio español para el acceso a los complementos por mínimos de las pensiones

De acuerdo con lo dispuesto en el art. 59.1 de la LGSS, los beneficiarios de pensiones contributivas del sistema de la Seguridad Social, que no perciban rendimientos del trabajo, del capital o de actividades económicas y ganancias patrimoniales, de acuerdo con el concepto establecido para dichas rentas en el Impuesto sobre la Renta de las Personas Físicas, o que, percibiéndolos, no excedan de la cuantía que anualmente establezca la correspondiente Ley de Presupuestos Generales del Estado, tendrán derecho a percibir los complementos necesarios para alcanzar la cuantía mínima de las pensiones, siempre que residan en territorio español, en los términos que legal o reglamentariamente se determinen.

Se entenderá que el beneficiario de los complementos a mínimos, tiene su residencia habitual en España aun cuando haya tenido estancias en el extranjero siempre que éstas no superen los 90 días a lo largo de cada año natural, o cuando la ausencia de territorio español esté motivada por causas de enfermedad debidamente justificadas.

No obstante lo dispuesto en el párrafo anterior, a efectos de las prestaciones y subsidios por desempleo, será de aplicación lo que determine su normativa específica.

> **JURISPRUDENCIA**
>
> **STS n.º 157/2023, 22 de febrero del 2023, ECLI:ES:TS:2023:860**
>
> Se analiza la fecha de efectos económicos que corresponde a un complemento por mínimos cuando existe una primera solicitud que no ha sido resuelto por la Entidad Gestora, presentándose nueva reclamación que concluye con reconocimiento de la prestación, con base en los mismos datos fácticos y jurídicos que soportaban la primera.
>
> *«(...) la parte actora formuló una primera solicitud, mediante el escrito —formulario— que sobre declaración de ingresos y/o acreditación de la residencia a efectos del complemento por mínimos, presentó con fecha 27 de enero de 2017 que, ciertamente, no fue resuelta ni, por ende, emitida resolución expresa dentro de los plazos que marca el RD 286/2003, de 7 de marzo, siendo reproducida dicha petición el 6 de junio de 2018. Finalmente y en vía del presente procedimiento, le ha sido estimado, reconociendo su derecho al complemento por mínimos, sin que nadie hubiera alegado, ni tampoco conste, que dicho reconocimiento lo haya sido por circunstancias novedosas que pudieran no haber existido cuando se formuló la primera solicitud (noviembre de 2017) y que con la segunda (junio de 2018) hubieran alterado la situación económica del beneficiario, a valorar, conforme a las reglas establecidas para el obtener el complemento por mínimos para las pensiones reconocidas en aplicación de normas internacionales, fijadas en los RRDD anuales sobre revalorizaciones de las pensiones de la Seguridad Social».*
>
> Consecuencia de lo anterior, los efectos económicos del complemento por mínimos se retrotraen a la primera solicitud.

5. Complemento por mínimos y pensión de IP

El complemento a mínimos tiene como finalidad principal que la pensión de IP llegue al mínimo reconocido por Ley (STS, rec. 5031/2004, de 22 de noviembre de 2005). De esta forma debemos tener presente los arts. 59 y 196.2 de la LGSS:

> «El importe de los complementos en ningún caso podrá superar la cuantía establecida en cada ejercicio para las pensiones no contributivas

de jubilación e invalidez. Cuando exista cónyuge a cargo del pensionista, el importe de tales complementos no podrá rebasar la cuantía que correspondería a la pensión no contributiva por aplicación de lo establecido en el artículo 364.1.a) para las unidades económicas en las que concurran dos beneficiarios con derecho a pensión. (...)

Los pensionistas de gran invalidez que tengan reconocido el complemento destinado a remunerar a la persona que les atiende no resultarán afectados por los límites establecidos en este apartado».

«La cuantía de la pensión de incapacidad permanente total derivada de enfermedad común no podrá resultar inferior al importe mínimo fijado anualmente en la Ley de Presupuestos Generales del Estado para la pensión de incapacidad permanente total derivada de enfermedad común de titulares menores de sesenta años con cónyuge no a cargo».

JURISPRUDENCIA

STS n.º 1007/2024, de 10 de julio del 2024, ECLI:ES:TS:2024:4313

El beneficiario de una pensión contributiva (IPT) tendrá derecho a los complementos necesarios para alcanzar la cuantía mínima de la pensión, cuando reúne los requisitos de residencia, económicos y de incompatibilidad estatuidos en el art. 59 de la LGSS, sin que el origen de accidente no laboral de la contingencia de la que aquella dimana enerve la condición de beneficiario ni el derecho al complemento a mínimos.

ANEXO.
FORMULARIOS

Formulario de demanda del trabajador solicitando derecho a reincorporación a la empresa en puesto adaptado tras declaración de Incapacidad Permanente Total (IPT)

El siguiente modelo permite a la persona trabajadora demandar a la empresa ante el incumplimiento de la cláusula del convenio colectivo en que se obliga a recolocar al/a la trabajador/a afectado/a por una incapacidad permanente total en otro puesto de trabajo compatible con su lesión, tras evidenciarse la intención empresarial de posponer o dificultar el reingreso del/de la empleado/a una vez declarada la situación de Incapacidad Permanente Total para la profesión habitual.

AL JUZGADO DE LO SOCIAL [NUM_JUZGADO] **DE** [LOCALIDAD]

D./D.ª [NOMBRE_LETRADO_O_GRADUADO_SOCIAL], en calidad de Letrado/a (Graduado/a Social) y representante de D./D.ª [NOMBRE_TRABAJADOR_A], representación que acredito mediante copia de escritura de apoderamiento que acompaño, y domicilio a efectos de notificaciones en [DOMICILIO], ante este Juzgado de lo Social, comparece y como mejor proceda en derecho,

DICE

Por medio del presente escrito viene a interponer **DEMANDA DECLARATIVA DE DERECHO A LA REINCORPORACIÓN AL PUESTO DE TRABAJO ADAPTADO,** contra la empresa [NOMBRE EMPRESA], CIF [CIF], con domicilio en [DOMICILIO_SOCIAL], dedicada a la actividad de [ESPECIFICAR], en la persona de su representante legal D./D.ª [NOMBRE], y con base en los siguientes:

HECHOS

PRIMERO.- La parte demandante ha venido prestando servicios para la empresa demandada desde [DÍA] de [MES] de [AÑO], en virtud de un contrato de trabajo [MODALIDAD_CONTRACTUAL] con jornada de [HORA] horas a [HORA] horas, perteneciendo al grupo profesional de [GRUPO_PROFESIONAL] y percibiendo un salario mensual de [CANTIDAD] euros, incluyendo la prorrata de las pagas extraordinarias (se adjunta contrato como doc. n.º 1).

SEGUNDO.- Mediante Resolución n.º [NÚMERO] de día [FECHA] y con efectos de [FECHA], la Dirección Provincial del INSS ha reconocido al trabajador/a pensión de Incapacidad Permanente, en el grado de TOTAL PARA LA PROFESIÓN HABITUAL (se adjunta Resolución del INSS manifestado lo dicho como doc. n.º 2).

TERCERO.- Tras la declaración anterior, y dentro del plazo establecido para ello, el trabajador/a que había cesado en la empresa por haberle sido reconocido por la entidad gestora competente (O SENTENCIA JUDICIAL) un grado de incapacidad permanente, comunicó el día [FECHA] a la mercantil su intención de ejercer el derecho al reingreso en la empresa reconocido en el art. [ARTÍCULO] del convenio colectivo [CONVENIO_COLECTIVO_APLICABLE], cuando por ulterior resolución administrativa (O SENTENCIA JUDICIAL) a la suspensión contractual resultase la recuperación de su capacidad profesional **(1)**. (se adjunta comunicación a la empresa como doc. n.º 3).

CUARTO.- En contestación a la solicitud de reingreso la empresa remitió a esta parte (COMUNICACIÓN/BUROFAX/CARTA) donde se comunica la inexistencia de vacante en puesto adecuado a su capacidad laboral actual, dadas sus limitaciones físicas consistentes en [ESPECIFICAR] **(2)**, por lo que se pospone la reincorporación demorándola hasta la existencia de plaza adecuada (se adjunta comunicación de la empresa como doc. n.º 4).

QUINTO.- Los hechos alegados en la referida comunicación son inciertos, dado que del texto trascrito se desprende la voluntad clara e inequívoca de la empresa de posponer o dificultar mi derecho de recolocación ya que: [ESPECIFICAR]. **(3)**

SEXTO.- El/la trabajador/a no ocupa ni ha ocupado cargo electivo sindical ni está amparado por garantías sindicales dimanantes del ejercicio del mismo.

SÉPTIMO.- Por la parte demandante se ha intentado la conciliación, a través del preceptivo acto ante el Servicio de Mediación Arbitraje y Conciliación (SMAC), teniendo lugar el mismo sin [ESPECIFICAR], según se acredita por medio del certificado adjunto como doc. n.º 5.

A los anteriores hechos son de aplicación los siguientes

FUNDAMENTOS DE DERECHO

PRIMERO.- COMPETENCIA

Resulta competente este Juzgado de lo Social, de acuerdo con los artículos 2, 6 y 10 de la Ley de la Jurisdicción Social.

SEGUNDO.- CAPACIDAD, LEGITIMACIÓN Y REPRESENTACIÓN

Que mi poderdante se encuentra plenamente capacitado y legitimado en virtud de los artículos 16 y 17 de la Ley de la Jurisdicción Social, como asistido y representado por [Abogado/a _Graduado/a Social] de acuerdo con el artículo 18 de la citada norma.

TERCERO.- PROCEDIMIENTO

Por tratarse de una demanda declarativa de derecho se seguirán los trámites previstos para el procedimiento ordinario según lo dispuesto en los arts. 80 y ss. de la Ley 36/2011, de 10 de octubre, reguladora de la jurisdicción social. **(4)**

CUARTO.- FONDO DEL ASUNTO

Los art. 48.2 y 49.1 e) del Estatuto de los Trabajadores, aprobado por el Real Decreto Legislativo 2/2015, de 23 de octubre, establecen con carácter automático la recolocación de los trabajadores disminuidos en la empresa, en atención al carácter tuitivo del derecho laboral. Tal y como han declarado algunas Salas de lo Social de distintos Tribunales Superiores de Justicia (STSJ de Madrid, rec. 5703/2000, de 18 de abril 2001, ECLI:ES:TSJM:2001:5181, STSJ de Cataluña n.º 2370/2003, de 10 de abril de 2003, ECLI:ES:TSJCAT:2003:4643, entre otras), el artículo 48.2 del ET se refiere al derecho de reserva del puesto y a la consiguiente suspensión del contrato de trabajo, que tiene todo trabajador que ha sido declarado en situación de invalidez permanente total para su profesión habitual, cuando su situación, a juicio del órgano de calificación, sea susceptible de revisión por mejoría que le permita su reincorporación al puesto de trabajo.

El art. [ARTÍCULO] del convenio colectivo [CONVENIO_COLECTIVO_APLICABLE], proporciona al trabajador la posibilidad [ESPECIFICAR]. **(5)**

Ambas normas se refieren globalmente a los derechos sociales según la definición de los mismos contenidas en el Tratado de Ámsterdam de la Unión Europea como derechos fundamentales de los trabajadores, pues ambas tienden a facilitar y posibilitar el derecho al trabajo de los disminuidos, aunque lo sean temporalmente, a la reincorporación a su puesto laboral en caso de mejoría.

En paralelo, la STJUE n.º C-631/2022, de 18 de enero de 2024, ECLI:EU:C:2024:53, supone un giro radical en el tratamiento de la incapacidad permanente al aclarar que el art. 5 de la Directiva 78/2000/CE obliga a que ante la declaración de incapacidad permanente total para la profesión habitual de un trabajador las empresas deban realizar los ajustes razonables para que el trabajador continúe prestando servicios salvo que estos ajustes supongan un coste excesivo para la empresa. **(6)**

Y por lo expuesto

SUPLICO AL JUZGADO DE LO SOCIAL:

Habiendo por presentado este escrito se sirva admitirlo y, en su virtud, tener por formulada demanda en materia DECLARATIVA DEL DERECHO A REINCORPORACIÓN A PUESTO LABORAL ADAPTADO frente a la mercantil [NOMBRE_EMPRESA], y, tras los trámites legales que procedan, se sirva por señalar día y hora para la celebración del acto de conciliación previa o juicio, en caso de no avenencia, tras el que, en definitiva, dicte sentencia por la que estimando esta demanda, declare la existencia de vacante adaptada a mis limitaciones físicas y la reincorporación a la empresa.

Es justicia que se pide en [LOCALIDAD], a [DÍA] de [MES] de [AÑO].

[FIRMAS]

OTROSÍ DIGO: en la celebración de la vista del juicio, a los efectos prevenidos en el art. 21.2 de la Ley 36/2011, de 10 de octubre, reguladora de la jurisdicción social, compareceré asistido y defendido por el Letrado Sr./Sra. D./D.ª [NOMBRE_LETRADO_O_GRADUADO_SOCIAL], señalándose a efectos de citaciones y notificaciones el domicilio del mismo, sito en [DOMICILIO_DESPACHO].

En su virtud,

SUPLICO AL JUZGADO DE LO SOCIAL:

Tenga por realizadas las anteriores manifestaciones a los efectos legales oportunos.

Por ser justicia, fecha y lugar *«ut supra»*

[FIRMAS]

SEGUNDO OTROSÍ DIGO: conforme al art. 90 de la Ley 36/2011, de 10 de octubre, reguladora de la jurisdicción social y en cumplimiento de un correcto ejercicio del derecho de defensa y de la tutela judicial efectiva que garantiza la Constitución y el resto del ordenamiento jurídico, interesa al derecho de esta parte la práctica, en dicho acto, de las siguientes pruebas:

- **INTERROGATORIO** del representante legal de la empresa D./D.ª [NOMBRE]

- **DOCUMENTAL,** debiendo requerirse al demandado para que presente y aporte al proceso los siguientes documentos, con apercibimiento de que de no hacerlo sin causa justificada podrán estimarse probadas las alegaciones hechas por esta parte en relación con esta prueba:

  1. [ESPECIFICAR].

  2. [ESPECIFICAR].

  3. [ESPECIFICAR].

- **TESTIFICAL,** para que los testigos que a continuación se relacionan, sean citados por vía judicial para ser examinados en dicho acto de juicio:

D./D.ª [NOMBRE_TESTIGO] con domicilio en [DOMICILIO_TESTIGO].

D./D.ª [NOMBRE_TESTIGO] con domicilio en [DOMICILIO_TESTIGO].

Por lo anterior,

SUPLICO AL JUZGADO DE LO SOCIAL:

Tenga por realizadas las anteriores manifestaciones a los efectos legales oportunos.

Por ser justicia, fecha y lugar «*ut supra*»

[FIRMAS]

---

(1) Con carácter general, en relación con lo establecido en los arts. 48.2 y 49 del Estatuto de los Trabajadores, a todo trabajador/a que una vez producida la declaración de invalidez permanente total, absoluta o gran invalidez, si dicha situación es previsiblemente revisable por mejoría que permita la reincorporación a su puesto de trabajo, subsistirá la suspensión de la relación laboral con reserva de puesto de trabajo durante un periodo de dos años a contar desde la fecha de la resolución que declare la invalidez permanente. Por convenio puede mejorarse lo anterior o especificarse algún tipo de característica para la reincorporación. Consultar modelos: solicitud de reincorporación del trabajador tras la reclasificación de la invalidez; comunicación de reincorporación al puesto de trabajo tras recuperación plena o parcial de una incapacidad permanente total; solicitud de recolocación del trabajador declarado en situación de incapacidad permanente total en puesto adaptado.

(2) Consignar contenido de la comunicación donde se especifica la justificación de la empresa para entender la inexistencia de puesto válido para las limitaciones físicas del trabajador.

(3) A modo de ejemplo: «*la mercantil no ha tenido en cuenta la posibilidad de recolocarme en un puesto de trabajo de carácter administrativo adaptado a mis actuales limitaciones físicas*»; «*la mercantil niega la existencia de vacante alguna pese a la actual demanda de* [ESPECIFICAR]*, puesto que permitiría mi reincorporación inmediata*», etc.).

(4) Consultar: Extinción del contrato de trabajo por incapacidad del trabajador.

(5) El convenio colectivo aplicable puede establecer que el personal con alguna discapacidad como resultado de un accidente o de una enfermedad, laboral o no, se destine a algún puesto de trabajo, de acuerdo con su estado, siempre que esto sea posible de acuerdo con el comité de empresa.

(6) El TJUE precisa en el apartado 52: «*(...) una normativa nacional en materia de seguridad social no puede ir en contra, en particular, del artículo 5 de la Directiva 2000/78 , interpretado a la luz de los artículos 21 y 26 de la Carta, convirtiendo la discapacidad del trabajador en una causa de despido, sin que el empresario esté obligado, con carácter previo, a prever o mantener ajustes razonables para permitir a dicho trabajador conservar su empleo, ni a demostrar, en su caso, que tales ajustes constituirían una carga excesiva, en el sentido de la jurisprudencia recordada en el apartado 45 de la presente sentencia*».

Escrito de solicitud de recolocación del trabajador declarado en situación de incapacidad permanente total en puesto adaptado

Al amparo del apdo. art. 48.2 del Estatuto de los Trabajadores, *«En el supuesto de incapacidad temporal, producida la extinción de esta situación con declaración de incapacidad permanente en los grados de incapacidad permanente total para la profesión habitual, absoluta para todo trabajo o gran invalidez, cuando, a juicio del órgano de calificación, la situación de incapacidad del trabajador vaya a ser previsiblemente objeto de revisión por mejoría que permita su reincorporación al puesto de trabajo, subsistirá la suspensión de la relación laboral, con reserva del puesto de trabajo, durante un periodo de dos años a contar desde la fecha de la resolución por la que se declare la incapacidad permanente.»*

El siguiente modelo permite a la persona trabajadora solicitar a la empresa su recolocación en un puesto adaptado a la situación de incapacidad permanente total declarada en el plazo de suspensión de la relación laboral.

En [LOCALIDAD], a [DÍA] de [MES] de [AÑO].

D./D.ª [NOMBRE_PERSONA_TRABAJADORA].

[DATOS_PERSONA_TRABAJADORA].

Sr./Sra. D./D.ª [NOMBRE_PERSONA_EMPLEADORA].

Muy Sr/Sra. mío/a:

Hecha firme la resolución del INSS, con fecha [DÍA] de [MES] de [AÑO], en la que se declara mi incapacidad permanente total con previsión de revisión por mejoría **(1)**, le comunico mi intención de hacer uso del derecho a la reserva del puesto de trabajo que por no haber transcurrido dos años **(2)** desde mi declaración la invalidez me corresponde en función del artículo [NÚM ARTICULO] del convenio colectivo [CONVENIO_COLECTIVO_APLICABLE] y el apartado 2 del vigente art. 48 del Real Decreto Legislativo 2/2015, de 23 de octubre, por el que se aprueba el texto refundido de la Ley del Estatuto de los Trabajadores.

Adjunto informe médico donde constan mis secuelas actuales, ya que en concreto: [ESPECIFICAR], hacen inviable la realización de mi antiguo puesto de trabajo donde tenía que realizar tareas como: [ESPECIFICAR]. Lo que sin duda obligará a mi reincorporación en otro trabajo adecuado a mi capacidad laboral.

Sirviendo la presente comunicación para acreditar mi intención de volver a incorporarme a la empresa, y poniéndome a su disposición para cualquier evaluación de mi estado físico y de los riesgos del puesto laboral en que se efectúe mi vuelta a la actividad, no sin antes recordarle la reciente doctrina establecida por la STJUE n.º C-631/2022, de 18 de enero de 2024, ECLI:EU:C:2024:53, estableciendo la necesidad de adaptación del puesto de trabajo **(3)**, se despide atentamente,

[FIRMA]

D./D.ª [NOMBRE_PERSONA_TRABAJADORA]

RECIBÍ

[FIRMA]

[SELLO_FIRMA_EMPRESA]

---

(1) La subsistencia de la suspensión de la relación laboral, con reserva de puesto de trabajo, sólo procederá cuando en la correspondiente resolución inicial de reconocimiento de invalidez, a

tenor de lo previsto en el párrafo primero del apartado 2 del art. 200 de la Ley General de la Seguridad Social, se haga constar un plazo para poder instar la revisión por previsible mejoría del estado invalidante del interesado, igual o inferior a dos años (art. 7 del Real Decreto 1300/1995, de 21 de julio).

(2) Según Sentencia TS, Sala de lo Social, de 28/05/2009, Rec. 2341/2008, no lo constituye la negativa empresarial a readmitir al trabajador que es declarado no inválido en resolución administrativa dictada una vez transcurrido el plazo de suspensión de 2 años que fija en el apartado 2 del art. 48 ET.

(3) El TJUE prohíbe el despido de trabajadores con discapacidad sobrevenida sin intento previo de adaptación del puesto.

Escrito de reclamación previa de pensión de incapacidad permanente total

Escrito para presentar una reclamación administrativa previa a la vía judicial social, de conformidad con el artículo 71 de la Ley de Jurisdicción Social, para acceder a una pensión de incapacidad permanente total derivada de enfermedad común en régimen especial de trabajadores autónomos.

A LA DIRECCIÓN PROVINCIAL DEL INSTITUTO NACIONAL DE LA SEGURIDAD SOCIAL DE [PROVINCIA]

D./D.ª [NOMBRE_PERSONA_TRABAJADORA], mayor de edad, con DNI n.º [NÚMERO], autónomo, afiliado al RETA con núm. [NÚMERO], y domiciliado en [DOMICILIO], ante esa DIRECCIÓN PROVINCIAL DEL INSTITUTO NACIONAL DE LA SEGURIDAD SOCIAL comparezco y **EXPONGO**:

Que, con fecha [DÍA] de [MES] de [AÑO], recibo notificación de la resolución dictada por ese Instituto el día [DÍA] de [MES] de [AÑO] en expediente n.º [NÚMERO], por la que se deniega incapacidad permanente total para la profesión habitual, derivada de enfermedad común, y estimándola no ajustada a derecho y lesiva para mis intereses, interpongo RECLAMACIÓN PREVIA a la vía judicial social de conformidad con el artículo 71 de la Ley de Jurisdicción Social y con fundamento en los siguientes

MOTIVOS (1)

PRIMERO.- Que he nacido el [FECHA], siendo (mayor/menor) de 55 años **(2)**, estoy afiliado en el Régimen Especial de Trabajadores Autónomos o por Cuanta Propia de la Seguridad Social con el núm. [NÚMERO], en base a mi actividad de [ESPECIFICAR].

SEGUNDO.- Que las tareas fundamentales de la profesión habitual que vengo realizando consisten en:

• DESCRIPCIÓN].

• DESCRIPCIÓN].

• [DESCRIPCIÓN].

TERCERO.- Que en la actualidad no ejerzo actividad retribuida por cuenta ajena o propia que dé lugar a su inclusión en cualquiera de los regímenes de la Seguridad Social. **(2)**

CUARTO.- Que no ostento la titularidad de un establecimiento mercantil o industrial ni de una explotación agraria o marítimo-pesquera como propietario, arrendatario, usufructuario u otro concepto análogo. **(2)**

QUINTO.- Que con fecha [DÍA] de [MES] de [AÑO], fui diagnosticado por el médico del Servicio Público de Salud del [ESPECIFICAR] de una [DESCRIPCIÓN], iniciando un proceso de incapacidad temporal por contingencias comunes el pasado [DÍA] de [MES] de [AÑO]. **(3)**

SEXTO.- Que tras recibir el tratamiento prescrito en la actualidad dolencias que presento las siguientes dolencias: **(4)**

• [DESCRIPCIÓN].

• [DESCRIPCIÓN].

• [DESCRIPCIÓN].

Lo que me impide la realización de las tareas fundamentales de mi profesión enumeradas en el punto segundo, toda vez que: [DESCRIPCIÓN]

SÉPTIMO.- Con fecha [FECHA] solicité del Instituto Nacional de la Seguridad Social el reconocimiento de la situación de incapacidad permanente total, derivada de enfermedad común, siendo reconocido por el Equipo de Valoración de Incapacidades, con fecha [DÍA] de [MES] de [AÑO], y emitiendo dictamen, en el que se establecía el siguiente diagnóstico: [DESCRIPCIÓN]. **(5)**

OCTAVO.- Por Resolución de fecha [DÍA] de [MES] de [AÑO], el Instituto Nacional de la Seguridad Social, se desestimó mi solicitud de reconocimiento de incapacidad, al entender que, según el dictamen propuesta del Equipo de Valoración, las dolencias padecidas por el firmante no constituían situación de incapacidad en grado alguno. **(6)**

NOVENO.- Que en el dictamen recogido por el Equipo de Valoración de Incapacidades, no se ha valorado en forma alguna mi dolencia consistente en [DESCRIPCIÓN], la cual me incapacita totalmente para el desempeño de mi profesión habitual puesto que según los informes médicos que se aportarán en su momento procesal oportuno, tengo totalmente contraindicado, la [DESCRIPCIÓN].

DÉCIMO.- Que dado que mis dolencias provienen de enfermedad común, la base reguladora, debe ser la de [CANTIDAD] euros, y la fecha de efectos la de [DÍA] de [MES] de [AÑO].

UNDÉCIMO.- Que contra dicha resolución, en tiempo y forma interpongo reclamación previa por no considerarla acorde a derecho.

Por todo lo expuesto,

SOLICITO A LA DIRECCIÓN PROVINCIAL DEL INSTITUTO NACIONAL DE LA SEGURIDAD SOCIAL que habiendo por presentado este escrito con su copia, y documento anexo, se sirva admitirlo, tener por interpuesta en tiempo y forma RECLAMACIÓN PREVIA a la vía contenciosa se sirva admitirla, previos los trámites de ley, dicte nueva resolución por la que se declare que las dolencias que padece el firmante suponen una situación de incapacidad permanente en grado de total, con derecho al abono al actor de una pensión equivalente al 55 % de la base reguladora de [CANTIDAD] euros, más un incremento del 20 % de la misma y las revisiones que legalmente tengan lugar, con efectos desde el día [FECHA].

En [PROVINCIA], a [DÍA] de [MES] de [AÑO].

[FIRMA]

---

(1) Artículo 72 LJS (Vinculación respecto a la reclamación administrativa previa en materia de prestaciones de Seguridad Social o vía administrativa previa) *«En el proceso no podrán introducir las partes variaciones sustanciales de tiempo, cantidades o conceptos respecto de los que fueran objeto del procedimiento administrativo y de las actuaciones de los interesados o de la Administración, bien en fase de reclamación previa en materia de prestaciones de Seguridad Social o de recurso que agote la vía administrativa, salvo en cuanto a los hechos nuevos o que no hubieran podido conocerse con anterioridad».*

(2) La pensión de incapacidad permanente total para la profesión habitual se incrementará en un 20 por ciento de la base reguladora que se tenga en cuenta para determinar la cuantía de la pensión, cuando, según el art. 3 del Real Decreto 463/2003, de 25 de abril, sobre reconocimiento del incremento de la pensión de incapacidad permanente total para la profesión habitual para los trabajadores por cuenta propia y el art. 38.1 del Decreto 2530/1970, de 20 de agosto, por el que se regula el Régimen Especial de la Seguridad Social de los Trabajadores por Cuenta Propia o Autónomos, se acredite que el pensionista:

•Tenga una edad igual o superior a los 55 años.

•No ejerza una actividad retribuida por cuenta ajena o por cuenta propia que dé lugar a su inclusión en cualquiera de los regímenes de la Seguridad Social. El incremento de la pensión quedará en suspenso durante el período en que el trabajador obtenga un empleo o efectúe una actividad lucrativa por cuenta propia que sea compatible con la pensión de incapacidad permanente total que viniese percibiendo.

•No ostente la titularidad de un establecimiento mercantil o industrial ni de una explotación agraria o marítimo-pesquera como propietario, arrendatario, usufructuario u otro concepto análogo.

El incumplimiento de alguno de estos tres requisitos supondrá derecho a la pensión de incapacidad permanente total, del 55 % de la base reguladora, sin el citado incremento del 20 %.

(3) Téngase en cuenta que el hecho causante de la incapacidad permanente total derivada de enfermedad común no ha de ir necesariamente precedida de un proceso de incapacidad temporal. (Ver «Hecho causante y efectos económicos» en Prestación por incapacidad permanente total).

(4) Téngase en cuenta la vinculación respecto a la reclamación administrativa previa en materia de prestaciones de Seguridad Social o vía administrativa previa establecida en el art. 72, LJS: «En el proceso no podrán introducir las partes variaciones sustanciales de tiempo, cantidades o conceptos respecto de los que fueran objeto del procedimiento administrativo y de las actuaciones de los interesados o de la Administración, bien en fase de reclamación previa en materia de prestaciones de Seguridad Social o de recurso que agote la vía administrativa, salvo en cuanto a los hechos nuevos o que no hubieran podido conocerse con anterioridad». (STSJ de Aragón, n.° 452/2006, de 03 de mayo, ES:TSJAR:2006:606).

(5) Consignar según Resolución denegatoria las dolencias que han sido detectadas por el EVI.

(6) Art. 71.6 de la LRJS:

«La demanda habrá de formularse en el plazo de treinta días, a contar desde la fecha en que se notifique la denegación de la reclamación previa o desde el día en que se entienda denegada por silencio administrativo.

En los procesos de impugnación de altas médicas el plazo anterior será de veinte días, que cuando no sea exigible reclamación previa se computará desde la adquisición de plenos efectos del alta médica o desde la notificación del alta definitiva acordada por la Entidad gestora.

(...)».

Modelo genérico de reclamación previa al INSS frente a la denegación de la prestación por incapacidad permanente

Será requisito necesario para formular demanda en materia de prestaciones de Seguridad Social, que los interesados interpongan reclamación previa ante la entidad gestora de las mismas. La reclamación previa deberá interponerse ante el órgano competente que haya dictado resolución sobre la solicitud inicial del interesado, en el plazo de treinta días desde la notificación de la misma, si es expresa, o desde la fecha en que, conforme a la normativa reguladora del procedimiento de que se trate, deba entenderse producido el silencio administrativo.

A LA DIRECCIÓN PROVINCIAL DEL INSTITUTO NACIONAL DE LA SEGURIDAD SOCIAL DE [LOCALIDAD] (1)

D./D.ª [NOMBRE], mayor de edad, DNI n.º [DNI], y con domicilio en [DOMICILIO], ante la Dirección provincial del Instituto Nacional de la Seguridad Social en [LOCALIDAD] comparece y como mejor proceda en Derecho,

DICE

Que mediante el presente escrito formula RECLAMACIÓN PREVIA a la vía jurisdiccional social, de conformidad con el artículo 71 de la Ley de la Jurisdicción Social, frente a la resolución del Instituto Nacional de la Seguridad Social, de [FECHA], notificada el día [FECHA], por la que se resuelve DENEGAR LA PRESTACIÓN DE INCAPACIDAD PERMANENTE [GRADO] (2), estimando tal resolución no ajustada a derecho y lesiva para sus intereses, IMPUGNÁNDOSE la misma, basando tal impugnación en las siguientes,

ALEGACIONES

PRIMERA.- Que con fecha [FECHA], causó baja médica y, en aquel momento, el facultativo del sistema público de salud de [LUGAR], le diagnosticó «[ESPECIFICAR]».

Se aporta parte de baja médica como documento [NÚMERO].

Además acude al Hospital [ESPECIFICAR] y se le diagnostica de [ESPECIFICAR].

Tras ello, con fecha [FECHA] se le realiza intervención quirúrgica en base a ese diagnóstico.

Se aportan documentos médicos como documento [NÚMERO].

SEGUNDA.- Con fecha [FECHA] se emite informe que refleja lo siguiente: [ESPECIFICAR].

Se aportan informes médicos como documentos [NÚMERO].

TERCERA.- Que vengo prestando servicios para la empresa [NOMBRE], con CIF [CIF], dedicada a [DESCRIPCIÓN].

CUARTA.- Que tras la intervención quirúrgica, con la posterior rehabilitación insatisfactoria, se emiten los siguientes informes médicos:

[ESPECIFICAR].

QUINTA.- A [FECHA], tras la rehabilitación, se le otorga el alta médica. Con las siguientes recomendaciones: «[ESPECIFICAR]», y expresa como causa de alta [ESPECIFICAR].

Se aporta el informe médico como documento [NÚMERO].

Con fecha [FECHA] se notifica incoación de expediente administrativo de incapacidad permanente cuyo documento se aporta como documento [NÚMERO].

SEXTA.- Con fecha [FECHA] se emite resolución del Instituto Nacional de la Seguridad Social, notificada el día [FECHA], por la que se DENIEGA LA PRESTACIÓN DE INCAPACIDAD PERMANENTE [GRADO] por no alcanzar las lesiones padecidas un grado suficiente de disminución de la capacidad laboral. **(3)**

Se aporta resolución del INSS como documento [NÚMERO].

SÉPTIMA.- Que las secuelas ostentan cierta gravedad por lo que le incapacitan para la realización de las tareas fundamentales y habituales de su puesto de trabajo, ya que [DESCRIPCIÓN].

En virtud de lo expuesto,

SOLICITO A LA DIRECCIÓN PROVINCIAL DEL INSTITUTO NACIONAL DE LA SEGURIDAD SOCIAL:

Que, tenga por presentado este escrito junto a los documentos que se acompañan, y su copia, se sirva admitirlo y tener por presentada reclamación administrativa previa, de la prestación económica derivada de la situación de incapacidad en grado de [GRADO] para su profesión habitual y, previos los trámites legales dicte resolución por la que estimando la solicitud, se le reconozca el derecho a la percepción de una pensión vitalicia mensual de una cantidad equivalente al [PORCENTAJE] % de la base reguladora y con efectos económicos desde el día [FECHA], fecha en la que se emite la resolución denegatoria de incapacidad permanente.

En [LOCALIDAD], a [DÍA] de [MES] de [AÑO].

[FIRMA]

---

(1) La presentación de la reclamación previa debe presentarse ante la entidad gestora o colaboradora de la Seguridad Social, pudiendo presentarse también en las oficinas, organismos o entidades previstas para ello.

(2) La incapacidad permanente cualquiera que sea su causa determinante se clasificará en función del porcentaje de reducción de la capacidad de trabajo del interesado, valorado de acuerdo con la lista de enfermedades que se apruebe reglamentariamente en los grados de: a) incapacidad permanente parcial; b) incapacidad permanente total; c) incapacidad permanente absoluta y; d) gran invalidez (art. 194 de la LGSS).

(3) Cuando la resolución no se dicte en el plazo de ciento treinta y cinco días, la solicitud se entenderá denegada por silencio administrativo, en cuyo caso el interesado podrá ejercitar las acciones que le confiere el art. 71 de la LRJS y art. 5 del Real Decreto 1300/1995, de 21 de julio.

Formulario de demanda de revisión del grado de incapacidad permanente

Contra las resoluciones definitivas que sobre reconocimiento de grado de discapacidad se dicten por los organismos competentes, los interesados podrán interponer reclamación previa a la vía jurisdiccional social de conformidad con lo establecido en el art. 71 de la Ley Reguladora de la Jurisdicción Social.

Formulada la reclamación previa, la entidad deberá contestar expresamente a la misma en el plazo de cuarenta y cinco días. En caso contrario se entenderá denegada la reclamación por silencio administrativo.

La demanda habrá de formularse en el plazo de treinta días, a contar desde la fecha en que se notifique la denegación de la reclamación previa o desde el día en que se entienda denegada por silencio administrativo. para su interposición, la persona interesada podrá valerse del siguiente formulario.

AL JUZGADO DE LO SOCIAL DE [LOCALIDAD]

D./D.ª [NOMBRE], mayor de edad, con DNI n.º [DNI] y domiciliado/a [DOMICILIO], ante el JUZGADO DE LO SOCIAL comparezco y como mejor proceda en Derecho,

DIGO

Que habiéndose notificado en fecha [FECHA] Resolución del Instituto Nacional de la Seguridad Social, Dirección Provincial de [PROVINCIA] de fecha [FECHA], en la que se resuelve no proceder a la modificación o revisión del grado de incapacidad permanente [ESPECIFICAR] para su profesión habitual reconocido, y considerando la misma no ajustada a Derecho y lesiva para sus intereses, viene a formular demanda sobre INCAPACIDAD PERMANENTE [ESPECIFICAR] para la profesión habitual por ENFERMEDAD COMÚN, frente al INSTITUTO NACIONAL DE LA SEGURIDAD SOCIAL, DIRECCIÓN PROVINCIAL DE [PROVINCIA], con domicilio en [DIRECCION], y contra LA TESORERÍA GENERAL DE LA SEGURIDAD SOCIAL, con domicilio en [LOCALIDAD], C/ [CALLE], n.º [NUMERO], demanda que apoyo en los siguientes (1)

HECHOS

PRIMERO.- Estoy afiliado/a en el régimen general de la Seguridad Social con el n.º [NUM_SEG_SOCIAL_TRABAJADOR], encontrándome en la actualidad en situación de [ESPECIFICAR].

SEGUNDO.- Con fecha [DÍA] de [MES] de [AÑO], solicité del Instituto Nacional de la Seguridad Social (1) el reconocimiento de la situación de incapacidad permanente, en grado de [ESPECIFICAR] (o, en su caso, Gran Invalidez), debido a la enfermedad que padezco que consiste en:

I.- [DESCRIPCIÓN].

II.- [DESCRIPCIÓN].

III.- [DESCRIPCIÓN].

Siendo reconocido/a por el Equipo de Valoración de Incapacidades, con fecha [DÍA] de [MES] de [AÑO], y emitiendo dictamen, en el que se establecía el siguiente diagnóstico:

I.- [DESCRIPCIÓN].

II.- [DESCRIPCIÓN].

III.- [DESCRIPCIÓN].

TERCERO.- Por Resolución de fecha [DÍA] de [MES] de [AÑO], el Instituto Nacional de la Seguridad Social, desestimó mi solicitud de reconocimiento de incapacidad, al entender que, según el dictamen propuesta del Equipo de Valoración, las dolencias padecidas por el/la firmante, no constituían situación de incapacidad en grado alguno.

CUARTO.- Contra dicha resolución, en tiempo y forma interpuse reclamación previa, que es nuevamente desestimada con fecha [DÍA] de [MES] de [AÑO].

QUINTO.- En el dictamen recogido por el Equipo de Valoración de Incapacidades se ha cometido un error de diagnóstico, al no haber sido valoradas en forma alguna mis dolencias consistentes en:

I.- [DESCRIPCIÓN].

II.- [DESCRIPCIÓN].

III.- [DESCRIPCIÓN].

La cuales suponen reducciones en mis aptitudes funcionales, psicológicas y físicas incapacitándome totalmente para el desempeño de cualquier profesión puesto que según los informes médicos que se aportarán en el momento procesal oportuno, tengo las siguientes dolencias definitivas y sin posibilidad de curación: **(2)**

I.- [DESCRIPCIÓN].

II.- [DESCRIPCIÓN].

III.- [DESCRIPCIÓN].

SEXTO.- Dado que mis dolencias provienen de enfermedad común, la base reguladora, debe ser la de [CANTIDAD] euros, y la fecha de efectos la de [DÍA] de [MES] de [AÑO].

SÉPTIMO.- A los efectos oportunos acompaño la resolución de la reclamación previa y la reclamación previa presentada en su día.

A los anteriores hechos son de aplicación los siguientes:

FUNDAMENTOS DE DERECHO

PRIMERO.- COMPETENCIA Y JURISDICCIÓN

La competencia para el conocimiento de esta pretensión la ostenta el Juzgado de lo Social al que me dirijo conforme a lo establecido en los artículos 1.2 a), 6 y 10 de la Ley 36/2011, de 10 de octubre, Reguladora de la Jurisdicción Social, que regula el procedimiento impugnatorio de sanciones.

SEGUNDO.- CAPACIDAD Y LEGITIMACIÓN

La legitimación la ostenta el prestacionista en base al art. 17.1 de la LRJS, donde se establece: *«Los titulares de un derecho subjetivo o un interés legítimo podrán ejercitar acciones ante los órganos jurisdiccionales del orden social, en los términos establecidos en las leyes»*.

En cuanto a la capacidad para ser parte según lo establecido en el art. 16.1 de la LRJS.

TERCERO.- PROCEDIMIENTO

Por tratarse de una materia de seguridad social el procedimiento adecuado sería el establecido en los arts. 80 a 101 de la LRJS, con las particularidades establecidas en los arts. 140 y ss. del mismo texto legal.

CUARTO.- RECLAMACIÓN ADMINISTRATIVA PREVIA EN MATERIA DE PRESTACIONES DE LA SEGURIDAD SOCIAL

El art. 71 de la LRJS, por cuanto establece para *«Será requisito necesario para formular demanda en materia de prestaciones de Seguridad Social, que los interesados interpongan reclamación previa ante la Entidad gestora de las mismas».*

QUINTO.- FONDO DEL ASUNTO

- El Real Decreto Legislativo 8/2015, de 30 de octubre, por el que se aprueba el Texto Refundido de la Ley de la Seguridad Social, en concreto sus artículos 193, en cuanto al concepto de incapacidad permanente contributiva, y los artículos 194 al 200, que regulan las situaciones de incapacidad permanente en la modalidad contributiva.

- El artículo 12 del Real Decreto 888/2022, de 18 de octubre, por el que se establece el procedimiento para el reconocimiento, declaración y calificación del grado de discapacidad, donde se establece que el grado de discapacidad será objeto de revisión por agravamiento o mejoría siempre que, al menos, haya transcurrido un plazo mínimo de dos años desde la fecha en que se dictó resolución, excepto en los casos en que se acredite suficientemente error de diagnóstico o se hayan producido cambios sustanciales en las circunstancias que dieron lugar al reconocimiento de grado, en que no será preciso agotar el plazo mínimo.

- En relación a la valoración del grado de incapacidad interesa la STSJ de Galicia, rec. 4854/2016, de 27 de Abril de 2017, ECLI:ES:TSJGAL:2017:3073, donde se establece que *«la valoración del grado de incapacidad debe realizarse atendiendo a las circunstancias precisas que concurren en cada caso concreto; y así esta Sala ya señaló en la STSJ Galicia de 9 de marzo de 2016 (rec: 951/2015) que: 'tal y como hemos reiterado con anterioridad —sólo entre las más recientes, SSTSJ Galicia 12/01/16 R. 110/14, 15/12/15 R. 3760/1 , 11/11/15 R. 2472/14, 05/11/15 R. 1692/14, etc.— la existencia o no de IP y su ubicación en uno de los grados legalmente establecido se determina mediante un complejo proceso valorativo en el que se ponen en relación el cuadro general de las dolencias, la afectación personal y el trabajo del sujeto. Y, como quiera que estos tres elementos y sus interrelaciones recíprocas no son nunca exactamente las mismas, las decisiones van a ser circunstanciales y casuísticas (SSTC 232/1991, de 10/Diciembre; y 53/1996, de 26/Marzo; y STS 15/12/98). Por esta razón, los Tribunales Superiores han renunciado a establecer criterios generales y abstractos que organicen la inclusión de las situaciones de IP en uno u otro grado, y niegan la posibilidad de establecer comparaciones entre diversos supuestos resueltos judicialmente de forma distinta (STS 9/03/95). La decisión debe acomodarse a un necesario proceso de individualización, en atención a cuáles sean las concretas «particularidades del caso a enjuiciar» (SSTS 02/04/92 y 29/01/93), que lo diferenciarán de las situaciones de otros distintos afectados, tanto por la incidencia de otras lesiones, como por la concreta actividad desempeñada por el mismo, que es la determinante a efectos de esa valoración (STS 23/11/00). En consecuencia, la Sala ha de hacer dicho proceso valorativo y de subsunción normativa en atención a qué «hechos singulares» concurren en el caso (SSTS 17/03/89; 27/11/91; y 09/04/92), ya que lesiones supuestamente iguales pueden diferenciarse en su gradación, en el modo en que afectan a cada trabajador, o en su repercusión funcional (STS 25/01/00)».*

Por lo expuesto,

SOLICITO AL JUZGADO DE LO SOCIAL:

Tenga por formulada demanda de impugnación de DENEGACION DE SITUACIÓN DE INCAPACIDAD PERMANENTE EN GRADO DE [ESPECIFICAR] (o, en su caso, Gran Invalidez), contra el INSTITUTO NACIONAL DE EMPLEO y contra LA TESORERÍA GENERAL DE LA SEGURIDAD SOCIAL se sirva admitirla y en su día, previos los trámites de ley, y tras la citación de las partes para la celebración del acto del juicio, dictar sentencia por la que se declare que las dolencias que padece el firmante suponen una situación de incapacidad permanente en grado de [ESPECIFICAR] (o, en su caso, Gran Invalidez), condenando a las demandadas a estar y pasar por dicha declaración y al abono al actor de una pensión equivalente al [CANTIDAD] % de la base reguladora de [CANTIDAD] euros, con las revisiones de la misma que legalmente tengan lugar, por ser ello conforme a justicia y derecho.

En [LOCALIDAD], a [DÍA] de [MES] de [AÑO].

[FIRMA]

---

(1) Corresponde al Instituto Nacional de la Seguridad Social, a través de los órganos que reglamentariamente se establezcan y en todas las fases del procedimiento, declarar la situación de incapacidad permanente, a los efectos de reconocimiento de las prestaciones económicas por IP (art. 200 de la LGSS).

(2) Para que proceda la revisión del grado de incapacidad permanente reconocido, es necesario que el cuadro de dolencias que sufre el beneficiario de la prestación de incapacidad experimente una agravación sustancial y que sus aptitudes funcionales, psicológicas y físicas empeoren, impidiéndole la incorporación al mercado laboral al no estar en condiciones de desempeñar eficazmente una actividad profesional retribuida.

Escrito de comunicación extinguiendo el contrato por incapacidad permanente del empresario

Según el art. 49.g) del Estatuto de los Trabajadores, la incapacidad del empresario como persona física supone la extinción automática de los contratos de trabajo de los empleados al servicio de la empresa, devengándose a favor de éstos el derecho a indemnización por la cantidad equivalente a un mes de salario.

A través de un escrito como el que ilustra el siguiente ejemplo, el empresario aquejado de incapacidad permanente puede comunicar la extinción de la relación laboral al trabajador con arreglo a lo dispuesto en el art. 49.1.g) del ET.

[NOMBRE_EMPRESA]

[DOMICILIO_SOCIAL]

En [LOCALIDAD], a [DÍA] de [MES] de [AÑO].

Sr./Sra. D./D.ª [NOMBRE_PERSONA_TRABAJADORA].

Muy Sr./Sra. Mío/a:

Por la presente pongo en su conocimiento que, con fecha [FECHA], he recibido de la Entidad Gestora, Resolución por la que se me concede la prestación de incapacidad permanente en grado de [ESPECIFICAR], lo que le justifico con la fotocopia de la Resolución que acompaño como DOC.1. **(1)**

Ante la imposibilidad de seguir desarrollando la actividad que venía ejerciendo, y al no existir persona interesada en la empresa, y de acuerdo con lo dispuesto en el artículo 49.1.g) del Estatuto de los Trabajadores, le comunico que con fecha [DÍA] de [MES] de [AÑO] quedará extinguida su relación laboral que le unía a esta empresa.

Queda a su disposición la liquidación salarial hasta el día de su cese, así como, el importe de una mensualidad de su salario en concepto de indemnización. **(2)**

Ruego firme la copia de este escrito a los efectos de acuse de recibo.

Por la empresa

[FIRMA]**.**

Recibí

[NOMBRE_PERSONA_TRABAJADORA]**.**

---

(1) STS n.º 600/2023, de 27 de septiembre del 2023, ECLI:ES:TS:2023:3981. Analizando el plazo de tiempo existente entre el reconocimiento de la situación de IP y la comunicación extintiva, se califica como plazo razonable o prudencial el transcurrido entre esa declaración de incapacidad, y agravamiento de la enfermedad, y la decisión extintiva. Por el contrario, la STS, rec. 2118/1999, de 25 de abril de 2000, ECLI:ES:TS:2000:3460, entiende despido improcedente cuando desde la jubilación hasta el cierre de la empresa y la extinción del contrato de trabajo del actor transcurrieron siete años.

(2) Salvo que por convenio colectivo o contrato individual se haya pactado alguna mejora en este sentido.

Formulario de demanda genérica para la solicitud de incapacidad permanente derivada de enfermedad común

De acuerdo con el art. 71 de la Ley Reguladora de la Jurisdicción Social, será requisito necesario para formular demanda en materia de prestaciones de Seguridad Social, que los interesados interpongan reclamación previa ante la Entidad gestora de las mismas. Formulada reclamación previa, la Entidad Gestora deberá contestar expresamente a la misma en el plazo de cuarenta y cinco días. En caso contrario se entenderá denegada la reclamación por silencio administrativo.

La demanda habrá de formularse en el plazo de treinta días, a contar desde la fecha en que se notifique la denegación de la reclamación previa o desde el día en que se entienda denegada por silencio administrativo. Dicha demanda podrá ser redactada con ayuda del siguiente formulario.

AL JUZGADO DE LO SOCIAL DE [LOCALIDAD]

D./D.ª [NOMBRE], mayor de edad, con DNI n.º [DNI] y domiciliado/a en [DOMICILIO], ante el JUZGADO DE LO SOCIAL comparezco y como mejor proceda en Derecho.

DIGO

Que presento demanda de impugnación de la resolución del Instituto Nacional de la Seguridad Social, por el que se deniega la situación de incapacidad permanente en grado de [ESPECIFICAR], derivada de enfermedad común, contra el INSTITUTO NACIONAL DE LA SEGURIDAD SOCIAL, con domicilio en [DOMICILIO], y contra LA TESORERÍA GENERAL DE LA SEGURIDAD SOCIAL, con domicilio en [LOCALIDAD], C/ [CALLE], n.º [NUMERO], demanda que apoyo en los siguientes

HECHOS

Primero.- Estoy afiliado en el régimen general de la Seguridad Social con el n.º [NÚMERO], encontrándome en la actualidad en situación de [ESPECIFICAR].

Segundo.- Con fecha [DÍA] de [MES] de [AÑO], solicité del Instituto Nacional de la Seguridad Social el reconocimiento de la situación de incapacidad permanente, en grado de [ESPECIFICAR], debido a la enfermedad que padezco que consiste en [DESCRIPCIÓN], siendo reconocido por el Equipo de Valoración de Incapacidades, con fecha [DÍA] de [MES] de [AÑO], y emitiendo dictamen, en el que se establecía el siguiente diagnóstico: [DESCRIPCIÓN]

Tercero.- Por Resolución de fecha [DÍA] de [MES] de [AÑO], el Instituto Nacional de la Seguridad Social, se desestimó mi solicitud de reconocimiento de incapacidad, al entender que, según el dictamen propuesta del Equipo de Valoración, las dolencias padecidas por el firmante, no constituían situación de incapacidad en grado alguno.

Cuarto.- Contra dicha resolución, en tiempo y forma interpuse reclamación previa, que es nuevamente desestimada con fecha [DÍA] de [MES] de [AÑO].

Quinto.- En el dictamen recogido por el Equipo de Valoración de Incapacidades, no se ha valorado en forma alguna mi dolencia consistente en [DESCRIPCIÓN], la cual me incapacita totalmente para el desempeño de cualquier profesión puesto que según los informes médicos que se aportarán en su momento procesal oportuno, tengo totalmente contraindicado, la [DESCRIPCIÓN], siendo dichas dolencias definitivas, sin posibilidad de curación y cuyo tratamiento está únicamente encaminado a paliar el dolor.

Sexto.- Dado que mis dolencias provienen de enfermedad común, la base reguladora, debe ser la de [CANTIDAD] euros, y la fecha de efectos la de [DÍA] de [MES] de [AÑO].

A los anteriores hechos son de aplicación los siguientes

FUNDAMENTOS DE DERECHO

PRIMERO.- COMPETENCIA

Resulta competente este Juzgado de lo Social, de acuerdo con los artículos 2, o) y 10 de la Ley Reguladora de la Jurisdicción Social.

SEGUNDO.- CAPACIDAD Y LEGITIMACIÓN

Que me encuentro capacitado procesalmente y legitimado, en virtud de los artículos 16 y 17 de la Ley Reguladora de la Jurisdicción Social.

TERCERO.- PROCEDIMIENTO

El procedimiento a seguir para la tramitación de esta demanda será el estipulado en el artículo 80 y siguientes de la Ley Reguladora de la Jurisdicción Social, con las especialidades previstas en los artículos 140 y siguientes de la citada norma.

CUARTO.- RECLAMACIÓN ADMINISTRATIVA PREVIA EN MATERIA DE PRESTACIONES DE SEGURIDAD SOCIAL.

Arts. 71 y 140.1 de la LRJS, por establecer que será requisito necesario para formular demanda que los interesados interpongan reclamación previa ante la Entidad gestora de las mismas o acrediten haber agotado la vía administrativa correspondiente.

QUINTO.- FONDO DEL ASUNTO

* El artículo 194 de la Ley General de la Seguridad Social, aprobado por el Real Decreto Legislativo 8/2015, de 30 de octubre, señala lo siguiente respecto a la incapacidad permanente:

> *«1. La incapacidad permanente, cualquiera que sea su causa determinante, se clasificará, en función del porcentaje de reducción de la capacidad de trabajo del interesado, valorado de acuerdo con la lista de enfermedades que se apruebe reglamentariamente en los siguientes grados.*
> *a) Incapacidad permanente parcial.*
> *b) Incapacidad permanente total.*
> *c) Incapacidad permanente absoluta.*
> *d) Gran invalidez.*
> *2. La calificación de la incapacidad permanente en sus distintos grados se determinará en función del porcentaje de reducción de la capacidad de trabajo que reglamentariamente se establezca.*
> *A efectos de la determinación del grado de la incapacidad, se tendrá en cuenta la incidencia de la reducción de la capacidad de trabajo en el desarrollo de la profesión que ejercía el interesado o del grupo profesional, en que aquella estaba encuadrada, antes de producirse el hecho causante de la incapacidad permanente.»*

* El artículo 195 de la citada norma, señala como beneficiarios de las prestaciones por incapacidad permanente a:

> *«1. Tendrán derecho a las prestaciones por incapacidad permanente las personas incluidas en el Régimen General que sean declaradas en tal situación y que, además de reunir la condición general exigida en el artículo 165.1, hubieran cubierto el período mínimo de cotización que se determina en los apartados 2 y 3 de este artículo, salvo que aquella sea debida a acci-*

dente, sea o no laboral, o a enfermedad profesional, en cuyo caso no será exigido ningún período previo de cotización (...)

3. En el caso de pensiones por incapacidad permanente, el período mínimo de cotización exigible será (...)

a) Si el sujeto causante tiene menos de treinta y un años de edad, la tercera parte del tiempo transcurrido entre la fecha en que cumplió los dieciséis años y la del hecho causante de la pensión.

b) Si el causante tiene cumplidos treinta y un años de edad, la cuarta parte del tiempo transcurrido entre la fecha en que cumplió los veinte años y la del hecho causante de la pensión, con un mínimo, en todo caso, de cinco años. En este supuesto, al menos la quinta parte del período de cotización exigible deberá estar comprendida dentro de los diez años inmediatamente anteriores al hecho causante.

En los supuestos en que se acceda a la pensión de incapacidad permanente desde una situación de alta o asimilada a la de alta, sin obligación de cotizar, el período de los diez años, dentro de los cuales deba estar comprendido, al menos, una quinta parte del período de cotización exigible, se computará, hacia atrás, desde la fecha en que cesó la obligación de cotizar.

En los casos a que se refiere el párrafo anterior y respecto de la determinación de la base reguladora de la pensión, se aplicará lo establecido, respectivamente, en el artículo 197, apartados 1, 2 y 4 (...)»

Respecto a la prestación económica de incapacidad permanente [ESPECIFICAR], consistirá de acuerdo con el artículo [NÚMERO] de la Ley General de la Seguridad Social, [DESCRIPCIÓN].

- Orden de 15 de abril de 1969 por la que se establecen normas para la aplicación y desarrollo de las prestaciones por invalidez en el Régimen General de la Seguridad Social.
- Orden ISM/450/2023, de 4 de mayo, por la que se actualizan las cantidades a tanto alzado de las indemnizaciones por lesiones, mutilaciones y deformidades de carácter definitivo y no incapacitantes.

Por todo lo expuesto,

SOLICITO AL JUZGADO DE LO SOCIAL:

Tenga por formulada demanda de impugnación de DENEGACIÓN DE SITUACIÓN DE INCAPACIDAD PERMANENTE EN GRADO DE [ESPECIFICAR], contra el INSTITUTO NACIONAL DE EMPLEO y contra LA TESORERÍA GENERAL DE LA SEGURIDAD SOCIAL se sirva admitirla y en su día, previos los trámites de ley, y tras la citación de las partes para la celebración del acto del juicio, dictar sentencia por la que se declare que las dolencias que padece el firmante suponen una situación de incapacidad permanente en grado de [ESPECIFICAR], condenando a las demandadas a estar y pasar por dicha declaración y al abono al actor de una pensión equivalente al [CANTIDAD] % de la base reguladora de [CANTIDAD] euros, con las revisiones de la misma que legalmente tengan lugar, por ser ello conforme a justicia y derecho.

Por ser justicia, fecha y lugar *«ut supra»*

[FIRMA]

PRIMER OTROSÍ DIGO: esta parte, de acuerdo con lo dispuesto en el artículo 71 de la Ley 36/2011, de 10 de octubre, reguladora de la jurisdicción, social presentó Reclamación Previa frente a la meritada Resolución, la cual se entiende desestimada por silencio administrativo. Se acompaña como documentos uno, copia de la de la reclamación previa interpuesta en su día.

SEGUNDO OTROSÍ DIGO: interesa al derecho de esta parte valerse en el Acto del Juicio, sin perjuicio de su ampliación en el momento procesal oportuno, de los siguientes medios de prueba:

A) DOCUMENTAL para que se tengan por aportados los documentos que se acompañan al presente escrito y los que en su día se aportarán

Que se requiera al INSS para que aporte el expediente administrativo completo.

B) PERICIAL

[DESCRIPCIÓN].

[DESCRIPCIÓN].

C) TESTIFICAL

D./D.ª [NOMBRE].

TERCER OTROSÍ DIGO: esta parte comparecerá al acto del juicio asistida de Letrado del Ilustre Colegio de Abogados de [PROVINCIA], cuyo domicilio se designa a efectos de oír y recibir notificaciones, de acuerdo con lo previsto en el artículo 21 de la Ley de la Jurisdicción Social.

En su virtud,

SOLICITO AL JUZGADO:

Que tenga por efectuadas las anteriores manifestaciones y designaciones a los efectos oportunos, así como las peticiones de prueba, admitiéndolas y acordando lo necesario para su práctica.

En [LOCALIDAD], a [DÍA] de [MES] de [AÑO].

[FIRMA]

Demanda de impugnación de la base reguladora de una prestación por incapacidad permanente

Se presenta una demanda de impugnación de la base reguladora de prestaciones por incapacidad permanente contra la Seguridad Social y una empresa.

AL JUZGADO DE LO SOCIAL DE [PROVINCIA]

D./D.ª [NOMBRE_ABOGADO_CLIENTE], letrado en ejercicio del Ilte. Colegio de Abogados de [PROVINCIA], con despacho abierto en [LOCALIDAD], calle [CALLE] n.º [NÚMERO], el cual vengo a designar a efectos de comunicaciones, en nombre y representación de D./D.ª [NOMBRE_CLIENTE], mayor de edad, poseedor del DNI n.º [NIF_CIF_DNI_CLIENTE], y vecino de [LOCALIDAD], con domicilio en [DOMICILIO_CLIENTE], conforme acredito con la copia de escritura de poder que al presente se acompaña, y que una vez testimoniada suficientemente en los autos solicito me sea devuelta por necesitarla para otros usos, ante el juzgado de lo social comparezco y como mejor proceda en Derecho,

DIGO

Que por medio del presente escrito vengo a interponer demanda de impugnación de la base reguladora de prestaciones por incapacidad permanente en grado de [ESPECIFICAR] **(1)**, contra el INSTITUTO NACIONAL DE LA SEGURIDAD SOCIAL, con domicilio en [DOMICILIO], y contra LA TESORERÍA GENERAL DE LA SEGURIDAD SOCIAL, con domicilio en [LOCALIDAD], C/ [CALLE], n.º [NÚMERO], y contra la empresa [NOMBRE_EMPRESA], con domicilio en [LOCALIDAD], C/ [CALLE], n.º [NUMERO], demanda que apoyo en los siguientes,

HECHOS

PRIMERO.- Que mi representado se encuentra afiliado en el régimen general de la Seguridad Social con el n.º [NUM_SEG_SOCIAL_TRABAJADOR], habiendo cotizado a dicho régimen desde el [DÍA] de [MES] de [AÑO], hasta el [DÍA] de [MES] de [AÑO], en total [NÚMERO] días

SEGUNDO.- Que por resolución de fecha [DÍA] de [MES] de [AÑO], le fue reconocida una situación de incapacidad permanente en grado de [ESPECIFICAR] **(1)**, concediéndole una pensión equivalente al [CANTIDAD] % de la base reguladora de [CANTIDAD] euros.

TERCERO.- Que según se deduce en base a los salarios percibidos, por la empresa, la cotización a la Seguridad Social debería haber sido la siguiente:

• Durante [ESPECIFICAR], la cantidad de [CANTIDAD] euros.

• Durante [ESPECIFICAR], la cantidad de [CANTIDAD] euros.

• Durante [ESPECIFICAR], la cantidad de [CANTIDAD] euros.

Por tanto la base reguladora calculada conforme a lo establecido en el artículo 197 del Real Decreto Legislativo 8/2015, de 30 de octubre, por el que se aprueba el Texto Refundido de la Ley de la Seguridad Social, debe ser la cantidad de [CANTIDAD] euros, en lugar de la base reguladora establecida por el instituto Nacional de la Seguridad Social de [CANTIDAD] euros.

CUARTO.- Que se interpuso la preceptiva reclamación administrativa previa, de acuerdo con el artículo 71 de la Ley de la Jurisdicción Social, ante el Instituto Nacional de Empleo, con fecha [DÍA] de [MES] de [AÑO], la cual fue denegada por resolución de fecha [DÍA] de [MES] de [AÑO].

A los anteriores hechos son de aplicación los siguientes,

FUNDAMENTOS DE DERECHO

I.- COMPETENCIA

La competencia para el conocimiento de esta pretensión la ostenta el juzgado de lo social al que nos dirigimos, tanto por razón de la materia y territorio, así como por la condición de los litigantes, pues así lo establecen los artículos 1.2 a), 6 y 10 de la Ley 36/2011, de 10 de octubre, reguladora de la jurisdicción social, que regula el procedimiento impugnatorio de sanciones.

II.- CAPACIDAD, LEGITIMACIÓN Y REPRESENTACIÓN

Mi representado/a se encuentra plenamente capacitado/a y legitimado/a para comparecer en juicio e interponer esta demanda, en virtud de los artículos 16 y 17 de la Ley de la Jurisdicción Social, como también se encuentra representado/a y asistido/a de Letrado/a de conformidad con los artículos 18 y 21 de la citada norma.

III.- PROCEDIMIENTO

El procedimiento a seguir será el estipulado en los artículos 140 y siguientes, relativos a los procesos sobre prestaciones de la Seguridad Social.

IV.- FONDO DEL ASUNTO

El Real Decreto Legislativo 8/2015, de 30 de octubre, por el que se aprueba el Texto Refundido de la Ley de la Seguridad Social, en concreto sus artículos 193, en cuanto al concepto de incapacidad permanente contributiva, y los artículos 194 al 200, que regulan las situaciones de incapacidad permanente en la modalidad contributiva.

Por lo expuesto,

SUPLICO AL JUZGADO DE LO SOCIAL:

Que habiendo por presentado este escrito con sus copias y documentos adjuntos, tenga por interpuesta en tiempo y forma demanda impugnación de la base reguladora de prestaciones por incapacidad permanente en grado de [ESPECIFICAR] (1), contra el INSTITUTO NACIONAL DE LA SEGURIDAD SOCIAL, con domicilio en [DOMICILIO], y contra LA TESORERÍA GENERAL DE LA SEGURIDAD SOCIAL, acuerde señalar día y hora para la celebración del acto del juicio, y tras de éste y de los demás trámites oportunos, incluido el de recibimiento del pleito a prueba que expresamente se solicita, desde este momento, concluir dictando sentencia por la que con estimación de la demanda se declare que la base reguladora de la pensión por la incapacidad permanente en grado de [ESPECIFICAR] (1), reconocida al actor con fecha [DÍA] de [MES] de [AÑO], asciende a la cantidad de [CANTIDAD] euros, condenando a los organismos demandados a estar y pasar por dicha declaración y al abono al actor de la pensión reconocida conforme a la base reguladora real de [CANTIDAD] euros, sin perjuicio de las responsabilidades en que hubiera podido incurrir la empresa codemandada [NOMBRE EMPRESA], caso de que hubiera existido infracotización, por ser ello conforme a justicia y derecho.

[FIRMAS]

OTROSI DIGO PRIMERO: en la celebración de la vista del juicio, comparecerá el Letrado que encabeza la presente demanda, en representación del demandante, designando a efecto de notificaciones el domicilio ya expresado en el encabezamiento de la presente demanda, de conformidad con el artículo 21 de la Ley de la Jurisdicción Social.

Por lo que,

SUPLICO AL JUZGADO DE LO SOCIAL:

Que tenga por hecha dicha manifestación, siendo justicia que reitero.

OTROSI DIGO SEGUNDO: sin perjuicio de la prueba que sea propuesta en el acto del juicio, interesa a esta parte que se practiquen los siguientes medios de prueba:

- **DOCUMENTAL,** consisten en que se requiera al Instituto Nacional de la Seguridad Social, a fin de que aporte a los autos, el expediente administrativo original o copia del mismo, en el plazo de diez días.

En su virtud,

SUPLICO AL JUZGADO DE LO SOCIAL:

Que teniendo por solicitada la prueba propuesta, se sirva admitirla y ordene cuanto sea necesario para llevar a efecto su práctica siendo justicia que reitero.

Por ser Justicia que pido en [LUGAR] a [DÍA] de [MES] de [AÑO].

[FIRMA]

---

(1) La incapacidad permanente cualquiera que sea su causa determinante se clasificará en función del porcentaje de reducción de la capacidad de trabajo del interesado, valorado de acuerdo con la lista de enfermedades que se apruebe reglamentariamente en los grados de: a) incapacidad permanente parcial; b) incapacidad permanente total; c) incapacidad permanente absoluta y; d) gran invalidez (art. 194 de la LGSS).

Formulario genérico de profesiograma para solicitar la incapacidad permanente

En el contexto de la solicitud de incapacidad permanente, el profesiograma proporciona una base objetiva para evaluar si un trabajador, debido a una enfermedad o lesión, está incapacitado para realizar las tareas fundamentales de su puesto de trabajo, ya que permite una evaluación de las capacidades requeridas y las limitaciones existentes.

Plantilla genérica en el que se permite reflejar la información relevante que debe incluirse en un profesiograma para un puesto de trabajo.

1. **Nombre y datos personales de la persona trabajadora:**
   - D./D.ª [NOMBRE_PERSONA_TRABAJADORA].
   - Cargo que desempeña: [ESPECIFICAR].
   - Teléfono y mail de contacto: [ESPECIFICAR].
   - N.º Inscripción en la Seguridad Social: [ESPECIFICAR].
   - Domicilio: [ESPECIFICAR].
   - Localidad - Provincia: [ESPECIFICAR].

2. **Convenio colectivo aplicable:** [CONVENIO_COLECTIVO_APLICABLE]

3. **Puesto de trabajo y categoría profesional:** [ESPECIFICAR]. **(1)**

4. **Sector y tipo de empresa:** [ESPECIFICAR]. **(2)**

5. **Cualificación requerida:** [ESPECIFICAR]. **(3)**

6. **Características de la contratación:**
   - Tipo de contrato: [ESPECIFICAR].
   - Tipo de jornada.: [ESPECIFICAR].
   - Horario laboral: [ESPECIFICAR].
   - Existencia de teletrabajo o trabajo a distancia : [ESPECIFICAR].

7. **Tareas fundamentales de su puesto de trabajo: (4)**

1.- [DESCRIPCIÓN].

Frecuencia de dicha tarea y/o porcentaje sobre el total de tareas: [DESCRIPCIÓN]. [PORCENTAJE] %.

Requisitos y aptitudes exigidas para la tarea: [DESCRIPCIÓN].

Herramientas o maquinaria utilizadas: [DESCRIPCIÓN].

Descanso requerido: [DESCRIPCIÓN].

2.- [DESCRIPCIÓN].

Frecuencia de dicha tarea y/o porcentaje sobre el total de tareas: [DESCRIPCIÓN]. [PORCENTAJE] %.

Requisitos y aptitudes exigidas para la tarea: [DESCRIPCIÓN].

Herramientas o maquinaria utilizadas: [DESCRIPCIÓN].

Descanso requerido: [DESCRIPCIÓN].

3.- [DESCRIPCIÓN].

Frecuencia de dicha tarea y/o porcentaje sobre el total de tareas: [DESCRIPCIÓN]. [PORCENTAJE] %.

Requisitos y aptitudes exigidas para la tarea: [DESCRIPCIÓN].

Herramientas o maquinaria utilizadas: [DESCRIPCIÓN].

Descanso requerido: [DESCRIPCIÓN].

¿Existen otros puestos de trabajo en la empresa correspondientes a su categoría profesional que pueda desempeñar el trabajador?

[Sí/No]. Especificar: [DESCRIPCIÓN]. **(5)**

8. Responsabilidades:

- [DESCRIPCIÓN].
- [DESCRIPCIÓN].

9. Condiciones físicas y psicológicas necesarias para desarrollarlo de la actividad laboral: (6)

- [DESCRIPCIÓN].
- [DESCRIPCIÓN].

10. Riesgos laborales asociados: (7)

- [DESCRIPCIÓN].
- [DESCRIPCIÓN].

11. Formación exigida: (8)

- [DESCRIPCIÓN].
- [DESCRIPCIÓN].

12. Limitaciones en las actividades: (9)

- [DESCRIPCIÓN].
- [DESCRIPCIÓN].

13. Supervisor inmediato: [ESPECIFICAR]. **(10)**

14. Conclusión:

- [DESCRIPCIÓN].

---

(1) A modo de ej.: mozo de almacén. De conformidad con el convenio colectivo aplicable.

(2) A modo de ej.: construcción, mantenimiento (electricidad). Junto con una definición simple pueden describirse brevemente las características de la empresa en la que se presta servicios.

(3) Especificar titulación, rama de la titulación, experiencia y otras cualificaciones exigibles.

(4) Para la elaboración de un profesiograma, es esencial iniciar el proceso identificando las necesidades específicas de la organización. Un profesiograma debe contener información relevante sobre las funciones que se esperan de un profesional en un determinado puesto, asegurando que la descripción sea lo más clara y detallada posible. Entre los elementos que deben incluirse se encuentran las actividades diarias, competencias necesarias y el entorno de trabajo general. También debe indicarse si para el desarrollo de la actividad se necesita alguna certificación específica (ej.: manejo de carretillas, carnet de manipulación de alimentos, algún tipo de carnet de conducir especial, etc.)

A modo de ejemplo, un profesiograma para un mozo de almacén incluye aspectos como: *«Realizar las tareas de gestión de almacén, recibiendo, controlando y almacenando las cajas y los productos de grandes dimensiones, en función de criterios técnicos previamente definidos, clasificando y seleccionándolos, aprovisionando a las distintas áreas de la empresa y almacenando los productos para su posterior distribución.*

Preparación de pedidos: paletizado de mercancía y carga de camión, deshacer palets, reorganizar y almacenar en estanterías, supervisión y control de producto en almacén exterior de grandes dimensiones longitudinales, Transporte de estos tubos elaborados, mediante las carretillas elevadoras, tanto de elementos paletizados, como de elementos sueltos...Carga de los tubos elaborados en los camiones de los transportistas. Descargar y almacenar producto terminado que llega (accesorios y tubo comercializado)

Carga y descarga de mercancías en vehículos de transporte.

Durante la jornada de trabajo, puede manipular manualmente cargas: operación de transporte o sujeción de una carga por parte de uno o varios trabajadores, como el levantamiento, la colocación, el empuje, la tracción o el desplazamiento, entendiendo como carga cualquier objeto susceptible de ser movido.

En la realización de todos estos trabajos debe manipular, trasladar y mover manualmente cargas con los brazos en extensión.

La postura mantenida, durante la mayor parte de la jornada laboral, es intermitente de pie y sentado en carretilla elevadora.

Existe necesidad de mantener posturas fijas sobre el tronco

Necesidad de movilidad corporal general».

(5) En caso afirmativo describir cuáles serían las tareas fundamentales de los puestos de trabajo.

(6) Especificar aspectos como la fuerza, resistencia o destreza manual que se requieren para desarrollar la actividad. Debe hacerse especial énfasis en las cargas físicas que conlleva el puesto, tales como levantar materiales pesados o trabajar en posiciones incómodas.

(7) Siguiendo la evaluación de riesgos laborales del puesto en cuestión especificar aspectos como cargas físicas, espacios reducidos, exposición a temperaturas extremas, vibraciones, ruido, trabajos en altura, manipulación de sustancias peligrosas, la necesidad de mantener posturas forzadas o cualquier requerimiento físico asociado a la utilización de la maquinaria indicada anteriormente. No es obligatorio, pero es recomendable hacer referencias a las medidas preventivas asociadas a los riesgos descritos. También puede ser de interés hacer referencia a requisitos psicológicos de la tarea como la necesidad de alta capacidad de concentración y atención al detalle o posibles situaciones de emergencia.

(8) Este apartado evidenciará la necesidad de capacitación continua, certificación específica para el desarrollo de la actividad, realización de cursos de actualización, etc.

(9) Indicar las limitaciones funcionales existentes. Puede hacerse referencia al informe del servicio de prevención en el que el trabajador se considere no apto o apto con limitaciones. A modo de ej.: evitar manejo de cargas de más 15 Kg. hasta nueva valoración. Evitar por el momento movimientos o actividad que implique realizar cuclillas. Procurar descanso de 10 minutos cada 2 horas.

(10) A modo de ej.: jefe de mantenimiento.

(11) Realizar una conclusión haciendo referencia a la situación del trabajador indicando las limitaciones físicas que padece. A modo de ej.: (...) el trabajador actualmente tiene una restricción de movilidad, debilidad y un tono muscular exacerbado y, por ende, limitación para tolerar esfuerzos (manejo de cargas, adopción de posturas forzadas, movimientos reiterados de flexión o torsión del tronco, etc.). A dicha situación de menoscabo se le añade mal estado de la rodilla derecha (déficit de movilidad y fuerza, dolor a la carga), limitada para tolerar actividades que requieran periodos prolongados en bipedestación o marcha». (STSJ de Cataluña, rec. 3061/2022 de 27 de octubre de 2022, ECLI:ES:TSJCAT:2022:9360).